Herbert A. Simon's Theory and
Japanese Public Administration

サイモン理論と日本の行政

行政組織と意思決定

橋本信之

関西学院大学出版会

◆サイモン理論と日本の行政◆
行政組織と意思決定

はしがき

　ハーバート・A・サイモン（Herbert A. Simon）は、広い学問分野にわたって研究を行い、とくに、経済学と、コンピューターを用いた認知心理学の領域において大きな業績をあげた、世界的に著名な研究者である。しかし、サイモンが、シカゴ大学の政治学科で学び、都市行政を対象として研究生活を始めたことは、今日ではあまり知られず、関心をもたれることはほとんどない。シカゴ大学で取得した博士学位論文を基にした、主著『管理行動（*Administrative Behavior*, 1947）』は組織理論に関する著作であるが、そこで引照されている事例は、当時までの調査研究分野を反映して、行政関係のものが中心である。また、1950年には、共著で行政学の教科書（*Public Administration*, 1950）を執筆している。

　ところが、カーネギー工科大学（現カーネギー・メロン大学）の産業経営大学院の創設に加わって以降は、組織研究の対象は企業組織となり、さらに、アレン・ニューエル（Allen Newell）とコンピューターを用いた問題解決の研究を行うようになってからは、研究の中心は、コンピューターを用いた人間の思考過程の研究へと移っていった。そして、サイモンは、企業組織の組織理論の研究者、人工知能研究の先駆者として知られるようになり、1978年のノーベル賞経済学賞の受賞により、経済学の分野における業績をもつ、世界的な研究者として知名度を高めたのである。

　この間、サイモンは行政学の研究からは遠ざかり、その後も、それにもどることはなかった。しかし、サイモンの研究は学問分野を移しながらも、理論的な基礎的前提及び問題関心は初期から一貫しているのである。すなわち、人間の認知的能力には限界があるという「限界のある合理性（bounded rationality）」の原理を基礎として、人間の意思決定過程を研究するというのが、研究活動を貫く方向であった。企業組織の研究であれ、認知心理学の研究であれ、行政研究を行いつつ執筆した『管理行動』において示した、「限界のある合理性」の原理に基づいて、人間の意思決定を研究するという志向は共通していたのである。そうであるならば、サイモンの理論は、行政研究の理論的基礎にすることができると考えられるところである。ところが、サイモン理論が紹介されてきた日本においても、またアメリカにおいても、サイモン理

論を継承して、行政現象を研究することはあまり行われず、体系的になされることはほとんどなかったのである。

　サイモンの「限界のある合理性」は、経済学においても、通説的な経済学に対する批判であり、主流の経済学の研究動向に大きな影響を与えたものではなかった。従って、サイモン自身が途中から離れた行政学の分野において、サイモンの理論が有効な基礎となるかについては、批判的な検討が必要かもしれない。しかし、行政現象、とくに、そこにおける組織と意思決定に関わる面について、サイモン理論の可能性を探究する必要があるのではないだろうか。豊かで広い影響を残した研究者であるサイモンが初期に示した「限界のある合理性」を、サイモン自身がその後深化させているものの、その深化した地点にたっての行政研究はほとんどなされないままになっているのである。

　このような問題関心に基づいて、サイモンの意思決定理論及び組織理論の研究と、それを基礎にして、日本の行政を分析する試みを行うという研究を進めてきた。その研究の成果を一書にまとめたのが本書である。本書は11章からなるが、これらの研究を進めるについては、一方で、サイモンの理論を研究しつつ、それに基づき日本の行政の分析を行い、他方で、行政の実証研究を進めつつ、理論の検討を行って、その展開を図るという、相互にフィードバックを行う経過をたどった。つまり、理論の研究に基づき、それを検証するために実証研究をするというのではなく、それぞれに対象に応じた課題をもつ行政研究を進めつつ、理論を研究し、その理論研究の成果によりつつ、行政の分析を行うというようにして、理論と実証の進展を図ったのである。

　これらの諸研究を本書では3部に分けて、整理している。それぞれは次のような構成である。

　第1部は理論研究で、4章からなる。第1章は、サイモンの研究の基礎をなしている「限界のある合理性」について、前期、後期の研究をともに視野におさめ、その内容と、合理性に限界が生じる根拠について検討した。そして、規範理論との関連、手続的合理性という用語に関連した含意を追求した。

　第2章は、合理的選択と呼ばれる政治学の近年の研究潮流に触発されつつ、合理的選択が基礎としている包括的合理性（global rationality）あるいは完全合理性（complete rationality）の内容を、限界のある合理性と対比して、整理し、検討した。とくに、個別の単一主体に関する理論と、合理的主体の

集合体に関する理論との区別を行って、整理した。

　第3章は、合理的意思決定理論の、政治学における主要な適用分野である、政策決定論を取り上げた。ここでも、包括的合理性のモデルと限界のある合理性のモデルを対比し、前者の適用可能性と限界について検討した。

　第4章は、限界のある合理性に基づく組織理論に関するものである。とくに、組織が、限界のある合理性の限界を広げ、合理性を高める機構であるとの、サイモンの主張について検討した。

　第2部は、行政組織と政策過程としてまとめた4章からなる。最初の2章は、組織単位の分業と、そこにおける政策の調整及び実施について扱っている。後半の2章は、行政組織の環境への適応と変化に関わるものである。いずれも、自治体を対象とし、ヒアリングなどを用いて、実証的に調査し、分析している。

　すなわち、第5章は、水道事業を取り上げ、社会的に広く受容されている公共的目的をもった事業の遂行について調査したものである。第6章は、TDM（交通需要マネジメント）という耳慣れない施策を取り上げ、行政組織をまたがる新しい施策の実施について、調査している。

　第7章は、1995年の阪神・淡路大震災の際の自治体組織の活動を調査し、緊急時における行政組織の対応について分析したものである。第8章は、大阪市における革新的施策について、各部局に対するアンケート調査をデータに、自治体組織における施策変化について、検討した。

　第3部は、最近の日本における行政改革に関連し、そのいくつかの局面について、検討したものである。第9章は、橋本行革の中心の1つである、中央省庁の大括り再編を取り上げている。中央省庁再編で排除することが目的とされた縦割り行政について、発生のメカニズムをモデル化し、それに基づいて、改革の内容を検討したのである。

　第10章は、機関委任事務を廃止した分権改革に関連して、集権・分権の測定尺度を求めたものである。とくに、権限における分権と、実際の現象面における分権とを区別し、両者について測定尺度の作成を試みたのである。第11章は、NPM（新公共管理）に関して、改革の深度という視点から、日本の行政改革に対する影響と今後について考察したものである。

　本書は以上のような構成であるが、各章は、それぞれの主題を追求し、雑誌とか共著の本で公表してきたものである（第4章は書き下ろし。各章の初

出については、あとがきを参照)。そのため、各章間には、理論的な論述において、重複が若干見られるが、それぞれ単独の論文として読めるように、原形を基本とし、重複を整理することはしていない。

しかし、これらの研究の間には、サイモンの死去(2001年2月)があり、日本の行政においては、中央省庁の再編などの大きな変化があった。そこで、本書にまとめるにあたり、これらの変化に応じて、また、字句の修正などに関して、若干の加筆を行っている。

本書はこのように、若干の加筆は行ったものの、各章は、それぞれのテーマで書かれたものである。しかし、すでに述べたように、そこには、共通の問題関心と、研究の方法がある。すなわち、サイモン理論は行政研究に有効であろうかという問題関心である。そして、「限界のある合理性」を基礎にした意思決定理論と組織理論を基に日本の行政の分析を試みることによって、サイモン理論の意義を探ることを追求したのである。

◆ 目 次 ◆

はしがき

第1部 理論　1

第1章　H・A・サイモンと「限界のある合理性（bounded rationality）」　3
第2章　包括的合理性（global rationality）と
　　　　限界のある合理性（bounded rationality）　45
第3章　政策決定論　69
第4章　限界のある合理性と組織理論　85

第2部 行政組織と政策過程　103

第5章　大都市の水道　──水源・水質・財務　105
第6章　TDMと行政組織　129
第7章　緊急時における行政組織
　　　　──阪神・淡路大震災と自治体一般行政組織──　147
第8章　大阪市行政と行政の革新性　175

第3部 行政改革　197

第9章　省庁再編と縦割り行政　199
第10章　権限の分権と現象の分権　──その測定について──　221
第11章　NPMと日本の行政改革　243

H・A・サイモンの参照文献　254
索引　259
あとがき　261

第 1 部

理論

第1章

H・A・サイモンと「限界のある合理性〈bounded rationality〉」

1. H・A・サイモンの研究と限界のある合理性

　ハーバート・A・サイモン（Herbert A. Simon, 1916-2001）は幅広い研究領域で業績を残している研究者であり、その影響は広く大きい。サイモンの数多くの著作の中で、一般的にいって最も重要なものは、『管理行動』（*Administrative Behavior — A Study of Decision Making Processes in Administrative Organization,* 1947, *2nd ed.* 1957, *3rd ed.* 1976, *4th ed,* 1997）といってよいが、それは主題であった管理科学、組織理論、行政学を中心として広い範囲に大きな影響を与えた。同書の第2版に際してそれを絶賛する書評を寄せたR・ダールが次のように述べているのは、当時における同書の評価とその影響の大きさをよく伝えているように思われる。すなわち、「『管理行動』の初版以降10年間において、本書は少なくとも社会科学者にとって、管理科学についての最も著名な本になったといって言い過ぎではない。人はそれと意見を同じくするかも知れないし、しないかも知れない、好きかも知れないし、嫌いかも知れない、きわめて役に立つとみるかも知れないし、全く役に立たないとみるかもしれない。私はこれらすべての見方について支持者がいることを疑わない。しかし、人は本書を無視することはできないのである」[1]。日本においても、同書の詳しい紹介がかなり早くになされ、注目されている[2]。しかし、それと同時に、アメリカの場合と同様に、批判も向けられた[3]。

　サイモンは『管理行動』の後、行政学、組織理論の業績を発表する一方で、経済学の領域に研究の重点を移し、さらに1950年代の中ごろからは、コン

ピューター・サイエンスおよび認知心理学を研究活動の中心とするようになった。サイモンはこれらの学問分野でも大きな影響を認められており、1978年にはノーベル経済学賞を受賞しており、またコンピューター・サイエンスの分野では重要な先駆者の一人と目されると共に、その業績に対して1975年にはチューリング賞（Turing Award）が授与されている[4]。

　サイモンの活動の幅広さに応じて、日本でも行政学、政治学、経営学、認知科学、社会学、経済学など広い範囲の学問領域において、すでに多くの紹介、検討、引照がなされている。筆者は特に行政研究の視点からサイモンに関心をもってきているのであるが、その関心から比較的狭く範囲を限定しても、サイモンに関する研究はすでに少なからずなされている[5]。しかしながら、サイモンの諸研究に関する検討とそれに基づく摂取は必ずしもまだ十分ではないように思われる。サイモン理論の魅力の大きさにもかかわらず、サイモン理論あるいはサイモンの定式化した諸概念の検討に基づいたものが、理論研究に関しても、実証研究に関しても数少ないからである。少なくとも行政研究については、このことが目立っている。サイモンが参照されることは多いが、その理論を批判的に摂取、発展させようとした研究は僅かなのである[6]。また、サイモンが共著として著した行政学の教科書（*Public Administration*, 1950）の邦訳も経営学者の手によってなされ、行政学の教科書とは気づかれないような書名（『組織と管理の基礎理論』）が与えられている。行政研究の視点からのサイモン研究が十分でなかったことを示唆しているといえよう。

　日本の行政学においてサイモン理論が十分に検討、摂取されてこなかった原因としては、ワルドーへの「傾倒的偏向」とその背景にある価値への関心とが指摘されている[7]。確かに、辻清明が示した「サイモンの方法論は、究極において、組織に対する非倫理的な分析科学を精緻化する方向をとらざるをえず、……ワルドオが、サイモンの『価値盲目』（value blind）的方法が、いかなる目的や価値に対しても、『御用立て自由』（For Hire）の記号の役割を果たし、結局、その研究成果は、『富と権力』の持ち主に奉仕するほかないと痛烈に批判したのも、決して不当ないいがかりとはいえないであろう」[8]といった評価は少なからぬ影響を及ぼしたと思われる。サイモンはアメリカにおいて、論理実証主義を方法的基礎とする社会科学者として、また行動科学と呼ばれた流れの中で政治を科学的に研究しようとする研究者として、そ

れらの潮流を代表する有力な研究者として取り上げられ、厳しい批判にさらされたのであった[9]。日本ではこれらの批判を受容するあるいはそれらに共鳴する傾向が強く、それがサイモン理論の検討、摂取を妨げる一因になったのである。

　サイモンのよって立つ科学方法論をめぐる論争の論点については、慎重に考察されるならば重要な意義があると考えられるが、それらを意識しつつ検討が進められる限り、それらをもって検討を妨げる理由にはならないものである。というのは、社会科学に厳密な科学的方法を適用しようとする試みは、方法論上の諸論点について繰り返し再検討しつつ進められなければならないし、そうでなければ僅かの成果をあげることも覚束ないと考えられるが、それだけにそのような条件を備えているとみられる有望な試みは十分な検討に値すると考えられるのである。サイモンの業績はこの点からみて真剣な検討の対象になり、さらにそれを摂取して発展が試みられてしかるべきものと思う。科学方法論をめぐる論点については、その過程において検討されればよいのであり、少なくともサイモンの業績に関する限り、予め検討を妨げられる理由にはならないと考える。

　サイモン理論の検討が十分になされてこなかった原因は他にも考えられる。一つは、サイモンが行政学から経済学へ、さらにコンピューター・サイエンスと認知心理学へと研究領域を移していったことである。いま一つは、サイモン理論が高度に抽象的であり、具体的なレベルとの関係の把握が難しいことである。この二つから、サイモン理論を細かい点にまで及びつつ、全体的に理解することが困難となっている。特に行政研究の視点からみると、途中から行政学から離れているため、初期の著作において未展開であったものとか疑問の点などについて、さらに成熟した業績を期待するにも得られぬところとなっているのである。さらに、サイモンは、アメリカにおいても、行政学の領域では破壊的な役割では評価されるものの、建設的な方向では余り受容され発展させられることがなく、サイモン理論に基づいた行政学的研究は乏しい[10]。従って、日本の研究者からみると、アメリカにおいてもサイモン理論を発展させた研究を十分にみることができないということになったのである。サイモン理論の抽象性、理解の困難さ、方法論上の批判などからみて、この点はサイモン理論の研究を進める上では好条件ではなかったといえよう。このように、サイモン理論は行政学の分野においてよく検討されるべき有望

なものと考えられるにもかかわらず、これらなどを理由としてまだ十分な検討がなされていないのである。

　また、サイモンは途中から研究領域を移しているため、業績の全体を視野にいれた検討はほとんど行われていないといってよい[11]。行政研究の視点からいえば、1960年代以降のいわば後期の重要な研究活動を含めてサイモン理論を検討したものはないのである。後期の研究は認知心理学とコンピューター・サイエンスに集中しており、行政研究の視点からは余り意味がないと思われるかも知れない。しかし、サイモンの研究は一貫して、意思決定（decision making）とその合理性を中心的な関心としてなされてきており、その関心に基づきつつ既存の学問分野の境界を越えて研究活動を広げているのである。サイモンが次のように述べているのは、行政学的な分野と経済学的な分野との間を念頭においているようであるが、おそらく彼の研究活動全体を貫く考えであったと思われる。すなわち、「人間の意思決定に対する私の関心を追求することが、それをどこへ導いていくのであれ、いつもより生産的であるようにみえる。私がフェンスを登ると出会う立入禁止の標識を無視することになるが」[12]。そして、これらの研究を導いてきた基本的概念が「限界のある合理性」（bounded rationality）[13]である。従って、意思決定及び限界のある合理性の理解のためには、後期の研究にも目を配る必要があるのだが、この両者が前期の研究においても中心的な概念であったのはいうまでもない。このようなことなので、前期の研究とかそこで展開された理論を理解する上でも、後期の研究を視野にいれることが必要なのである。

　しかし、前期の研究と後期の研究とを統一的に理解するのは容易なわけではない。両者ともそれぞれの学問分野における専門的な研究としてなされているのであり、専門外の者には理解が困難なことはいうまでもない。ただ、サイモンは講演を基にした著作などにおいて、両者の関係を説明したり、自らの考えを平易に示すことを試みたりしている。それらを通して、サイモンの研究活動の脈絡とか、基本的な概念と個別の研究との関係などの把握が容易となり、更に専門的な諸研究の理解へと進むことができるのである。

　このようにサイモン理論の検討はまだ不十分であるし、前期、後期を通じて対象とした検討はまだほとんどなされていない。そこで、行政研究の視点を中心としつつ、前期、後期の研究をともに視野にいれて、サイモン理論の検討を進めて行きたいが、本章ではまず、サイモン理論の研究を導いてきた

中心概念である「限界のある合理性」について検討したいと思う。

　限界のある合理性の概念は研究活動の初期に問題意識として芽生え、その後の研究活動を導くことになったものであり、研究活動全体を視野にいれて検討するとき、まず取り上げられるべき主題であろう。しかし、この概念に導かれつつも、広い範囲の学問分野で重点を移しつつ研究活動を行ってきているので、本節の残りでは、研究活動の全体を年代順に追いつつ、概観しておきたい。まず、主要な著作を年代順に示し、それに沿って見ていきたい。単行本だけでもこれらにとどまらないが、研究活動を概観する上では、これで適当と思われる。

　　1938　*Measuring Municipal Activities* (with C. E. Ridley)　　①
　　1947　*Administrative Behavior*[14] (2nd ed., 1957, 3rd ed., 1976, 4th ed., 1997)　②
　　1950　*Public Administration* (with D. W. Smithburg and V. A. Thompson)　③
　　1957　*Models of Man*　　④
　　1958　*Organizations* (with J. G. March)　　⑤
　　1960　*The New Science of Management Decision* (revised=3rd ed., 1977)[15]　⑥
　　1969　*The Sciences of Artificial* (2nd ed., 1981)　　⑦
　　1972　*Human Problem Solving* (with A. Newell)　　⑧
　　1977　*Models of Discovery*　　⑨
　　1979　*Models of Thought*　　⑩
　　1982　*Models of Bounded Rationality, Vol. 1, 2*　　⑪
　　1983　*Reason in Human Affairs*　　⑫
　　1991　*Models of My Life*　　⑬
　　1997　*Models of Bounded Rationality, Vol. 3*　　⑭

　サイモンがシカゴ大学の学生であった頃の1934-5年にミルウォーキーで公的な運動場の管理をめぐって実態調査を行っている。このときに出会った現象が限界のある合理性の概念を考えるきっかけであったという[16]。その後、シカゴ大学に提出した博士論文を基に『管理行動』が発表されたが、そこでは限界のある合理性が中心的な主題となり、その後の研究を導いていくことになる。その間、1938年の①が共著であるが、最初の単行本である。そして、②の発表をはさんで1940年代の研究の対象は主に行政であった。ミルウォーキーの調査も①も行政が対象であるし、1940年代の前半に携わっている調査とか研究も主に行政が対象である。経歴をみても、1936年から1939

年まで国際シティマネージャー協会（International City Managers' Association）の研究員（Staff member）をしており、1939年から1942年にかけてはカリフォルニア大学バークレー校行政研究所（Bureau of Public Administration）の研究主任（Study Director）に就いている。1942年にイリノイ工科大学の助教授になるが政治学の助教授であった。1949年にカーネギー工科大学（Carnegie Institute of Technology、現在のCarnegie-Mellon University）に移るが、そのときは管理学（Administration）の教授としてであった。また、1947年には、行政についての研修用テキストといったものを手がけたりしている[17]。1950年の③は行政学の教科書である。このように1940年代の研究の対象は主に行政であったが、分析に際しては経済学の概念が多く用いられているし、行政に対する関心も管理的な面に傾斜している。また後年、行政学に言及することがほとんどなくなるのも興味深いことであり、研究対象は行政におかれていたものの、当初から関心はより一般的なレベルにあり、より高度な理論体系を発達させていた経済学などに関心が向けられていたといえよう[18]。

さて、1949年から1956年の8年間はほとんど専ら経済学の研究をしていたという[19]。確かに、ノーベル賞を受賞した後に経済学関係の論文を集めて編んだ『限界のある合理性のモデル』（*Models of Bounded Rationality*, 2vols., 1982）には、1937年から1979年にわたって発表された60編が収められているが、そのうちこの8年間のものは半分近い25編にのぼる。またこの時期、カーネギー工科大学産業経営大学院ではカーネギー・グループと呼ばれた研究者達が企業行動について盛んに研究を行っていたが、サイモンは理論的に指導的な役割を果たした重要なメンバーであった[20]。それらの研究の対象は行政ではなく企業であり、経済学のミクロ理論と関わるところが大きかった。しかし、この時期の研究の主な成果である④と⑤をみると、企業組織も含めて組織一般についての理論に強い関心を示しつつも、幅広い範囲で研究を進めていることがうかがえる。④はほとんどがこの時期に書かれた16編の論文を集めたものであるが、著者自身もいうように、各論文の内容は、あるものは経済学、あるものは政治学というように多様であり、これらのほか社会心理学、社会学、統計学、論理学、心理学の分野にわたっているのである。そして全体として、数学による形式化を精力的に進めている。⑤はカーネギー・グループの一員であったマーチと共に組織理論についてまとめたもの

である。なお、この時期には限界のある合理性の下における意思決定について積極的な内容を与える論文を書いており、④に収録されている。合理的選択についての2編の論文[21]であり、充足化モデル（satisficing model）として広く知られているものを示しているが、その後の研究活動の理論的基礎となっている。

　しかし、この頃、研究の中心は、従来の研究を踏まえつつも、新しい方向へすでに動いていた。第二次大戦後におけるディジタル・コンピューターとそのプログラミング言語の発達は新しい学問分野を生み出しつつあったが、サイモンはそれにいち早く入っていくことになった。1955年に、ランド・コーポレーション（The RAND Corporation）のA・ニューエルの研究に加わって、共同して情報処理心理学（information processing psychology）として知られるようになる研究を進めたのである[22]。それは、一般的には認知心理学とコンピューター・サイエンスの領域であり、経歴においても1967年[23]に同じカーネギー・メロン大学のコンピューター・サイエンスと心理学の教授に移っている。この分野の研究を、その後ずっと、ニューエルを主な共同研究者として続けており、⑧と⑩がその主な成果である。⑧は、17年に及ぶニューエルとの共同研究において書きためられたものをまとめた研究書であり、ニューエルとの共著である。⑩は、同じ時期に、単独であるいは共同研究者と共に発表した32編の論文を集めたものである。なお、この分野における研究の方法とか目的について、サイモン自身が平易に説明していると思われるところを引用しておきたい。すなわち、「問題解決過程（problem-solving process）は複雑であり、それ故にその成果はとても印象的であるが、その複雑さは、非常に単純な基本的要素が比較的単純な相互作用をしているのだが、それが非常に多くの数で行われていることからつくり出されているということをわれわれは学んで知っている。（しかし）たとえこのような仮説がもっともらしいということが認められても、どのようにしてそれを検証すべきであろうか。主な検証方法は次のようなものである。すなわち、人工的な思考過程をコンピューター・プログラムの形でつくり、ある問題をそのプログラムに与え、その記録——すなわち、コンピューターの軌跡——を同じ問題を与えられた人間の被験者が解く過程を声に出して記録したその記録と比較するという方法である。もし人工的な思考過程が、人間の思考過程を口述したものの各要素と一つずつ一致するならば——状況において同じ糸口を見

つけ、同じ下位問題をつくり、記憶から同じ定理を引き出す——、そのとき、コンピューター・プログラムはわれわれに人間の過程について基本的な理解を与えていると正当に結論づけられる」[24]（括弧内は引用者）。

　サイモンの研究対象は、コンピューターという新しい研究手段の登場により、組織における意思決定から、心理学が対象としてきたような個体レベルの思考過程へと移っていったということができる。しかし、サイモンは突然、心理学の領域に関心をもつようになったのではない。『管理行動』において、組織における実際の意思決定過程を検討した第5章は心理学に拠っているのである。

　⑨は実体的研究と関連しつつ、方法論及び科学哲学に関して書かれた論文を集めたものである。26編の論文が収められているが、時期的にかたよっておらず、著者の述べるように、方法論的及び哲学的論点について持続的に関心のあったことがうかがえる。⑪はすでに触れたように経済学関係の論文を集めたものである。なお、④、⑨、⑩、⑪に収録された論文の間にはかなりの重複がある。そして、先の合理的選択についての2編の論文は④、⑩、⑪のいずれにも収録されており、サイモンの研究活動の重要な基礎になっていることがうかがえる。

　⑥、⑦、⑫はいずれも講演を基にしたものである。⑥はコンピューターの発達という技術革新が組織過程とか経済過程とかに及ぼす影響を論じたもので、とくに管理レベルの決定過程への影響に重点をおいている。⑦はいわばデザインの科学といったものの可能性とそれに関する提案を論じたものである。内容的には、経済学の研究、認知心理学の研究を引照しつつ、工学的なものから社会制度まで人為的なデザインにかかるものについて科学が成立しうることを論じ、その性質を説明しようとするものである。⑫は人間の理性あるいは合理性についてさらに論じたものであるが、限界のある合理性の概念を基礎にしていくつかの論題を取り上げて述べている。なお、講演を基にしたものはこれらだけでなく、⑩に収められているものなどほかにも見られる。

　⑬は自伝である。生い立ちとか個人的なことも叙述されているが、生涯にわたっての研究の問題意識、環境、経緯などが時期を追って詳しく述べられており、サイモンの研究を理解する上で、貴重な文献となっている。⑭は、⑪の2巻本のあとに発表された論文を集めたものである。⑪と同趣旨で編集

したことから、第3巻とされている。

さて、本稿ではこれらの研究全体を通して中心的な概念であった「限界のある合理性」について検討したい。次節では、限界のある合理性に関して、それと記述理論及び規範理論との関係を検討しておきたい。限界のある合理性の概念は第一義的には記述理論の基礎として定式化されているのであるが、規範理論との関係について関心をもたざるを得ないからである。続いて、第3節では、概念の内容について、とくに後期に展開されているところを中心に検討したい。第4節では、第3節の内容を踏まえつつ、組織理論の概念との関係について若干の検討をすることにしたい。

2. 限界のある合理性と記述理論・規範理論

限界のある合理性とは、人間の情報処理能力が、それに対処すべき問題の大きさに比べて非常に小さく、限られていること主張するものとして構成された概念である。この主張は広い含意を持つものであるが、限界のある合理性の下における選択手続きとして充足化(satisficing)[25]モデルが示された。このモデルは、経済学における消費者あるいは企業の最大化(maximizing)モデル、一般的にいって最適化(optimizing)モデルに、代わるものとして提出された。この充足化モデルが限界のある合理性に積極的な内容を与えるものとして、サイモンの研究の重要な基礎をなしているのであるが、このモデルを簡潔に要約しているところを引用しておきたい。

「二つの概念が特徴づけにおいて中心になる。すなわち、探索(search)と充足化である。意思決定者に当初に選択肢が与えられていなければ、そのとき彼はそれらを探索しなければならない。……意思決定者はどの程度よい選択肢を見つけるべきかについて何らかの要求を持っているとすることができる。彼がこの要求水準(level of aspiration)を満たす選択肢を見つけたならば、直ちに探索をやめ、その選択肢を選ぶであろう。私はこの選択の様式を充足化と呼んだ。……要求水準は静的ではなく、経験の変化に応じて上がったり下がったりする傾向がある。沢山のよい選択肢のある良好な環境では要求は上がる。より厳しい環境ではそれは下がる」[26]。

このモデルは第一義的には記述モデルとして示されているが[27]、意思決定の規範モデルはどのように構成されるのだろうか。すなわち、合理的な意思

決定を行いたいとき、どのような助言を得ることができるのだろうか。最適化モデルであれば、それが記述モデルとしては実際とかけ離れていて適当でないとしても、規範モデルとしては最適なものを求める手順が示されているのであるから意味があるのではないか。充足化モデルは最適化モデルの一変形とみられないだろうか。そうすれば、より現実的な規範的なモデルとして活かすことができるのではないか。充足化モデルに対してはこのような疑問が向けられる[28]。これらの疑問は、サイモンが事実と価値を峻別し、科学を事実の領域のみに関わるとしていることとも絡み合っているように思われる。つまり、サイモンは価値的要素の加わる規範理論には関心がないのではないか、と。本節ではこれらの問題を中心に検討を進めたい。

　まず、最適化と充足化について見ていきたい。バンフィールドが、『管理行動』の初版では「管理人（administrative man）」は最大化行動者（maximizer）であったのに、第2版では充足化行動者（satisficer）になっているとしたが、サイモンは第2版の序文では充足化に重点をおいているとして、バンフィールドの指摘を認めている。そしてこの変化について、初版はこの点について統合失調症的（schizophrenic）であったと第2版の序文で述べるなどして明らかにしているとした[29]。この論議に示されているように、『管理行動』の初版では、一方で合理性の限界を述べつつ、他方で最適化行動を規定し、よい管理行動はそれによって導かれるとした。管理においては、全体的能率が指導的基準でなければならないし、よい管理行動は、能率の原理によって特徴づけられるとしたが、能率とは限られた資源で成果を最大化することとされたのである。『管理行動』で、他方で示されていた、合理性の限界については、1955年、1956年の合理的選択の論文[30]によって積極的内容が与えられ、それが充足化モデルであった。従って、1957年の『管理行動』の第2版の序文では充足化モデルが言及され、合理性の限界について、より明確な分析が加えられることになったのである。

　では、充足化モデルが構成された後ではどうであろうか。限界のある合理性の概念は従来の最適化モデルの批判に基づいて提出されているが、サイモンは最適化行動を排除しているのではない。先のバンフィールドへの応答で次のように述べている。「私の主張は、人は最大化する知力がないから充足化するということである。これは証明可能な経験的命題であると考えている。もしそれがよいなら、反対に言うこともできる。すなわち、あなたが最大化

する知力があるならば、充足化することは馬鹿げている、と」[31]。人間が最適化する知力を持っていることがまったくないのであれば最適化モデルは少なくとも記述モデルとしては存立の余地はない。しかし、それは一般的には対処すべき問題との相対関係である。限界のある合理性の原理として定式化したところでは、それは次のような原理であるとされた。「複雑な問題を構成し、それを解く人間の精神的能力は、現実世界における客観的に合理的な行動のために解くことが求められる問題の大きさに比べて、非常に小さい。あるいは、そのような客観的な合理性に十分に近づくということに対してさえそうである」[32]。抽象的には、問題が十分に単純であるならば、最適化は可能であるし、その場合にそれをしないのは「馬鹿げている」。しかし、サイモンはそのような単純な場合は実際にはほとんど存在しないと考えていたといえよう[33]。このような認識である限り、理論的に最適化を排除していなくても、最適化モデルの意味はほとんどなく、充足化モデルによってとって代わられなければならないことになる。これは規範モデルにおいてもそうであることが、詳しくは論じられていなかったものの、含意されていた[34]。すなわち、実際的に意味のある問題に最適化モデルを用いることは、不可能なことを求めることになりかねず、その場合には現実に試みても適切な解は得られず、従って規範として勧められないということになる可能性がある。そして、人間が実際に用いている方法が規範としても多くのことを教えてくれるかもしれないのである。

　サイモンは最適化と充足化について後に次のように語るようになる。すなわち、充足化手続は探索の最適化あるいは要求水準の最適化によって最適化手続に転化可能であり、他方、最適化手続は近似化手続に満足基準が用いられるとすることにより、充足化手続の一種とみることができるとして次のように述べる。

　「このように、最適化と充足化のいずれか一方を他方の枠組で再解釈するのを妨げるほど固い形式的な区別を両者の間につけることは難しい」[35]。

　ここでは規範理論が主題であったし、また実際的な違いはしばしば非常に大きいとはしていたものの、限界のある合理性に積極的な内容を与えるとして示された充足化の意義はかなり弱められたかのごとくである。しかし、その後にこの問題について次のように述べるようになり、最適化は充足化のもとに包摂されるような考えを示している。

「最適化と限界での均衡を用いる古典的な経済学の分析方法は二つの条件が満たされるとき、応用の領域における思考に対して価値のある強力な助けとなる。第一の条件は、古典的理論の前提は現実世界の条件から常に乖離しているが、その程度が、モデルから引き出される結論の正しさを害するほどに大きくないことである。……古典的モデルの適切な活用のための第二の条件は、獲得できない経験データを求めたり、現実世界の人々あるいはコンピューターによって遂行されないような計算を求めたりしないことである。……多くの管理科学の方法（例えば、線形計画法）は、実際の環境に近似した単純化された環境において最適なものを発見するということによって、満足な決定を見つけるという技術に依拠している。単純化された世界における最適化は、現実世界における充足化の重要な手段である」[36]。

　充足化モデルを示した当初からその後についてはこのように、最適化を理論的には排除しないということでは一貫しているものの、少なくとも若干の混乱がみられる。違いを強調して単純化して言うと、当初は最適化に代わって充足化を示す傾向があり、次には両者の形式的な区別はできないと述べ、そののちには最適化は充足化に包摂されるとする。このような変化をもたらした原因の一つは、オペレーションズ・リサーチなどの最適化手法の発展とコンピューターの発達であり、それらに関するサイモンの認識の変化であったと思われる。かつては人間の知的能力では不可能と考えられていたことのいくらかが、数学的手法の発展とかコンピューターの発達による計算能力の向上により解答可能な範囲に入ってきたのである。しかし、これらの変化を背景にサイモンの用語法には多義性が現れ、混乱が見られたといわざるを得ないであろう。すなわち、最適選択肢の選択を一要素とする最適化のそれに対比される充足化という用法と、現実世界における最適選択肢を選択しようとするものを最適化とし、それに対比されるものを充足化という用法とである。前者の狭義の最適化は、計算可能な程度に単純化されたモデルの下で最適化するのであれば、後者の広義の充足化に包摂されることになり、サイモンの最後に引用したものの論旨はこれに当たる。では当初からこのような区別をしていたかというとそうではなく、広狭二種類の最適化と充足化をそれぞれ重ねて検討していたといえよう[37]。ただ、明確な区別はしていなくとも、両者の対比にこのような二ついわば段階のあることは意識されていたかも知れない[38]。しかし、広狭の両対比を区別するならば、用語をかえるべきで

あろう。用語を意識して使い分けなかったのは、最適化手法などの発達がサイモンの予想を越えていて、それらを十分に位置づけることができなかったからではないだろうか。実際に意味があって、また精緻化されていて簡単ではない最適化手法が、コンピューターの発達とあいまって活用可能となることがなければ、最適化に二つのものを区別する実際上の理由はなかったであろう。ただ、さきに述べたように、サイモンの理論では当初から最適化は排除されていなかったのである。

　最適化と充足化について整理するとこのようになる。すなわち、最適化と充足化には広義と狭義がある。広義の充足化とは、限界のある合理性の下で、現実の世界では充足化せざるを得ないのであって、それらすべてを指す。そして、その方法として狭義の最適化と狭義の充足化がある。前者は単純化したモデルにおいて、最適化を行い、後者は現実の複雑さをより保つ中で充足化——探索と充足化——を行う。では、広義の充足化に対比されるのは何か。それは人間（及びコンピューター）の情報処理能力を超えて客観的合理性を求めようとするものすべてを含んでいるといえよう。サイモンがとくに批判の対象にしたのは、古典的経済学理論、ゲーム理論、統計決定理論における、最適化を特徴とする決定モデルであり、それらが目指していると考えられる究極的性格としての完全合理性（perfect rationality, complete rationality）[39]、包括的合理性（global rationality）[40]であった。これらは現実の世界では存在し得ず、理念またはモデルにおいてのみ存在しうるというのがサイモンの主張である。

　さて、次に記述理論と規範理論について検討したい。すでに見たところからも窺えるように、サイモンの中心的な関心は記述理論にあったが、規範理論にも関心をよせていた。しかし、記述理論といい、規範理論といっても、サイモンの関心の焦点は合理性の過程にあり、それについての理論的関心である。確かに、サイモンの業績において、人間の感情的側面についての研究が乏しいということはできないだろう。サイモン自身の指摘するように、『管理行動』の6章、10章、『組織』（Organizations, 1958）の3章、4章、5章などは理性と対比される感情の側面を扱っているということができる[41]。しかし、両書の中で、後の研究を導き、あるいはそれらと深い関係のあるところはいまあげたのとは異なる（前者の4章、5章、後者の6章、7章）ということからもわかるように、サイモンの中心的関心は合理性にあったという

ことができる。特に後期の認知心理学の研究はもっぱら合理性に関心がおかれていたといってよい[42]。サイモンが合理的側面に関心の焦点を当てているということは、要求水準と実績とが乖離している時におこる行動として言及されているアパシーとか攻撃とか神経症とかいったことにほとんど研究上の関心を示していないことからも推しはかれる[43]。

サイモンの前の世代において、人間行動の科学的説明は感情に優越性を認める方向に振子が振れ、その中で経済学だけが理性への信念を失わなかったとの認識を述べた後、サイモンが次のように語っているのは、合理性への関心の深さを示すと共に、それが研究の対象だけでなく、理論の内容に示唆を与える信念であったことをうかがわせていないだろうか。すなわち、「(人間の合理性の限界をほとんど無視した合理的選択の理論の)再建について、われわれがいくらかの進歩をしたとき、振子の(理性への)振り戻りが始まり、われわれが現在、感情との関わりで説明している人間行動の多くの局面が、合理的でもっともなものと解釈され始めるだろうと、私は信じている」[44]（括弧内は引用者）。サイモンは合理性の過程に中心的な関心を寄せると共に、広い範囲の対象に対してその関心からアプローチしているのである。従って、合理性の過程以外にも関心を示し、研究もなされているが、中心的な理論的関心は合理性の過程に向けられており、本稿ではそれに焦点を当てる。

では、合理性の過程についての記述理論と規範理論との関係はどのようなものであろうか。これに関してまず、サイモンの科学に関する分類について、若干の検討をしておきたい。サイモンは『管理行動』の付論とR・ダールの論文のコメントとして書かれた論文との二つの論考において科学に関する考察を行っている[45]。それらでは、事実的命題と価値的（倫理的）命題との区別を述べ、科学は価値的局面には関わらず、事実的側面に関わるとする。これに基づいて、付論では理論科学（theoretical sciences）と実際科学（practical sciences）、コメント論文では純粋科学、（pure sciences）と応用科学（applied sciences）とについて論じている。いずれにおいても、実際科学、応用科学は価値的要素を含んでいる点において、それぞれ理論科学、純粋科学と区別されるとするが、更にコメント論文では次のように論じる。「応用科学の科学者は、扱いたいと思う現象の範囲を制限するについて、純粋科学と同じだけの自由はない。……応用科学者は対象とする問題に含まれている特定の一連の価値に関わる全ての現象を扱わなければならない――かれは正し

い命題の体系をもたなければならないだけではなく、（価値についての）完全な体系をもたなければならない」[46]（括弧内は引用者）。応用科学者の例としては航空機を設計する技術者が用いられており、設計者と呼びうるかもしれないとされた。そして、応用科学者は必要な範囲の科学的知識に基づくだけではなく、科学的知識が得られていないところではそれに代わるものにも拠らなければならないし、価値に関して重みづけの判断もしなければならないと示唆しているのである。

　この応用科学は付論の実際科学とは異なるように思われる。実際科学は科学としては事実的要素のみに関わり、ただ特定の価値的立場からそれらが位置づけられている点において理論科学とは異なるだけだからである。ただ応用科学に含まれる諸価値が完全に体系化されるなら、実際科学と内容は同じになるかも知れない。問題なのは、応用科学と純粋科学を区別したのは、応用科学の領域では価値について必ずしも合意がなく、体系化されていないことを意識したからではないか。そうであるとすると、むしろ、実際科学と純粋科学が近接してくる。両者とも、広く受容された価値的前提によって科学の対象がきめられ、そこで科学として事実的側面にのみ関わるのであるから。

　ただ、実際科学の方が前提になる価値がより実際的であり、現実的な意味のある価値命題（規範）を導くことに関心がある。そのため、実際科学では、科学が関わる事実命題に、前提になっている価値的要素を加えることによって容易に現実的な意味のある規範を導くことができる。それに対して、純粋科学では規範を導くことは中心的な関心ではなく、規範を導くのは実際科学のように容易であるとは限らない。

　医学で考えてみて、臨床は応用科学、病理学は実際科学、生理学は純粋科学ということになるのではないか。なお、理論科学については、科学活動の価値的前提について触れていないので、四者を対比する中では意味がない。サイモンは実際科学と純粋科学及び応用科学との関係について何も述べておらず、ここで規定したような対比がサイモンの正確な趣旨であったか必ずしも明らかでない[47]。しかし、この三者の対比は、科学活動の考察に有用なだけでなく、記述理論と規範理論の関係を検討するのにも有用である。なお、三者の相互間の境界は必ずしも截然としているのではない。事実と価値の区別によっているのではなく、前提になっている価値体系の状況に依存しているからである。

サイモンは自らの研究活動の中心を実際科学と純粋科学においていた。そして、主に記述理論に関心を向けていたといってよい。しかし、既にふれたように規範理論にも関心を寄せていた。規範理論によく言及しているし、『人工の科学』(*The Sciences of the Artificial*, 1969, 2nd ed., 1981) はその関心に基づくものであり、また、企業の意思決定に関して規範理論の研究にも携わっている[48]。ところで、記述理論は「……である」という事実命題に関わり、規範理論は「……であるべきである」という価値命題に関わる。そして価値命題は事実命題だけから導くことはできず、必ず価値要素を含む。従って、規範理論はある「……であるべきである」という命題から他のより実際的な「……であるべきである」という命題を導くことに関わるといってよい。例えば、企業理論において「利潤を最大化すべきである」という命題から「限界収入が限界費用と一致するところに生産水準を設定すべきである」を導くというように。

　サイモンは規範理論においてある価値命題から他の価値命題を導くときに用いられる論理は、記述理論で用いられるより発達した論理と同じかとの問題について検討している[49]。同じ論理が用いられていて、命令文についての特別な論理は必要でないというのが、サイモンの結論であるが、最適化の選択モデルの場合には次のように進むと分析する。すなわち、まず価値命題が記述命題に転化される。これは価値命題から命令の実行者を取り除くことによって常に可能である。例えば、「利潤を最大化せよ」との命題から、この命題の実行者である企業を取り除いて、「利潤が最大化している」というように。記述命題には規範の実行者といった存在はない。この命題に、経験的な記述命題を付け加える。企業が用いる原料の価格、賃金などの供給側の条件とか、製品に対する需要の条件とかである。これらが加えられると、利潤が最大化していることに関して、生産水準が供給側と需要側の諸条件の関数として示される。そこから、限界収入が限界費用と一致しているところに生産水準が設定されているという記述命題が導かれる。最後に、この記述命題が、指令変数（この場合、生産水準）を実行者（この場合、企業）に結び付けることによって、価値命題に転化される。すなわち、「限界収入が限界費用と一致するところに生産水準を設定せよ」というように。問題は最後の記述命題から価値命題へ転化することがあらゆる記述命題について可能なのではないということである。この転化のためには、(1) 命題は指令変数について恒等

式ではないこと、(2) 指令変数が指令の受け手（実行者）によって制御可能な変数であること、という条件が必要であるとしている。しかし、さらにもう一つ条件があるようである。それは、モデルが完結的なことである。この三つの条件は次のようなことである。つまり、モデルに含まれる変数及び変数間の関係が明確であって、その中のある変数が制御可能であると共に、その変数についてモデルの中で条件が与えられているということである。このとき、記述的なモデルでその変数を解き、それを実行者に結び付けることによって、その実行者に対する規範命題をつくることができるのである。

　最初の規範命題から後の規範命題を導く過程には、経験法則が用いられ、また規範から記述へ、記述から規範へという転換がなされており、厳密には演繹によって後の命題が導かれているのではない。しかし、先の三つの条件が満たされている中でこれらの手続きがとられているならば実質的に演繹的な過程で後の命題が導かれているとみることができる。これが最適化モデルが規範モデルとして訴える力をもっている所以ではないだろうか。すなわち、最適化モデルは一般に先の三条件を満たしていると考えられる。そこでは選択肢及び各選択肢から生ずる結果は抽象的には所与であり、完結したモデルである。そこで、選択肢からの結果を評価する価値体系が与えられるならば、選択肢は条件が与えられた変数であり（価値体系の下での最適という条件）、また規範の受け手にとって制御可能な変数と前提されている。そのため抽象的には演繹計算のみによって規範命題が導かれると考えられるのである。そこで、このモデルが不可能な要請を課しかねないことを認識しつつも、目的価値が与えられたならば、演繹計算によって規範が導かれ、中途での価値判断が不要であることに魅かれ、規範モデルとして用いようとすることになるのではないか。

　なお、この最適化モデルの場合、経験世界において、規範の命ずるように実際に行動されているとか、あるいはそのように前提されて理論が構成されているならば、記述理論と規範理論は内容的によく似た密接な関係にあるといえる。そうでないならば、両者の内容は乖離するであろう。

　さて、充足化モデルの場合はどうであろうか。サイモンはここでも特別の論理は必要ないとしているが、手続きは演繹だけではなく、規範を導く手続きに関して経験的研究が必要になる。それは少し単純化していうとこうである。充足化モデルでは選択肢が実際的な意味では与えておらず、探索しなけ

ればならない。そこで、「Tという状態を達成するよう試みよ」（①）との規範命題から出発しよう。そうすると、Tを達成する選択肢Atを探索しなければならない。そこで探索方法が問題になるが、Moという探索方法を用いるとしよう。MoによってAtが必ずみつかるのであれば、①から「Moを用いよ」との規範が導かれる。しかし、それは必ずしも確実でないというのがこのモデルの前提である。従って、Moを用いよといった規範を導くことはできるが演繹によってではない。Atが見つからないかもしれないし、Atを見つけるのにより能率的な方法があるからかもしれないからである。そこで、どのような規範が導かれるかは、どのような方法が有効かあるいは能率的かについての経験的知識に依存することになる。

　以上の検討が正しいならば、充足化モデルにおいても規範を導くことはできる。しかし、それは目的価値が与えられても演繹的に導かれるのではない。探索方法についての経験的知識によるのであり、それを見出すのは方法についての経験科学の課題である。充足化モデルの場合でも、規範の命ずるように実際に行動されているとか、あるいはそのように前提されて理論が構成されているならば、記述理論と規範理論は内容的によく似た密接な関係にあるし、そうでないならば、両者の関係は乖離するだろう。ただ、充足化モデルでは、規範が方法についての経験的知識に依存するので、その経験的知識の発達につれて規範の内容が変わる。そして、規範は情報処理能力の限界を考慮にいれているので実際の人間が実行することが可能である。従って、規範が向けられている実行者が合理的ならば、規範の命ずるように行動すると予測することができる。実際にそうなると、規範理論と記述理論との内容的な乖離はその時点でなくなる[50]。

　さて、合理性の過程についての研究は実際科学の性格が濃い。それは純粋科学として研究されないということではなく、一般的に規範を導く関心と直接、間接の関わりをもって研究されているということである。その広い背景としては、合理的であるべきである、より具体的には目的に対して適切な行動様式をとるべきであるという価値が、少なくとも近代社会においては広く受け入れられているということがあろう。そのため、合理性の過程についての研究は、合理的であるためにどうすべきかとの問いに対する解答を求める関心からなされたり、あるいはそれと結び付き易いのである。

　では、応用科学ではないのだろうか。規範理論から導かれる規範は理論を

支えている諸前提に基づいている。従って、現実の具体的な決定において、それらの前提をそのまま受け入れて問題がなければ、規範理論から導かれた規範の命ずるように決定することができる。しかし、このような場合は稀であろう。一般的には、具体的な決定においては、規範理論で考慮されていなかった要素も含めて検討して決定にいたることになろう。その過程においては、直面している問題に含まれるすべての価値が関わってくるだろうし、それらの価値の体系化について合意がなければ、価値判断も必要となろう。すなわち、実際科学において規範を導くのは特定の前提をおくことによって可能である。しかし、現実の決定においては、それをそのまま用いることができるとは限らず、決定へ向けての活動は一般に価値判断も含む応用科学の性格を示すことになろう。サイモンは次のように述べる。

「組織がより能率的にあるいはより非能率的に作動する条件を調査することは、純粋科学における完全に正当な仕事である」[51]。この純粋科学から、能率的であるための条件について規範を導くことが期待できる（実際科学）。しかし、「応用科学者が特定の組織型について、それが他のものより能率的であるからという理由で採用すべきであると主張するのは正当ではない」[52]。組織型の決定においては能率以外の価値も考慮にいれなければならないからである。

本節の最初に提起した問題について、検討の結果の要点をまとめると次のようになる。

1. 最適化と充足化の概念については、それぞれ広狭二つの意味がある。サイモンは広義の最適化を認めないが、狭義の最適化を排除していない。
2. サイモンは記述理論だけでなく規範理論にも関心を向けていた。
3. 充足化モデルにおいても規範を導くことができる。
4. 現実の決定を導く過程は価値判断を含む応用科学の性格を帯び易い。

さて、次節では限界のある合理性についてさらに検討を続けたい。

3. 限界のある合理性と手続的合理性

サイモンは合理性を次のように定義する。

「広い意味において、合理性は、与えられた諸条件及び諸制約によって課された限界の範囲内において、与えられた目的（複数）の達成に対して適切である行動の様式を意味する」[53]。

この一般的な定義では、諸条件、諸制約の内容が区分されていないが、それらは環境と行動者自体の特徴に分けられる。行動者の特徴の内、情報処理能力が、限界のある合理性に関わる。そこで、行動者自体の特徴の内、情報処理能力以外のものを捨象する、あるいは概念上環境に含めると、サイモンの合理性の概念は、目的、環境、情報処理能力の三者からなることになる。与えられた環境、情報処理能力の下での、目的に対する適切さが合理性の意味するものである。

サイモンは一般に環境は複雑であるとする。その意味は情報処理能力と対比して複雑であるということであり、次のような複雑さのとらえ方に示されている。すなわち、「大ざっぱにいって、私が複雑なシステムと言うのは、単純でない仕方で相互作用している非常に多くの部分からなるシステムを意味している。そのようなシステムでは、全体は部分の合計以上なのであるが、それは、究極的な形而上学的な意味においてではなく、部分の属性とそれらの相互作用の法則が与えられても、全体の属性を推定するのが些細なことではないという重要な実際的意味においてである」[54]。このような複雑な環境に対して、情報処理能力が無限に有能であるならば、目的と環境から合理的な行動が導かれる。これを客観的合理性と呼ぶ。それに対して、情報処理能力に限界のあることを考慮したときに導かれる合理性が限界のある合理性である。それは客観的な視点からは合理的でない、つまり目的達成に最適なものを指し示してはいないかもしれない。

サイモンは客観的合理性と限界のある合理性の対比について、1970年代に入って、実体的合理性（substantive rationality）と手続的合理性（procedural rationality）との用語を用いて論じるようになる[55]。この用語は憲法学から借用したもので、デュー・プロセスについての手続的概念と実体的概念の区別からの類比によるものであるが[56]、内容的には経済学と心理学とで合理性の概念が明確に異なっていることを見出したことに由来している[57]。両者の対比はすでに、『管理行動』の第4章と第5章にみられるのであり、前者は経済学に、後者は心理学に主な基盤を負っている。両者の相違がさらに明確に意識されていったということであろう。

経済学では合理性は選択の過程の属性ではなく、選択された活動の属性を意味するのに対して、心理学では、合理性という言葉ではなく認知過程あるいは知的過程という言葉が使われるようになっているが、それらは選択の過程を意味しているとする[58]。この相違に応じて、経済学での用法に当たるものを実体的合理性、心理学での用法に当たるものを手続的合理性と名づけて、両者の対比と後者の概念の有効性あるいは優越性を論じたのである。この両者の対比は、客観的合理性（完全合理性あるいは包括的合理性）と限界のある合理性との対比と同じ性格といってよい。ただ、新しい用語が用いられるようになったのは、対比の際に焦点が当てられる論点に変化が生まれたことを示唆している。定義的にみると、実体的合理性は、適切な活動コースが選択される過程であり、手続的合理性とは、人間の認知的能力及びその限界に照らしてみたときの、活動を選択するのに用いられた手続きの有効性である[59]。かつての対比の際の焦点は情報処理能力の全能性と有限性であった。ここでの対比の焦点は、それを前提としつつ、情報処理の方法、手続きに対する関心の有無にむしろあるとみられる。実体的合理性では、選択に際しての情報処理の過程は合理性の概念と関係がなく、目的と環境とから、選択された行動が判断される。それが目的の達成に対して適切であれば合理的である。目的が与えられ、環境の内容が規定されるならば、この場合、合理的であるとはその環境の下での客観的合理性を意味することになる。もし、与えられた目的と環境の規定の下において、最適な行動をするのに要する情報処理能力が、人間あるいはコンピューターの能力を超えるものを求めているならば、限界のある合理性の原理に基づく批判が妥当する。そして、経済学が対象としている領域も含めて、人間の選択においては、与えられた目的と環境の下で客観的に合理的な（実体的合理性）選択にいたるための方法とか手順が自明でないことが一般的である。サイモンはこれを情報処理能力の制約、すなわち限界のある合理性に帰するが、ここでは適切な選択にいたるための過程が問題になる。つまり、合理性は選択に際して用いられる方法、手続きに関わることになる。方法、手続きに焦点を当てたときの合理性の概念が手続的合理性である。

　能力の限界性から情報処理の方法、手続きへと対比の焦点が移った背景には、手続的合理性の問題に分類できる、方法、手続きに関する研究がいくつかの領域において発達したとの認識があるといってよいだろう。サイモンは

オペレーションズ・リサーチ、人工知能、認知心理学などにおいて情報処理の方法についての研究が大きく発展したとしている[60]。従って、全能性を前提としているようなモデルを消極的に批判することから、それに代わる合理性モデルの内容に焦点を移すことが可能になったといえるのである。これはかつて、『管理行動』初版においては合理性の限界は概ね経済人モデルに対する残余のものとして定義され、積極的な特徴づけはされなかったが、その後充足化モデルという積極的な内容を与えるという進展がなされたことを述べているが[61]、その延長線上のことということができよう。

しかし、それと共に、関連してもう一点についてコメントしておきたい。それは、対比の対象とし、また批判を向けてきたものの性質についてである。それらは究極的には完全合理性あるいは包括的合理性を志向するモデルといってよいが、その内容が『管理行動』では必ずしも明確でなかったのに対して、合理的選択についての論文（Simon, 1955 [Simon, 1957b]）以降では明確にされていることである。『管理行動』では客観的合理性はあらゆる可能な代替的行動からの選択を求め、各選択肢からの結果について完全な知識を求め、それらの結果の比較評価を求める[62]。これは、選択肢—結果—評価の三段階の手続きについて完全性を求めていることを述べているのだが、それにとどまり、内容は必ずしも明確でない。例えば、どのような状況でもよいが、あらゆる可能な代替的行動（選択肢）とは何を意味するのか。サイモンは物理的及び生物学的限界の中での可能な行動について検討しているが[63]、この限界内でのあらゆる代替的行動を意味しているのだとすると、一つの代替的行動を示すのにも困難が生ずるであろう。どの程度精緻に肉体の動きを記述したら、一つの代替的行動として他と区別できるのか、という問題が起こるのである。これに対して、合理的選択についての論文では、ゲーム理論の業績などを受けて、批判の対象とするモデルの内容が明確になっている。そこでは、選択肢は「与えられている」のである。結果に関する知識についても、不確実性といった概念が導入されているものの、知識の状態は明確にされている。また、評価基準（効用関数など）も明らかにされている[64]。

抽象的には閉じたモデルといえよう。このようなモデルでは目指している理念的な状態がいわば完全合理性であっても、具体的なモデルの構成の仕方によっては人間の能力で処理できる範囲のものもありうるといえる。既に触れた、最適化手法の発達はその可能性を現実化したものといえよう。『管理行

動』におけるように内容を不明確にしたまま抽象的に完全性を求めるのであれば、このような可能性はない。このように閉じたモデルを批判の具体的対象とするようになったことが、対比の際の焦点を移動させる一因になったとは考えにくい。というのは、手続的合理性は方法、手続きに焦点を当てるものであるが、それは情報処理能力に限界があるため、実体的合理性が方法、手続きに依存することになるからである。しかし、批判の対象の性質が変化していることは、サイモンの限界のある合理性を考察する場合に留意すべき点の一つであるといえる。情報処理能力の限界は無限の全能性に対置されうると共に、特定のモデルが課する実質的な全能性の前提に対置されることにもなるからである。この意味で情報処理能力の全能性と有限性の対比はやや曖昧になったといえよう。

さて、手続的合理性は方法、手続きに関心をよせるが、それは人間の情報処理能力に限界があるからである。無限の能力があるならば、どのような過程を経ようとも最適な行動に達するであろうし、それに要する時間などは十分に小さく問題にならないといえよう。従って、方法、手続きへの関心は、問題を能力の範囲内で解くようにしている方法、手続きへの関心であるといってよい。しかし、人間の情報処理能力が有限であるのは自明であるから、その能力内で問題に対処する方法、手続きに関心をよせることは、一般的に人間の知的活動の過程に関心を向けるものということができる。それらを有限な能力の使用との視点からアプローチしているといえよう。

有限の知的能力で複雑な問題に対処するには、能力の範囲内で解きうるような方法を用いなければならない。人間はどのような方法を用いているか、また用いるべきか。この課題に関して、サイモンは自らの研究に加えて、オペレーションズ・リサーチとかコンピューター・サイエンスの領域などを中心に成果を概観したりしている[65]。ここでは、能率的な計算方法、充足化手法、探索の三つを取り上げて、若干の検討をしておきたい。

第一に、能率的な計算方法の追求があげられる。前節でみたように、コンピューターの発達などにより最適化手法が実際的に活用されるようになっているが、コンピューターの能力も限界があるから、方法による計算能力の違いは実際上の意味をもつ。しかし、より重要なことは、適当な時間とかコストによって解が求められなければ、意味がないことである。そのため、抽象的に解があるかどうかではなく、計算方法という手続きが問題になるのであ

る。この意味では、能率的な計算方法の追求は手続的合理性の追求である[66]。

　しかし、計算方法の追求がなされるとしても、最適化モデルが適用できる範囲は限られている。それをこえた複雑さに対しては、満足な（satisfactory）あるいは十分によい（good enough）選択肢を選択する[67]。既に述べたように、限界のある合理性の下での合理的選択の一般的なモデルとしてこの充足化モデルが提示されたのだが、情報処理能力の有限性からみて重要な点は、評価基準を単純化していることである。目的の単純化といってもよい。この単純化については次のように述べている。すなわち、「単純化への一つの道は、選択肢からの結果のすべて（s in S）に対して価値関数（V (s)）が必ず、二つの値（1、0）または三つの値（1、0、－1）の内の一つをとると前提することである。環境によって、われわれはこれらの値を（a）満足または不満足、（b）勝ちまたは引き分けまたは負け、と解釈したいと思うかもしれない」[68]。この単純化によって選択は、満足な（価値関数＝1）結果を導く選択肢を探索して、それをとることになる。必要な探索の程度は、評価基準である満足な結果の高さ（満足水準と呼ぶことにする）に依存し、可能な選択肢の総数とは関係がない。従って、すべての（与えられている）選択肢を検討しなければならない最適化手法に比べて処理は著しく容易になる可能性がある。この充足化モデルでは情報収集も単純化されうる。各選択肢から生ずる結果についての情報収集を考えたとき、この場合は、満足水準に焦点を合わせて情報収集を行えばよいことになる。

　充足化モデルについて注意を向ける必要がある点は、評価基準が単一である必要はないことである。すなわち、一元化できない複数の価値のそれぞれについて満足水準を設定して、それらすべてを満たす選択肢を選択するという場合を包摂しているのである。評価基準が目的といった表現で検討されるときに見落とされ易いと思われる点である[69]。評価基準の種類を複数とすることによって、モデルはより実際的になるが、それによって選択過程はそれほど複雑にはならない。各種類の評価基準について満足水準を満たしているかどうかが試されればよいのであり、評価基準間の比較は不要である。最適化手法では評価基準間の比較が必要になる。単純な場合の例示で示せば、Aの評価基準（例えば、商品の品質の一項目）でより優れているが、Bの評価基準（例えば、品質の他の一項目）では劣っている選択肢は、元の選択肢と比べてより高く評価されるか、より低く評価されるか。このような選好順序

を決める方法がなければ最適化の選択はできないが、それは両評価基準の限界的な価値を比較することによってなされる。これは充足化モデルで求められている手順に比べてより多くの情報を必要とし、はるかに複雑となりうる手順である[70]。

　充足化モデルについてもう一点触れておきたい。それは、このモデルは静態的には、解の存在及び唯一性を保証していない。つまり、環境と満足水準によっては、水準を満たす選択肢は得られないかもしれないし、またそのような選択肢が一つではなく二つ以上存在するかもしれない。これに対処するメカニズムとして加えられているのが動態的な要求水準である。満足な選択肢を得るのが簡単であれば、要求水準（満足水準）は上がり、それが難しければ要求水準は下がる。これによって、解の存在が長期的にみて保証される。

　さて、「われわれが最適化できないために充足化するすべての状況の一つの特徴は、選択肢はある抽象的な意味では『与えられている』が、……実際的な意味において『与えられて』いないことである。われわれは実際的な計算限界の中ですべての許容できる選択肢をつくり、それらの各々のメリットを比較することはできないのである」[71]。従って、充足化では、探索がなされ、それが手法の重要な構成要素となる。では、探索はどのようにしてなされるか。それについては、コンピューター・サイエンスの領域で発見的（ヒューリスティック、heuristic）探索として研究がなされてきている。ヒューリスティックとはアルゴリズム（algorithm）と対比されるものであるが、両者はさしあたり次のような意味であると考えておいてよいだろう。すなわち、「アルゴリズムとは、問題に解があるならば、有限の数の手順によって解が得られることを保証する問題解決の過程である。……ヒューリスティックとは解を得るのに助けになるかもしれないが、その保証のない問題解決の過程である」[72]。アルゴリズムが体系的な方法であるのに対して、ヒューリスティックはより非体系的で、より選抜的な方法である。ヒューリスティックな探索で解が得られるかどうかは、求めようとする解の水準（要求水準）にも依存するが、このような非体系的な方法が課題になるのはいうまでもなく、コンピューターの情報処理能力に限界があるため、複雑な問題にたいしてアルゴリズムを用いることができないからである。人間も同様であって、探索すべき領域が広大であれば、選抜的な方法で探索することになる。では、どのような選抜的な方法が有効か。これについては、一般的なレベルで次のように

述べていることに触れておくにとどめたい。すなわち、「課業環境が型のある構造をもっていて、問題に対する解が無差別に分布しているのではなく、その構造に関係した方法で位置づけられているとき、その型を見つけることのできる知的なシステムは高度に選抜的な方法で解を探索するために、それを利用することができる」[73]。完全なカオスに囲まれているならば、好運はあるかもしれないが、無差別な探索以上に知的な探索はできない。知的な探索は対象の領域の構造についての知識に基づいてなされるのである。

手続的合理性については、このほかにも様々なものに触れている。一般的に、文字の発明とか印刷術の発明が手続的合理性についての能力の進歩として言及されたりもしている[74]。すでにみたように、手続的合理性とは、知的過程全体を対象として、それらを有限な情報処理能力の使用という視点からアプローチするものとみることができるのであり、その対象とするところは広大であるといえよう。また、その理論は「エレガント」なものになるとはいえないとして、次のように述べている。すなわち、「もしわれわれが自然科学との類比を行うのであるならば、われわれは手続的合理性の理論が古典力学や古典経済学よりも、メカニズムについて豊かな分類を行っている分子生物学により似ることになりそうだと思うかもしれない」[75]。人間の知的過程についての研究はなお未開拓であるが、その理論化に際して、安易な単純化はできないとの見解を示唆している。つまり、有限の情報処理能力をもって複雑な環境に対処するために用いられている方法、手続きについて、「エレガント」な理論が構成されると期待することはできないということである。

それはなぜかというと、それらがいわば人為的な作品であり、人間が保有している知識の内容などに依存して変化すると考えられるからである。しかし、だからといって、それらについて経験的な理論が構成されないのではない。サイモンはその根拠を限界のある合理性においている。つまり、人間の情報処理能力には限界があり、そのため、それが用いている方法、手続きはその限界性による制約を受ける。方法、手続きは如何なる内容でももつことができるのではなく、従ってその内容について経験的な理論が可能なはずである[76]。それでは、限界のある合理性を生み出している人間の情報処理能力の限界とは具体的には何であろうか。これについて、サイモンが認知心理学の研究に基づいて述べているところを簡単にみておくことにしたい[77]。

サイモンは人間の思考過程の研究を、脳生理学から一応切り離し、人間を

シンボルを用いる情報処理システムとみることに基づいて、コンピューター・シュミレーションを方法として用いて行ってきている。その成果に基づいて、人間の情報処理は単純な制約された構造の中で、少数の基本的なシンボル操作過程によってなされているとしている。そこにみられる限界としては、作動が基本的に直列（逐次的、serial）で、並列処理、つまり平行した複数の処理ができないこと、シンボル処理のなされる場である「短期記憶（short-term memory）」の許容量が非常に小さいこと、などがあげられる。これらのため、一定時間における情報処理量には限界が生ずるし、処理に際して用いることのできる方法には制約のあることが導き出される。このような単純な処理機構によってなされる思考過程が複雑に見えるのは、外部環境と記憶（長期記憶、long-term memory）に蓄えられた情報の複雑さに由来している。従って、記憶されている情報の違いによって思考過程の個人差が起こるが、長期記憶に情報を固定するには一定の時間（1単位当り、5秒から10秒）[78]を要する。これも情報処理に制約を課する一つの限界である。

　人間の情報処理能力はこのように限られているが、それは知的さを示す。これは、それがシンボルを用いるシンボル・システムだからであるという。すなわち、次のような仮説を述べ、それは検証されつつあるとする。「物理的シンボル・システムの仮説──物理的シンボル・システムは一般的な知的活動に対する必要かつ十分な手段をもっている」[79]。そして、コンピューター及び人間の頭脳はここにいう物理的シンボル・システムであるというのである。この仮説が正しいとすると、人間の示す知的さ、つまりは合理性はシンボルを用いることによって得られており、他からではないことになろう。そして、シンボルを用いて環境から問題を設定するならば、そのとき単純化がなされているといえよう。つまり、理念的な完全合理性が現実を完全な詳細さでとらえることを求めても、シンボル・システムはシンボルで表現するときに必然的に多かれ少なかれ単純化をしているのではないか。そして、この際の単純化あるいはそれを受けた一層の単純化によって、限られた能力の中での合理性（限界のある合理性）が得られる条件が整えられているのではないか。少なくとも何らかの方法によって処理できる程度に課題が単純化されなければ、合理性は示されないだろうから。そして、それを受けて、手続的合理性が問題になる。

　本節で検討したところを叙述の順をさかのぼってまとめておきたい。サイ

モンは人間を情報処理システムとみて、その知的さを研究した。それはシンボルを用いて知的さを示すが、シンボル・システムはシンボルで表現する際に単純化をしている。しかし、人間の情報処理能力は直列性（逐次性）、短期記憶の小容量などによる厳しい限界があるから、なお複雑な課題に対処する方法、手続きが問題になる。手続的合理性はこの方法、手続きに焦点を当てるものである。研究されてきている方法、手続きの主題としては、能率的な計算方法、充足化手法、探索などがある。方法を考慮にいれないならば、合理性は、目的と環境で定まる。これが手続的合理性と対比される実体的合理性であり、与えられた環境の下での客観的合理性である。客観的合理性が目指しているところを理念化すると、完全合理性になるが、それは内容を不明確にしたままでは、人間の及び得ぬ所を指し示すことが主たる意味となる。限界のある合理性は、このような完全合理性にも、能力を超えて客観的合理性を求めることにも対置される。

4. おわりに——決定前提と合成的決定

合理性の限界、つまり限界のある合理性は、既に『管理行動』において重要な主題であった。そこでは既にみたように、他方で最適化行動を規定していたが、合理性の限界は管理理論が必要となる前提的な事実であるとされた。すなわち、「もし、人間の合理性に限界がないのならば、管理理論は内容をもたないであろう。それはただ一つの指令からなるであろう。つまり、可能な選択肢の中から、あなたの目的の最も完全な達成へと導くものを常に選択せよ」[80]。つまり、管理過程の課題は組織の最下位レベルのメンバーの決定（行動）が、組織全体の目的からみて合理的であるようにすることなのだが、人間の知的能力が無限であるならば、この課題を達成するのに、先の指令を（「あなたの目的」を「組織目的」に変えて）指示するほかに何も必要ないというわけだろう。しかし、現実には人間の知的能力には限界があるから、各メンバーの限られた能力を用いて、組織全体の目的をよく達成する管理過程が課題になる。そこで、その視点から管理過程を分析する諸概念が必要になるが、それらの基礎におかれたのが決定前提（decision premise）と合成的決定（composite decision）の概念である。ここではこれらについて、管理理論あるいは組織理論の観点からではなく、限界のある合理性との関係及び

サイモンの後期の研究との関係の視点から若干の検討を行っておきたい。

一つの決定は一組の諸前提から引き出された結論であって、組織のメンバーに対する影響は組織のメンバーの決定そのものを組織が決定することによってではなく、決定前提の一部を組織が決定することによって及ぼされているとする[81]。つまり、決定は源を異にしうる諸決定前提から引き出された合成的決定なのである。決定前提の概念は論理学からとり入れたものである。サイモンはシンボルの論理的操作と思考との比喩（比喩であって同じではない）を「管理的意思決定についての研究の枠組として明示的に用いた」[82]とされるが、それが、決定は諸前提から引き出された結論であるという枠組であったのである。

組織における決定では、決定前提の多くが組織によって与えられる。メンバーはそれらを受容することにより、情報処理の必要量を自らの能力の範囲内に収める。逆に、限界のある合理性の原理は、メンバーがその能力の範囲内で決定できるように、多くの決定前提が与えられることを要請する[83]。この結果、組織では、メンバーが自らの決定の基礎となる諸前提の内、多くのものを所与として受け取ることにより、そうでなかったならば得られなかったであろうような広い範囲の考慮に基づいて決定がなされることになる。従って、もちろん、メンバーの活動間の分業、調整が適切になされるよう、組織が構成され運営されなけばならないが、組織によって、孤立した個人では達せられないような高い合理性に至ることができることになる[84]。サイモンは組織研究から離れた後年においても、次のように述べて、組織を限界のある合理性の視点からとらえていることを明らかにしている。「人間が生産と統治の仕事を実行するために現代世界において建設した精巧な組織は、複雑性と不確実性の中で理解をし計算をする人間の能力に限界があるということに対処する機構としてのみ、理解できるということは今や明らかになる」[85]。つまり、組織は限界のある合理性の下で複雑な環境に対処する一つの方法なのである。そして、決定前提と合成的決定の概念はこのことを明らかにするのに貢献したといえよう。

しかし、意思決定過程は非常に複雑なので、これらの概念によって仔細な分析をすることは困難であり、それを克服して研究を進展させたのはコンピューターの登場であるという。次のように述べる。「決定前提による選択の分析は決定過程を叙述し説明する概念枠組をわれわれに与えている。しかし、

その過程は非常に複雑なので、現代のディジタル・コンピューターが現れなかったら、われわれの説明は長い間図式的で仮説的なものにとどまっていたことだろう。決定前提の概念はコンピューターの術語に翻訳することができ、この説明がなされたとき、ディジタル・コンピューターは人間の決定過程を——非常に複雑なものでさえ——シュミレートし、それについてのわれわれの説明を経験的に検証する道具を与えてくれる」[86]。コンピューターに関する概念との関係については、次のような対応関係を試してみる価値があろうとされた。すなわち、決定前提をデータ・インプット及び命令プログラムと、結論（決定）をアウトプットと等置してみることである[87]。サイモンはこのようにコンピューター・シュミレーションによる意思決定過程の研究の展望を示したが、自らは組織における決定過程ではなく、人間の思考過程に焦点を当てて研究を進めていったのである。

　本稿では、「限界のある合理性」についてサイモンの前期、後期の研究をともに視野にいれて検討した。この概念の中心にある観念は人間の情報処理能力には限界があるということであった。この点では、サイモンの考えは初期からほぼ一貫している。しかし、批判の対象が明確にされ、それに代替するモデルを示し、さらにそれを基にその内容を深化させるという研究活動が続けられ、また人間の情報処理能力の限界の具体的な内容も追求された。そして、それらを通じて、限界のある合理性の内容及びその示唆するところは豊かになっていったといえる。その結果、行政研究の視点からみても、研究の基礎としてあるいは示唆の源として、より充実した内容を参照することができるのである。サイモンは後期には行政に言及することは稀になった[88]が、限界のある合理性の概念が行政研究に対してもつ含意は決して乏しくない。とくに、組織研究、政策分析、政策過程研究などに与える示唆は小さくないのであり、より具体的なレベルでは、例えば情報が豊かな中での組織（設計）の問題、政策立案過程の重要性に基づく問題などの課題があげられる。また、前期の行政を対象とした諸研究についても、限界のある合理性の内容が深められた中で再検討することにより、新たな示唆が得られるかもしれない。このように、行政研究の視点からの検討を、限界のある合理性の検討から、より特定的な課題へと進めていくことができるが、ここでは最後に、それらに向けて本稿との関連で一つだけ留意点にふれておきたい。

サイモンは合理性の過程に関心を寄せていたが、研究関心は後期に向けてそれに収れんしていっているのである。つまり、前期においては、組織均衡理論とか、組織への一体化（identification）など、動機的あるいは感情的要素にも研究関心を向けていた。しかし、後期に向けて、研究関心は合理的要素に集中していっているのであり、限界のある合理性はその研究関心の中心にあった概念である。また、サイモンは限界のある合理性によりつつ、従来感情的要素によって説明されてきた現象を合理性の過程との関連で説明する志向を示している（例えば、一体化）[89]。さらに、サイモンは組織における人間の行動は他における行動と比べて、合理的な要素の多いことが特徴であり、合理的であろうとしている（intendedly rational）と記述するのが、最もよいとしているのである[90]。従って、サイモンの研究を検討するにあたっては、合理性の過程に中心的な関心を寄せているが、前期においては感情的な要素にも研究関心を向けていたことに留意する必要がある。また、研究対象によっては、サイモンに依拠することによって、感情的な要素が見落とされ、それが研究全体にとって、重大な欠陥になることもありうることに注意する必要があろう。サイモンは、人間の行動が合理的要素だけからなっているとしているのではもちろんなく、合理的要素が重要である、あるいは領域によってはそれが中心的な要素であるとの判断に基づき、研究関心に沿って、研究の対象を限界づけていったといえるのである[91]。

注

1) Robert A. Dahl, Book Review on Administrative Behavior and Models of Man, *Administrative Science Quarterly*, Vol. 2, No. 2, 1957, p. 244.
2) 松田武彦「サイモンの組織理論」（馬場敬治ほか『米国経営学（上）』、東洋経済報社、1956年）、村松岐夫「サイモンの『行政行動論』について」、『法学論叢』72巻6号、1963年3月。
3) 辻清明「現代行政学の動向と課題」（『年報行政研究Ⅰ』、勁草書房、1962年）、17-8頁など。
4) アレン・ニューエル（Allen Newell）と共同受賞。*Communications of the ACM*, Vol. 19, No.3, 1976参照。
5) 行政学、政治学の領域でサイモンをとくに取り上げているものとして、すで

にあげたもののほかに、次の諸研究がある。しかし、これらは網羅的でないのはもちろん、サイモンの研究を検討しているものとしては、その一部に過ぎないといってよい。高畠通敏「アメリカ近代政治学の基礎概念（1）、（2）」『国家学会雑誌』76巻7・8号、77巻7・8号、1963-4年。手島孝『アメリカ行政学』、日本評論社、1964年、とくに145-54頁。村松岐夫「行政における組織目標と人間の行動——サイモンの行政理論の一研究——」『法学論叢』、78巻6号、1966年3月。北原鉄也「合理的組織論」（三宅一郎編著『合理的選択の政治学』、ミネルヴァ書房、1981年）。

　行政研究者がサイモンから強い影響を受けたことについては、西尾勝「日本の行政研究——私の認識と設計」（『年報行政研究17』、ぎょうせい、1983年）、32-3頁、村松岐夫「地方自治と現代」（『UP』、188号1988年6月）。なお、今村都南雄「アメリカ行政の受けとめ方」（『年報行政研究17』、前掲）を参照。

　また、サイモンの著作の邦訳の多くは経営学者によってなされており、日本では、サイモンに最も強い関心を示してきたのは経営学者であったということができそうである。経営学者による研究としては、すでにあげたもののほか、占部都美『近代組織論Ⅰ——バーナード=サイモン——』、白桃書房、1974年、占部都美・坂下昭宣『近代組織論Ⅱ——マーチ=サイモン——』、白桃書房、1975年などがある。

6) すでにあげた紹介、検討を行っている諸論文のほか、数少ない研究として、西尾勝「効率と能率」（辻清明編集代表『行政学講座　第3巻』、東京大学出版、1976年）における能率概念の検討、拙稿「組織均衡理論の一検討——行政組織への適用に関して——」『法と政治』、33巻2号、1982年10月、における組織均衡理論の検討をあげることができる。

7) 今村都南雄「アメリカ行政学の受けとめ方」、前掲、108-15頁。

8) 辻清明、前掲。

9) Dwight Waldo, *The Study of Public Administration*, Random House, 1955, esp. chap. 6.（足立忠夫訳『行政学入門』、勁草書房、1966年）、Herbert J. Storing, The Science of Administration: Herbert A. Simon in Herbert J. Storing (ed.), *Essays on the Scientific Study of Politics*, Holt, Rinehart and Winston, 1962. サイモンに対する批判はもちろんこれらにとどまるものではない。ただ、この2編は比較的詳しく、特に後者は丹念な検討を加えているが、ともに内容的に優れたものといえよう。

　サイモンは後に、当時を振り返って、行動科学と呼ばれた潮流は戦前に既に進展していたものの延長であり、従って、戦後における激しい論争にほとんど備えるところはなかったと述べている。そして、今や論争がほとんど終

結し、政治学者が科学を推し進めることにすべての努力を向けていることをわれわれは喜ぶべきであるとしている。Simon, 1985, pp. 293-4. サイモンの著作（共著を含む）の参照については、巻末の参照文献の項を参照されたい。

10) これは少し単純化している。サイモンが管理の原理（principles of administration）を諺のようなものであるとして明晰に批判した点は、すでに批判が向けられていたそれらに対して、決定的な打撃を与えたものとしてよく取り上げられるところである。それに対して、サイモンが従来の正統理論に代わるものを十分に与えたかについては消極的な見方が一般的であるように思われる。しかし、サイモン理論は浸透的な影響を及ぼしており、明確な形での受容、発展は乏しく見えても、影響力が小さかったのではないといえよう。次を参照されたい。Vincent Ostrom, *The Intellectual Crisis in Public Administration, Revised Edition*, The University of Alabama Press, 1973, pp. 7-8, 42-7. Nicholas Henry, Paradigms of Public Administration in Alan A. Altshuler and Norman C. Thomas (eds.), *The Politics of the Federal Bureaucracy, Second Edition*, Harper & Row, 1977. Dwight Waldo, *The Administrative State, Second Edition*, 1984, pp. xvii-viii.（山崎克明訳『行政国家』、九州大学出版会、1986年）、Thomas H. Hammond, In defence of Luther Gulick's 'Notes on the theory of organization', *Public Administration*, Vol. 68, No. 2, 1990.

11) 高巌『H. A. サイモン研究——認知科学的意思決定論の構築——』（文眞堂、1995年）は、サイモンの初期から晩年に至るまでの業績を精力的に研究したものであり、サイモンの全業績を対象とした例外的な本格的研究である。なお、サイモンの全業績を対象とした論稿として、サイモンの死後に出された追悼論文がある。Mie Augier and James G. March, Remembering Herbert A. Simon (1916-2001), *Public Administration Review*, Vol. 61, No. 4, 2001.

12) Simon, 1982a, p. xviii.

13) "bounded rationality"の訳語としては、限定された理性、限定合理性、限定された合理性、制約された合理性、制約付き合理性など大同小異ではあるものの様々なものがみられる。サイモンが用いている意味を考えつつ比較してみると、受身形でない「限界のある合理性」が最もよいように感じられる。この訳語は、黒川修司「H・A・サイモン」（白鳥令編『現代政治学の理論〔上〕』、早稲田大学出版部、1981年）で用いられており、そこから示唆を受けた。同所では、大嶽秀夫の用いた訳語であるように引用があるが、原文では限定合理性であった。

14) 同書の最初の版権は1945年となっているが、サイモン自身の引用で1947年

となっているほか、サイモンの 1947 年の論文で近刊とされている。これらなどからみて、1947 年に出版されたと考えるのが適切と思われる。また、自伝においても、1947 年に出版したとしている。Simon, 1947a, fn. 4, Newell and Simon, 1972, p, 880, fn. 4., Simon, 1991b, p. 88.

15) 同書の第 2 版は 1965 年に *The Shape of Automation* の書名で出版され、第 3 版で元の書名に戻している。
16) Simon, 1979a [1982b], pp. 481−2. Simon, 1947b [Simon, 1976a], pp. 211−2 に引用されている研究がこの調査であろう。
17) Institute for Training in Municipal Administration, *The Technique of Municipal Administration, 3rd ed.*, International City Managers' Association, 1947. この版における改訂は主にサイモンによってなされたとされている。
18) サイモンが、政治学を専攻し、行政学の研究を行い、その後、それらから離れていく過程については、自伝で詳しく触れられている。Simon, 1991b, chap. 3-chap. 7.
19) Simon, 1982a, p. xv.
20) このグループによる企業行動の研究の代表的な成果が、Richard M. Cyert and James G. March, *A Behavioral Theory of the Firm*, Prentice-Hall, 1963. （松田武彦・井上恒夫訳『企業の行動理論』、ダイヤモンド社、1967 年）である。
21) Simon, 1955 [Simon, 1957b], Simon, 1956 [Simon, 1957b]
22) この頃の経緯については、Newell and Simon, 1972 の Historical Addendum, pp. 873−889 を参照されたい。
23) *Who's Who 1987*, A & C Black Ltd. (London), 1987 による。1965 年となっているものもある。
24) Simon, 1977b, pp. 65−6.
25) サイモンは、最適化あるいは最大化に対置して、最適とは限らないある基準を満たす選択肢を探索し、それを選択する方法あるいは手続きを指すのに"satisfice"の用語を用い、その最適とは限らない基準を指すには"satisfactory"あるいは"good enough"の用語を用いて区別している。そこで、方法に関わる"satisfice"には「充足化する」、基準に関わる"satisfactory"には「満足な」の訳語をそれぞれ当てることにしたい。なお、"satisfice"は、satisfy と suffice が混交したもので、satisfy と同義のスコットランドの言葉である。英語（English）に適当な言葉がないと思い使うことになったようである。Simon, 1955 [Simon, 1957b], Simon, 1957b pp. 204−5, Simon, 1969 [Simon, 1981], p. 138, Simon, 1972 [Simon, 1982b], p. 415, Joseph Wright (ed.), *The English Dialect Dictionary*, Oxford University Press, 1981 (reprint of 1898−1905).

26) Simon, 1979a [Simon, 1982b], pp. 483-4.
27) Simon, 1957b, p. 203 参照。
28) Edward C. Banfield, The Decision-Making Schema, *Public Administration Review*, Vol. 17, No.4, 1957, pp. 283-4. H. J. Storing, op. cit., pp. 121-3. 高畠、前掲、(2)、480-4頁。西尾勝「政策形成とコミュニケーション」(内川芳美ほか編『講座現代の社会とコミュニケーション 4 情報と政治』、1974年)、92-3頁。これらによって示された批判の要約としては、本文は単純化し過ぎているかも知れない。しかし、ここでは筆者が重要と考える論点をさしあたり明確かつ簡潔に示すことを意図している。
29) E. C. Banfield, op. cit., p. 283. Simon, 1958, p. 62.
30) Simon, 1955 [Simon, 1957b], Simon, 1956 [Simon, 1957b].
31) Simon, 1958, p. 62.
32) Simon, 1957b, p. 198.
33) このような認識は、サイモンの多くの論述から推測できる。例えば、(注31) の引用と (注32) の引用とを読み合わせることから推測することができるし、いま一つ引用しておくと、次のような表現がある。「さて、同じようによく最適化できるのに、まともに充足化で済ます者はいないだろう。最適のものが得られるのに、よいものとかよりよいものとかでとどまる者はいないだろう。しかし、実際のデザインの状況においては、問題は普通はこのようには現れない。……われわれはただ稀にしか最適のものを見つける方法を持っていないのである」Simon, 1969 [Simon, 1981], pp. 138-9.
34) Simon, 1955 [Simon, 1957b] pp. 243, 256, Simon, 1957b, p. 203.
35) Simon, 1972 [Simon, 1982b], p. 418.
36) Simon, 1982a, pp. xix-xx.
37) Simon, 1955 [Simon, 1957b], Simon, 1957b, pp. 196-206 を参照。これらでは、充足化が最適化 (最大化) に対置されているが、充足化の一手法として単純化したモデルによる最適化があることをうかがわせる論述はみられない。
38) 『管理行動』の第2版の序文において、能率に関する現在の見解は、『行政』(*Public Administration*, 1950) の第23章と合理的選択の論文 (Simon, 1955 [Simon, 1957b]) でより十分に述べているとしている。後者において充足化モデルが示されたのだが、前者における能率の概念は次のようなものであった。すなわち、望ましい結果から望ましくない結果を引いた純成果を分子におき、機会費用を分母においた割合を最大化することが能率の意味である。そこでの定義において特徴的なのは、分母、分子においたもののほかに、意思決定者が比較的に中立的、つまり比較的に無関心な結果のあることを明確にし、それらは能率の計算に算入されないということで能率概念に関わることを明

らかにした点である。そして、中立的とされたもの——仕事の形態など手段的と考えられるものがそれにあたるが、意思決定者の価値判断に依存する——に中立的でない位置を与えるならば、それを能率計算の分子（成果）に入れることになる。しかし、このように中立的なものを成果に含めていくことによって、能率概念は合理性概念に合体していき、両概念は同義語になっていくという。そして、能率基準は、実際に大きな範囲を中立的手段と見ることによってのみ、決定過程を単純化するとしている。また、『管理行動』における能率の意味は実質上、合理性と同義であるとしている。

つまり、『行政』では、現実を単純化したモデルで扱って用いる基準として能率を定義しているのである。その場合、単純化した枠組の中で、最大化が求められていることは最初にみた通りである。ここでは、サイモンの能率概念に関心があるのではなく、興味深いのは、単純化したモデルにおける最大化という基準が1950年において、能率概念として示されていることである。そして、合理性は、複雑さをより包括的にとらえる概念として示し、『管理行動』での能率はそのようなものであったとしている。充足化モデルを示した論文と共にこの『行政』を引照していることからは、限界のある合理性の下において、単純化したモデルによる最適化との手法のあることが意識されていたと考えられよう。すなわち、本文で述べたような広狭二種類の最適化と充足化の区別が意識されていたと推測できるのである。しかし、当時においては、意味のある最大化手法の可能性に強い疑問を持っていたのではないかと思うのである。Simon, 1957a, p. xxxv, Simon et al., 1950, pp. 488–94.

39) Simon, 1947b [Simon, 1976a], p. 69, 81.
40) Simon, 1955 [Simon, 1957b], p. 243.
41) Simon, 1973a, p. 347.
42) 要求水準、充足化という概念は、感情的側面についてのものである。また、さらに、認知的過程と感情的過程との相互作用についての検討もなされている。しかし、それらは、感情的過程を、認知的つまり合理的過程と関わる限りにおいて、認知的過程との関係を明らかにするために検討しているものということができる。Simon, 1967a, [Simon, 1979b].また、Simon, 1983, pp. 29–30 参照。
43) Simon, 1959 [Simon, 1982b], pp. 297–8.
44) Simon, 1957b, p. 200.
45) Simon, 1947a, Simon, 1947b [Simon, 1976a], Appendix ── What is an Administrative Science?
46) Simon, 1947a, p. 201.
47) サイモンの論旨の理解としては、実際科学と応用科学を同じ意味で使用していると考える方が正しいかもしれない。すなわち、両者とも成果が規範命題

として示される点において特徴づけられ、命題自体に価値要素を含まない理論科学あるいは純粋科学と対比していると考えられる。しかし、この点に関して両論考の間には微妙ではあるが重要な違いがあると考える。

　サイモンがコメントを加えた論文において、R・ダールは、能率を基本的価値として、それに基づいて管理の科学を進める主張に対して、能率も一つの特定の価値判断ではないかと問い、管理、そして特に行政においては能率を含めて諸価値の間の対立があるのであり、この点を認識せずに行政についての科学を進めることはできないとしたのであった。サイモンは『管理行動』において管理の指導基準は全体的能率（over-all efficiency）であるとし、能率実現の条件に関して管理についての実際科学があるとしたのであった（Simon, 1947b [Simon, 1976a], p. 36, p. 253）。ダールの批判はサイモンに向けられたものではなかったが、能率を基本的価値として管理の実際科学を考えていたサイモンは、行政問題には価値の対立が含まれているとの認識が広まっていた当時の行政学の事情を背景として、コメントを書くことになったと思われる。

　そして、そこでは応用科学は関連のある諸価値に関わる全ての現象を扱わねばならないとされ、規範を導くには諸価値の間の重みづけという価値判断の必要なことが示唆されたのである。行政における応用科学は、関連する領域が政治学、経済学、社会学とひろく広がっており、従って、行政領域に限られた応用科学はあり得ず、それを目指している人達は「政治経済学」と呼ぶべきものに関わっているとしたのである。では管理科学の場合はどうか。サイモンは、能率基準のほかの価値を認めるか、他の価値を包含するように能率概念を広げるか、いずれかの方法によって管理の応用科学を発展されるとしたのである。後者の方法による管理の応用科学が、『管理行動』における管理の実際科学であると考えているのではないか。能率概念を広げることによって、管理の応用科学が関わる諸価値を体系化して、それ以外の価値を排除するということであり、そうすれば、管理科学に関する限り、応用科学と実際科学は同じものになる。しかし、管理の応用科学においてさえ、価値の対立に対処しなければならないかもしれないと示唆されているのである。付論の実際科学ではこのような論点は意識されていない。実際科学でも応用科学でも規範を導くには価値判断が必要である。しかし、実際科学ではその価値は既に体系づけられ広く受容されているのに対し、応用科学では価値の対立があるかもしれず、それに対しての価値判断が必要になるかもしれないのである。実際科学と応用科学との間にはこのような違いが窺われるのであり、この違いは実際的には重要なものである。

　なお、後のサイモンの応用科学の用語法は実際科学と応用科学を区別しない傾向を示しているように思われる。Simon, 1965b [Simon, 1977a], p. 138,

Simon, 1981, p. 34 参照。
48) Simon, 1982a, Section Ⅱ.
49) 以下については、Simon, 1965b [Simon, 1977a], Simon, 1967b [Simon, 1977a], Simon, 1969 [Simon, 1981], pp. 132-7, 140-4.
50) Simon, 1979a [Simon, 1982b], p. 480 参照。
51) Simon, 1947a, p. 201.
52) Ibid.
53) Simon, 1964b [Simon, 1982b], p. 405. ここで必要ない記号は省いた。
54) Simon, 1962 [Simon, 1981], p. 195.
55) Simon, 1982b, Section Ⅷ.
56) Simon, 1985, p. 294.
57) Simon, 1982b, p. 402.
58) Simon, 1964b [Simon, 1982b], p. 406.
59) Simon, 1978a [Simon, 1982b], p. 452.
60) とくに、Simon, 1978b [Simon, 1982 b].
61) Simon, 1957a, pp. xxv-vi.
62) Simon, 1947b [Simon, 1976a], chap. 4, p. 81.
63) Ibid., p. 84.
64) Simon, 1955 [Simon, 1957b], pp. 244-5, March and Simon, 1958, pp. 137-8.
65) Simon, 1982b, Section Ⅷ.
66) Simon, 1976b [Simon, 1982b], pp. 427-8 など。
67) Simon, 1955 [Simon, 1957b], Simon, 1957b, pp. 196-206.
68) Simon, 1955 [Simon, 1957b], p. 246.
69) Simon, 1955 [Simon, 1957b], pp. 250-2, Simon, 1956 [Simon, 1957b], Simon, 1964a [Simon, 1976a].
70) 充足化モデルを、探索のコストを加えることによって最適化モデルに転化することについて、形式的に可能なことを認めつつ、最適化と充足化の重要な違いとしてサイモンが指摘するのはこの点である。すなわち、この転化を行うには、追加的な探索によってもたらされるであろう選択肢の改善と、探索のコストについて限界的な価値の比較がなされなければならないのである。従って、この意味での最適化は、実際には不可能なことを求めることになり易いといえよう。Simon, 1972 [Simon, 1982b], pp. 417-8, Simon, 1979a [Simon, 1982b], p. 484.
71) Simon, 1969 [Simon, 1981], p. 139.
72) Donald W. Taylor, Decision Making and Problem Solving in James G. March (ed.), *Handbook of Organizations*, Rand McNally & Company, 1965, p. 73. な

お、Simon, 1977b, p. 73.
73）Simon, 1978a [Simon, 1982b], p. 455. また、Newell and Simon, 1976, pp. 120-5 を参照。
74）Simon, 1978a [Simon, 1978b], p. 457.
75）Simon, 1976b [Simon, 1982b], pp. 440-1.
76）Simon, 1981, pp. x-xi.
77）これについては主に、Simon, 1981, chaps. 3 (1969), 4, Newell and Simon, 1972, chap. 14.
78）Newell and Simon, 1972, pp. 793-4.
79）Newell and Simon, 1976, p. 116. 物理的シンボル・システムの仮説については、Ibid., pp. 114-20, Simon, 1981, pp. 26-8.
80）Simon, 1947b [Simon, 1976a], p. 240.
81）Ibid., p. 123 など。
82）Newell and Simon, 1972, p. 877.
83）Simon, 1957b, p. 201 参照。

　『管理行動』では、この決定前提の受容と限界のある合理性の関係は明示的に示されているのではなく、やや不明瞭に前提されていると見るのが適切だろう。
　そこでは、完全合理性が得られないことについては、合理性の限界（limits of rationality）との用語がもちいられ、それが後に限界のある合理性（bounded rationality）にとって代わられることになるが、この変化は意味の違いを反映しているとも考えられる。すなわち、合理性の限界では、選択肢―結果―評価の三段階についてそれぞれ限界のあることを指摘し、それらの限界を画する要素（選択肢からの結果についての知識の不完全さなど）を非合理的要素と呼び、それらによって画された領域を合理性の領域（area of rationality）とする。そして、合理性の領域の中では、つまり、選択肢、結果の知識、評価基準についてある特定のもの（複数）がそれぞれ与えられている中では、合理的であるならばただ一つある最適な決定に至るとする。従って、選択肢―結果―評価のそれぞれについて完全性があるとすると、そのときは合理性の領域は無限の大きさとなり、その中から最適な決定がなされることになるのだが、それはなしえない。その理由は後の限界のある合理性の原理、つまり情報処理能力の有限性に求められているといってよい。そこで、実際の決定は選択肢―結果―評価について特定のものが与えられている中で行われているのだが、組織ではそれらの多くが決定前提として組織から与えられるのである。つまり、決定前提は非合理的要素であり、それらで画された中で決定がなされる。
　このような論旨であるので、合理性の限界はある点では限界のある合理性

と同義であるが、ある点では異なる意味をもつ。すなわち、組織メンバーが選択肢―結果―評価について完全性をもち得ないことを合理性の限界と呼ぶとき、それは限界のある合理性と同じ意味といってよい。(Simon, 1947b [Simon, 1976a], pp. 80-4 の用法)。しかし、組織からの決定前提で画されている境界について合理性の限界と呼び、画されている中を合理性の領域というとき、それは組織メンバーの情報処理能力の限界と一致しているとは限らず、同じ概念ではないから、限界のある合理性と同じ意味ではない。しかし、組織メンバーの合理性の領域を画するものは組織から与えられる決定前提だけではない。自らが決定に際して与える決定前提もある。(Simon, 1947b [Simon, 1976a], pp. 38-41, 240-4 の用法)。そこで、二つの合理性の限界の意味の違いは微妙なものになり、『管理行動』の合理性の限界の理解を困難にしている。

　しかし、組織から与えられるのであれ、自ら与えるのであれ、決定前提によって画される境界は、決定者の情報処理能力の限界と一致しているとしても、概念的には異なるものであり、この点の区別が『管理行動』ではなされていないのである。それは、限界のある合理性の下での決定過程は、必ず決定前提から結論を導く過程であるとしていたからであるかもしれない。このとき両限界は一致するのであるから。しかし、決定前提の概念規定と、情報処理能力の限界の概念規定は十分に関連づけられておらず、先の両限界を概念的に同一とすることには飛躍がある。例えば、決定前提から結論を導く過程において、情報処理能力に余裕がある場合はどのように位置づけられるのであろうか。

　補足的に述べておくと、組織のメンバーの決定は組織全体の目的の視点から判断されるから、それと異なる価値基準とか誤まった情報とかが決定前提として与えられたときと、組織全体の目的とか正しい情報が決定前提として与えられたときとでは、それから導かれた決定に対する評価は異なる。しかし、いずれかについても決定前提で画された境界が合理性の限界であり、前者が後者に改められた場合は、合理性の限界が動かされたとする。そして、より高い能率を得ると示唆している (ibid., pp. 39-41)。また、組織の場合は個人の場合と違って、通信 (communication) も、合理性を限界づける要因としてあげられている。

　最初に提起した点に立ちかえると『管理行動』では、決定前提の受容と限界のある合理性とは結びつけられて論じられているといえよう。決定前提によって画された境界と、情報処理能力の限界とを同じ合理性の限界という用語で指しているのであるから。しかし、両者を区別していないために、両者の関係は明らかにされず、かえって不明瞭になっているといえよう。

　Simon, 1947b [Simon, 1976a], pp. 38-41, 79-84, 240-2.

84）Simon, 1947b [Simon, 1976a], chap. 5, esp. , pp. 79-80, 100-2.
85）Simon, 1979a [Simon, 1982b], p. 482.
86）Simon, 1959 [Simon, 1982b], p. 308.
87）Simon, 1965a, p. 36.
88）まとまったものとして、Simon, 1967c があるが、そのほかではとくに行政が取り上げられたことはほとんどない。ただ、関連するものとして、政治学に関わる次の2編がある。Simon, 1966, Simon, 1985. また、さらに一般的な視点からであるが、社会的あるいは政治的な領域を取り上げたものとして次のものがある。Simon, 1981, chap. 6, Simon, 1983, chap. 3.
89）Simon, 1957a, pp. xxxv-vi.Chap. 10. なお、(注44) を付した引用及び次を参照されたい。Simon, 1985, pp. 297, 301-3.
90）Simon, 1957a, pp. xxiii-iv, Simon, 1957b, p. 196, Simon, 1968, p. 76.
91）アージリスがサイモンの組織理論について、合理的行動に第一義的な重点をおいて、感情的な面を軽視していると批判したのに対して、サイモンは、感情的な要素も研究対象としていること、合理的な要素と感情的な要素にそれぞれどの程度重点をおくかは事実によるのであり、必要なのは経験的調査であること、理性は人道的な世界をつくり、維持するのに重要であり、理性をよりよく理解する必要のあること（科学の記述的な面の活動においては、よりよく理解するために現実の一部――合理的な要素――を取り出して研究することができる）、を指摘して反論している。そして組織理論において感情と合理性を統合するとの目的については、アージリスと一致しているとする。Simon, 1973a, esp., pp. 347, 349, 352-3, Simon, 1973b.アージリスの方の論文は、Chris. Argyris, Some Limits of Rational Man Organizational Theory, *Public Administration Review*, Vol. 33, No. 3, 1973 and Organization Man: Rational and Self-Actualizing, *Public Administration Review*, Vol. 33, No. 4, 1973.

第2章

包括的合理性（global rationality）と限界のある合理性（bounded rationality）

1. はじめに

　経済学で用いられている方法を政治学、行政学の領域に適用する「公共選択（public choice）」あるいは「合理的選択（rational choice）」と呼ばれる研究が増えてきている。経済学では、財あるいはサービスの商品市場でいえば、消費者はその効用を最大にするよう行動し（utility-maximizer）、企業は利潤を最大にするよう行動する（profit-maximizer）とし、それらから需要曲線および供給曲線を導き、両者から市場での均衡を説明するという理論が構成されている。消費者行動、企業行動をはじめ、理論は数学的形式で表現され、市場の均衡点などが数学を用いて導き出される。その理論は、現実の経済現象を説明し、予測する理論（記述理論）として用いられるとともに、政策提言を行うための理論（規範理論）としても用いられる。

　経済学のこのような方法、すなわち、主体は効用を最大にするというように合理的に行動し、社会における現象（経済学の場合は経済現象）はそれらの合理的主体が相互に作用する結果として生ずるとして理論を構成する方法を、官僚制を含めて政治現象に適用する研究が増えてきているのである。ダウンズの投票と選挙についての研究（1957年）を本格的な先駆として、利益集団に関わるオルソンの研究（1965年）、官僚制についてのニスカネンの研究（1971年）などがよく知られたものである[1]が、最近では日本政治の研究にも適用されるようになってきた[2]。それらでは、有権者、政治家、官僚などが合理的主体とされ、その相互作用を理論化し、そこからの結果が説明され、予測される。このような諸研究の方法については、非現実的な前提（た

とえば、官僚は予算の最大化を、いわば専心に追求するといった前提）から結論を引き出しているとか、保守的な政治的含意があるとか、実証においてほとんど成果が得られていないとかいった批判がなされ、それらに対する反論がなされるといった応酬がある[3]。

　しかし、ここでは、そもそも経済学の理論の基礎にある合理的主体の人間像に批判のあることについて検討したい。そして、この批判を持続的に行ってきた影響力の強い代表的な研究者はハーバート・A・サイモン（Herbert A. Simon）であり、サイモンは行政研究を中心として、政治学にも影響を及ぼしてきた。サイモンは経済学が前提している、効用を最大にするという人間像の合理性を「包括的合理性（global rationality）」あるいは「完全合理性（complete rationality）」と呼び、その非現実性を指摘し、実際の人間は合理的ではあるがそれには限界があるとして、それを「限界のある合理性（bounded rationality）」と呼んでいる。そして、実際の人間が用いている合理的過程を充足化（satisficing）と特徴づけ、心理学的に人間の思考過程として研究したのである。

　サイモンの包括的合理性に対する批判とそれに代わる充足化の理論に対しては、規範性が弱められる[4]とか、政治現象への適用については合理的選択の一種と見られるなどの批判がある。規範性が弱められるというのは、合理的意思決定として完璧性が求められないとすると、合理的であるにはどのようにしたらよいかについて指針が得られないのではないかという疑問に基づく。サイモンの主張も合理的選択の一種であるという指摘に対してはサイモンは反論し、経済学の前提している包括的合理性を一貫して批判し、それに代わる理論を提示してきたとする[5]。

　サイモンは自らの理論の基礎を提示した論文の表題に合理的選択という用語を用いている[6]し、人間は，合理性について弱い定義をとれば、合理的であると述べている[7]。そして、その研究は人間の合理的な面の解明に当てられてきたといってよいだろう。それでは、自身のいう合理性と自身が厳しく批判してきた包括的合理性との関係はどのようなものであるのか、合理的選択の一種であるという指摘は不当なのか、また、合理的意思決定の理論を提示してきたとすると、合理的であろうとするときの指針はどのようにして得られるのか、本稿では、こういった疑問について検討していきたい。それらを通じて、最近盛んな「合理的選択」による諸研究との関係についての理解

も深められるだろう。

　このような検討を進めるに当たっては、合理的意思決定について、意思決定そのものについての理論と、市場均衡とか「合理的選択」のように、市場など集合体について構成される理論とを区別する必要がある。前者を単一主体についての理論、後者を集合体理論と呼ぶことにしたいが、両者を分けることによって、それぞれの論点が明確になるのである。また、事象についての理論である記述理論と、どのようにすべきかに答えようとする規範理論を区別する必要もある。合理的意思決定に関しては、合理的であるべきという主張と、人は合理的であり、そのように考えて事象は説明できるという主張が混同されやすいのである。この二つの区別に従って作成したのが次の表である。

	規範	記述
単一主体	消費者、企業 期待効用理論 OR 費用便益分析	消費者、企業 期待効用理論 Allison I
集合体	厚生経済学	市場均衡 public choice rational choice

　単一主体の理論は、個人など単一の主体が合理的に意思決定することに関する理論である。消費者行動の理論と企業理論は、それぞれが合理的であろうとするときに従うべき手順ととらえれば規範理論であり、現実の消費者とか企業が合理的に行動しているとすれば記述理論となる。期待効用理論は、包括的合理性についての一般的な理論で、規範理論としても、記述理論としても用いられてきている。OR（オペレーションズ・リサーチ、Operations Research）及び費用便益分析は、政策決定などに用いられてきている合理的意思決定の技術的手法の代表的なものである。費用便益分析は、単一主体が規範として用いる点に着目して単一主体に分類しているが、経済学の理論を基礎とする面に着目すれば、厚生経済学と同じ欄に入れるべきであろう。記述理論の欄にAllison Iとあるのは、アリソンのキューバ危機についての研究で第1モデルとされたものを指している[8]。そこでは、国家がその安全保

障などを目標として合理的に行動するとのモデルが示されたが、国家のようにそれ自体集合体であるが、単一主体のように見なして、合理的主体として分析することがある。その例として示しているのである。

　集合体理論は、アリソンの第1モデルとは違って、合理的とされるのは、集合体を構成する個人などの主体である。合理的な複数の主体が相互作用するのを理論化するものである。すでに触れたように、市場均衡の理論は消費者と企業のような合理的主体が市場において調整する過程及び結果を理論化しているのである。この集合体に関わる面を、消費者あるいは企業の行動の理論と区別しておきたい。厚生経済学は、そのような市場均衡の理論を用いて、資源配分の効率性について分析して、政策提言を行おうとするものである。すなわち、複数の合理的主体からなる集合体についての記述理論を、規範的な目的で用いるのである。「公共選択（public choice）」、「合理的選択（rational choice）」と呼ばれているのは、政治現象について、有権者、政治家、官僚などを合理的主体と考え、それら相互の関係を理論化するものである。従って、各主体の合理的意思決定そのものについての理論と区別して、集合体の理論として位置づけている。

　サイモンの批判はこれらの理論の基礎に向けられているのだが、まず単一主体の理論について、次いで集合体の理論について見ていくことにしたい。

2. 単一主体による意思決定

　包括的合理性の意思決定理論は、目的を最大限に実現する決定を導く手順あるいは方法を示すものであるが、目的の内容とか、選択状況の内容をどのように特定したり表現するかによって、様々のものを含んでいる。たとえば、経済学の企業理論では、目的は利潤の最大化と特定し、選択状況としては、市場の状況（完全競争下では、価格は一企業の行動では変化せず、企業にとっては特定価格が外部から与えられる）及び生産費用がどの程度かかるかという費用関数が、その内容となる。このような特定化の中で、目的（利潤の最大化）を実現する手順あるいは方法が示されるのである。消費者行動の理論では、目的は消費者の効用、つまり満足を最大にすることである。選択の状況も、消費者が買うことのできる商品のリストと、消費者が購買に当てる予算が、その内容となる。目的とか、選択の状況が特定されることによっ

て、具体的な理論としては異なるものになる。しかし、そこには共通の特徴があり、包括的合理性の意思決定理論の一般的なモデルは次のように示される。

(1) 一般的モデル
　a. まず、目的あるいは価値が規定される。汎用性のある表現としては効用が用いられるが、企業理論における利潤のように特定されることもある。この目的あるいは価値について一貫性が求められる。とくに、CよりBが選ばれ（選好され prefer）、BよりAが選ばれるときは、CとAではAが選ばれるという推移性（transitivity）が求められ、それが問題になることが多い。
　b. 次に選択肢があげられる。このとき、可能なすべての選択肢をあげることが求められる。すべてをあげなければ、残された中によりよい選択肢のある可能性があるからである。目的を最大に達成するには、すべての可能性を検討しなければならない。消費者の場合であれば、商品リストの中からの商品の組み合わせで、予算の範囲で購買可能なすべての組み合わせである。
　c. そして、各選択肢からの結果の予測を行う。ここにおいても、すでに規定した目的あるいは価値に照らして、関わりのある限りの将来にわたって、関連ある結果をすべて予測することが求められる。つまり、最大にすべき目的とか価値に影響を与える限り、近未来も遠い将来も、身近な影響も一見したところ隔たりのある事象への影響もすべて予測しなければならない。
　d. 最後に、目的あるいは価値を最大にする選択肢を選び出し、それを選択する。

このa-dの手順によれば、直面している選択状況の中で、目的あるいは価値を最大にする選択肢が選択されるのである。

以上の一般的モデルでは、最大化を達成するため、b, cで、「すべて」が必要なことを述べたが、これらは数学的形式では、一般的な形式による表現によって満たすことができる。すなわち、各選択肢と結果を結びつける関係を数学的に一般的形式で表現するのである。そして、その数学的形式において最大値などが数学的に求められるならば、dが遂行可能なのである。消費

者の場合でいえば、商品リストからのすべての組み合わせをあげるというように考えると不可能なほど多数になるが、各商品についての効用がわかるならば、購買したときの一円あたりの限界効用をすべての商品について等しくする組み合わせを見つけると、それが d の効用最大の組み合わせになる。現実の消費者にこのような計算が可能か、また行っているのかをさしあたり問わないならば、数学的モデルの上では、「すべて」の要請から想像されるよりは簡単に効用最大の選択肢が選び出せるのである。

　同じようなことを、意思決定の合理的手法である OR の中の代表的な線形計画法についても見ておきたい。

（2）線形計画法（linear programming）

　線形計画法は、一次式の等式、不等式で表現される条件の下で、一次式で表される関数（目的関数 objective function）を最大あるいは最小にするという方法で、シンプレックス法（simplex method）と呼ばれる解法などで解を求める。変数が2つであれば平面グラフでも解くことができる簡単なものであるが、変数が増えると解を得るのに困難が増す。実際の応用範囲も広く、またコンピューターの発達により計算時間も短縮されてきた。しかし、いずれにしても、その構造は先の一般的モデルに包摂されるものである。すなわち、目的あるいは価値は目的関数で与えられる。選択の状況は制約条件で与えられるが、選択肢は制約条件の中でとりうる諸変数の組み合わせである。これもすべてをあげるという要請を、逐一的に選択肢をあげると考えると、少し複雑なものであれば、すぐに不可能なほど多数になるし、変数が連続的にとりうる数量であるならば無限大である。しかし、シンプレックス法で解を求めるならば、諸変数のすべての組み合わせの中で、目的関数を最大あるいは最小にする組み合わせが得られるのである。すなわち、数学的解法を通じて、すべての選択肢について、すべての結果（これは目的関数に包括されている）を検討した結果として、目的を最大に達成する選択肢が選び出されるのである。

　さて、包括的合理性の意思決定理論として最後に、結果の現れ方が不確実な選択状況を含み、かつ汎用性のある理論としての性格をもつ期待効用の理論を見ておきたい。

(3) 期待効用理論（theory of expected utility）

　人間が選択に当たって、BよりもAを選ぶということは実際に行われているところであり、観察もできる。しかし、BとAを比べて、Aの方を何倍あるいは何パーセント好んでいるかは測定できないとされてきた。効用は序数でのみ表すことができ、基数的には表現できないということである。しかし、BとAを割合をもって混ぜたくじを用意し、このようなくじの間での選択ができるならば（この場合、もうひとつの選択肢Cとの間で選択ができるならば）、効用を基数的に表現することができることが明らかにされた（ただし、絶対数としてではなく、間隔間の比を確定することができる [interval scale]。つまり、Aが5、Cが4、Bが2というとき、AC間の差はCB間の差の半分ということが確定されているということである）[9]。

　これが明らかにされることによって、選択の結果が一義的に確定せず、ただa、b、cといった結果がそれぞれ生ずる確率が知られているとき（たとえば均質なサイコロを振ったとき、1から6までの数字のどれが出るかは確定していないが、それぞれ6分の1ずつの確率で出ることが知られているような場合）の選択について合理的な手法が提示可能になったとされた。すなわち、各結果についての効用が数量的に示され、加重平均計算が可能となったので、各効用と確率をかけ合わせて、それらを合算して期待効用を出し、その最大のものを選択するのが合理的であるというのである。これが期待効用理論と呼ばれるものである。

　この期待効用理論が汎用性の広い理論であるのは、この場合の効用があらゆる価値を包摂して一元化できることと、結果の現れ方が不確実であるという一般的な選択状況に対応しているからである。消費者行動の場合の効用は主観的満足という具体的内容をもっていたが、この理論の場合は、BよりAを選ぶといったことができさえすれば、その内容は商品でもよければ将来の社会の体制でもよいのである。実際には異なるときに行われる選択をあわせて一元化することもできる。たとえば、今日リンゴを買うことと明日選挙の投票に行くことをあわせてAとし、今日ナシを買うことと明日棄権することをあわせてBとするようなことでも、両者の間で選択ができる限り、この理論の適用が可能になるのである。また、諸結果の確率分布を実証的に推計する努力を促すことにもなる。大まかな推定でも確率を当てはめることによって「合理的な」選択ができるように思われるからである。

さて、包括的合理性の理論について、規範理論と記述理論を区別せずに述べてきたが、包括的合理性の場合、目的の最大化など、最適化を理論化しており、目的達成への規範理論の性格をもっているといえよう。つまり、目的を最大に達成するにはこの理論の示すようにすべきであるという性格である。線形計画法のように数学的形式で示される場合には、その解を決定として選択すべきであるということである。ところが、包括的合理性の理論は記述理論としても用いられる。次節で検討する集合体の理論の場合、集合体を構成する主体、たとえば消費者は、この理論の示すように行動しているとされるのである。その根拠は、人間は合理的であり、目的をもって行動する場合、それを最大に達成しようとして行動するという主張である。また、アリソンの第一モデルのように国家とか組織を一主体と見なして適用する場合も、それらの国家とか組織は合理的であり、その目的を最大に達成しようとしているとの主張である。

　記述理論として用いると、現実の現象をこの理論で説明することになる。また、数学的形式が与えられていると、とくにそうであるが、選ばれる選択肢が理論から導き出せるのであり、予測ができることになる。すなわち、特定の行動を、ある目的を最大に達成しようとしてとられたと説明したり、将来の行動を目的から導き出して予測するというように理論が用いられるのである。そして、特定の行動から逆に目的を推定するというようにも用いられる。

　このような包括的合理性の理論に対しては従来から非現実的であると批判されてきた。よく知られているインクリメンタリズム（incrementalism）もこの批判などに基づくものである。リンドブロムのインクリメンタリズム[10]は、包括的合理性の理論を政策決定の規範理論あるいは記述理論として用いることを批判し、それに代わるものとして提示されたといってよい。政策決定に際して、政策目的を明確にし、それを実現するであろう政策案を包括的に検討し、政策目的を最もよく実現する政策案を採用するべきであるという、包括的合理性に沿った規範が、現実には行い得ないし、実際行われていないことを指摘したのである。そして、それに代わる決定戦略として、現行政策から少しだけ変更する政策案を検討して、変更に関わる部分に検討を集中して、その中から望ましい政策を採用するというものを提示したのである。これはインクリメンタリズムとして知られるようになり、規範理論としては現

状肯定的であるといった批判を受けたりした[11]が、記述理論としては広く受け入れられていった。リンドブロムによる批判は、包括的合理性への批判として見ると、政策決定という特定の場合を対象としており、現状を大きく改革する政策案は当時（1960年代）のアメリカのような政治状況では政治的に受け入れられないことも批判の根拠としている。しかし、それとともに、政策問題は複雑であり、それについて包括的合理性に沿った方法で検討することは人間の能力を超えた要請であることを指摘して批判しているのである。

包括的合理性の理論を、人間の意思決定理論として一般的に批判し、それに代わる理論を提示し、大きな影響をもってきているのがサイモンである。サイモンはまず、包括的合理性の示す要請が実際の人間には満たせないことを指摘し、人間の意思決定理論として適切でないと批判する[12]。さきに述べた一般的モデルに沿っていえば、aの目的の規定では、目的を一元的に規定するとか、推移性といった一貫性を満たすこと、bの選択肢についてはすべての選択肢をあげること、cの結果の予測ではすべての関連ある結果を予測すること、といった要請をすべて満たすことは人間の知的能力を超えていることであるという。この批判の根底には、人間の思考過程を情報処理過程としてとらえ、そこに厳しい限界があるとの認識がある。すなわち、人間は情報処理に当たって、一時には一つにしか対処できないという直列性（逐次性、serial）、情報を処理する短期記憶の容量の狭小性、長期記憶への固定に一定の時間を要すること、といった制約をもっているのである。従って、選択状況が複雑になると膨大な情報処理を要することになる包括的合理性の手順は、現実の人間の選択状況がおおよそ複雑なものであるので、到底遂行し得ないというのである[13]。

しかし、サイモンは人間は合理的であろうとするという。それをどのように行っているかを一般的に示したのが充足化（satificing）の理論である。

a. 選択肢を探索する（search）、あるいは作成する。すべての選択肢を探したり作成したりすることは、状況が複雑であればできないので、何らかの選択的、発見的（heuristic）な方法を用いて探索したり、あるいは作成したりする。
b. 選択基準としては、最もよいものを選ぶということではなく、満足できる（satisfying）、十分によい（good enough）ものを選択する。つまり、一定

の基準を満たすのを選択するのである。その基準を満たすものが2つ以上あればその中で最もよいのを選ぶのは当然である。ただ、その基準を満たすものがある場合、さらに最適を求めていくのではない。
c. 選択基準として設定されるものは、心理学での要求水準（aspiration level）のように緩やかに変化する。すなわち、それを満たす選択肢が容易に得られないと、緩やかに下がり、逆に簡単に得られると緩やかに上がる。

　このモデルは一般的なもので、より具体的な過程は、目的に相当する選択基準の内容、選択肢を探索したり作成したりする方法とかそれによって得られた選択肢の内容によって多様であり得る。そして、このモデルの基礎にあるのも、人間の情報処理能力の乏しさである。すなわち、目的をもち、その目的を達成しようとする意味では人間は合理的であり、サイモンは人間のこの面に着目してその過程の解明を図ってきたといえよう。しかし、人間は情報処理能力の限界から、目的を客観的に最大に達成する手段を見出すことはできない。そこで、目的を達成する手段を自らの能力の範囲内で見出す方法を用いて、合理的であろうとしているのであり、その過程を一般的に表現したのが、このモデルである。すなわち、最適を求めることによって能力を消尽するのでなく、一定の基準を満たすものを選択することにより、能力の範囲内で目的達成ができるようにするというのである。

　いわば、情報処理能力を有効に用いて目的達成を図ろうとしているのであるが、その具体的過程、つまり情報処理能力を節約的に用いる過程は多様であり得る。さきに見た包括的合理性の一般的モデルに沿っていえば、a、dの目的あるいは価値の規定の仕方では、目的を一元化しないとか、時間の経過に応じて必ずしも一貫性を維持しないとか、最大化ではなく満足できる基準をおくといったことは、情報処理節約的になりうる。bの選択肢の作成の仕方では、「すべて」ではなく、有望な選択肢を作成しようとすることは情報処理節約的になりうる。cの結果の予測の仕方では、関連ある情報を能率よく収集するとか、適切な理論を用いて予測することは情報節約的になりうる。このように合理的であろうとしても、その過程の内容は一義的には定まらず、多様であり得るのである。そして、さきの充足化のモデルは、それを一般的に、選択肢の発見的探索と満足基準による選択というように示していると見ることができよう。従って、包括的合理性の理論に消費者行動の理論とか企

業理論のように特定的な理論が見られたが、限界のある合理性ではそれよりも多様な特定的な理論が予想される。しかし、そのより特定的な理論は、現実の意思決定過程の研究を通じて、仮説が提示され、検証され、確立されていくことになる。そして、それが個体としての人間の意思決定過程の研究であれば、それらは心理学の性格を帯びた研究になるだろう。

　さて、限界のある合理性の理論は、人間の意思決定過程を制約する基本的特質を明らかにしつつ、その選択過程を解明しようとするものである。従って、規範理論ではなく、記述理論の性格をもっている。包括的合理性の記述理論と対比すると、選択過程を実証的に明らかにしていこうとする志向が特徴的である。包括的合理性の場合は、選択に際して効用を最大にするといった過程が現実に存在するかといった実証的な問いへの関心は弱いといえよう。たとえば、消費者が、予算の範囲内で購買可能なあらゆる商品リストを検討した上で購買しているとか、各商品の１円あたりの限界効用が等しくなるように購買しているとか、これらが現実の過程であると考えられているだろうか。そこではむしろ、過程そのものは特徴を純粋に取り出した「理想型」として設定し、過程からの帰結を検証することによって実証するという方法をとっている。このように必ずしも実証されていない特定の過程（包括的合理性による選択）を前提として、理論を構成することが広く行われるのはなぜであろうか。

　それは、その理論のもつ強い演繹の力と、人間は合理的であるという広く受け入れられている一般的命題によるところが大きい。目的と選択状況が明らかにされると、目的を最大化するならば、その帰結は演繹的に導き出せる。数学的モデルで構成され、解答可能であるならば、最大化の帰結は一義的に示される。その帰結が観察結果とおおよそ符合するならば、「人間は合理的である」という一般的命題とあわせて、人間は理論の示すように最大化をしているに違いないと見られるのである。あるいは、あたかも最大化するように行動していると見られる。そして、同じ演繹力は一義的な予測を可能にする。人間の行動の予測ができることは大きな魅力であり、これがこの理論の利用をさらに広げる。また、アリソンのキューバ危機の研究におけるソ連の分析の例に示されているように、演繹力は、表面に現れた行動から、外部には明らかでない特定的な目的の推定を行うということも可能にする。さらに進化論的な論理による主張もされる。すなわち、最大化をしていなければ、より

合理的な主体に敗れ、取って替わられるから、現実に存在する主体は最大化をしているのである、と[14]。

しかし、包括的合理性の理論が記述理論として適切かどうかは過程の実証によって検証されるべきであろう。過程の観察ができない場合には、いわばブラックボックスに入れて過程を推定し、原因と結果とを関係づける理論形成も意義があり得るが、過程の観察から推定と異なることが示されるならば、過程自体を実証的に研究すべきであろう。この問題は、次の集合体の理論の検討へと連なっていく。包括的合理性の集合体理論は、個別主体の選択過程を完璧に合理的であると前提して、集合的帰結を導き、それを現実と対照させるという方法をとっているからである。

しかし、次節に移る前に、規範理論としての対比あるいは関係について見ておきたい。限界のある合理性は記述理論の性格をもっている。それでは、規範理論としては包括的合理性の理論が受け入れられるのであろうか。リンドブロムのいうように、不可能な規範は、規範として適切ではないという主張がある。それに従うことが不可能であり、また何らか要請を緩和してよいということが示されていなければ、規範を守ることは不可能であり、規範として意味はないということである。

包括的合理性の理論は抽象的一般的に見ると、人間（あるいはコンピューターの使用を含めて）に不可能な要請を示唆している。しかし、特定の理論として主張されるときに、必ずしも不可能なことを要請しているとは限らない。すなわち、線形計画法のような合理的決定の手法の場合、目的関数とか選択状況が特定され、現実に解答可能（最近では、コンピューターを用いて）なように問題が定式化されることである。消費者行動の場合に類推すれば、選択状況を特定化すれば、特定の形式を与えた効用関数を最大にする購買案を計算することが現実の人間にも可能なようにすることができる。そうであれば、包括的合理性の理論は規範理論として適切であるということになるだろうか。

サイモンは、線形計画法のような OR による選択は、モデルの中では最適化であるが、現実に対しては充足化であるとしている[15]。すなわち、包括的合理性の特定理論は、内容が特定された場合、現実を単純化したモデルである。そして、モデルに組み込まれた目的関数とか選択状況は、現実そのものではなく、場合によっては現実を著しく単純化し、ゆがめていることもある。

従って、モデルから得られる結果はモデルの中では最適であっても、現実に対しては最適ではない。それが現実に対して十分よい（good enough）結果である場合には、そのモデルによる選択が用いられるべきなのであり、それは現実に対しては充足化であるというのである。

包括的合理性の規範理論はこのように、現実を単純化した中での最適化を示しているのであり、そのような性格のものとして用いられなければならない。限界のある合理性の理論はこの点をむしろ明らかにする機能を果たすといえよう。そして、ある現実の選択状況でどのように選択すべきかを導く方法は、状況を単純化したモデルを作成して最適解を求める（このモデルも一義的に決まるものでない）というものを含め、多様であり得ることがここから示唆されよう。

3. 合理的主体による集合体理論

包括的合理性の理論は、単一主体における理論にとどまらず、複数の合理的主体からなる集合体の現象に関する理論の要素としても用いられる。すなわち、包括的合理性の記述理論で表現された合理的主体が相互に作用して、経済現象とか政治現象が生じていることを記述し、説明する理論が構成されているのである。

そのような集合体の理論の原型は、経済学の市場均衡の理論に見ることができる。商品市場の場合であれば、それぞれ合理的な主体として記述される消費者と企業の行動から、需要曲線と供給曲線が導かれ、それぞれ社会的に合算された需要曲線と供給曲線から、それらが交差する点の価格と数量で、生産と消費が行われると説明される。それ以外のところで消費とか生産が行われると、その均衡点へ向けての動きが起こり、均衡点に達して安定するとされる。従って、市場の状態の予測としても、その点に向かって収れんすると予測される。

政治学でも用いられるゲーム理論（theory of games）とかプリンシパル＝エージェント理論（principal-agent theory）も同じような性格である。ゲーム理論では、それぞれ効用を最大化しようとする複数の主体が、相手の出方によって最適な戦略が異なる状況において、それぞれどのような戦略を採り、その結果どのような相互の状況が生じるかを理論化するものである。基本的

な理論としてよく発展した2人ゼロサムゲーム（two person zero-sum game）の場合、各自は最低保証を確保しようとして行動するのが「合理的」で、その結果、相手が戦略を変えない限り、自らも戦略を変えることはできないという意味での均衡点で安定するとされる。

プリンシパル＝エージェント理論は、2主体間の契約で、一方が相手方から、契約に関わる活動とか情報を隠したり、知られないでおくことができる場合において、両者の間の契約とか各自の活動がどうなるかについて理論化するものである。この場合、2主体は、一主体（principal）がもう一方の主体（agent）に金銭を支払って、何かの活動を期待するという性格をもった契約関係にあるのだが、たとえばエージェントがその活動を隠すことができると、プリンシパルの損失の上に立って自らの利益を図るという「倫理の欠如」（moral hazard）がおこるといったことを基礎に理論が構成されている。そして、この理論は2主体とも自らの効用を最大にすると記述され、その相互作用の結果を説明したり、予測したりする理論なのである。株主（principal）と経営者（agent）とか患者と医師という関係などが当たり、「倫理の欠如」という用語は火災保険契約（被保険者の活動は保険会社からはよくわからないので、被保険者は失火に対する注意を鈍らせる）の場合に由来する[16]。この理論が、政治家と官僚の関係の分析など、政治現象へも適用されるようになっている。

公共選択（public choice）とか合理的選択（rational choice）と呼ばれている諸研究は、経済学の方法を政治現象に適用するという性格をもっている。本格的な研究の先駆とされるダウンズの研究では、有権者は自らの効用を最大にしようとし、政治家は当選の機会を最大にしようとするとして、両者の相互作用の結果、それぞれどのような公約をし、どのような投票をするか、そしてその帰結はどのようなことかを理論化する。また、ニスカネンの研究では、官僚が予算を最大にしようとし、予算から最大の便益を得ようとする政治家との相互作用を理論化している。ここでは、政治家は政策にどの程度の費用を要するかという費用曲線を知ることができないといった選択状況の中で、予算は過大に決定されるとの帰結を引き出している。

市場均衡の理論、ゲーム理論、プリンシパル＝エージェント理論、公共選択あるいは合理的選択の理論と、対象も異なれば内容も多様であるが、それらは共通の理論構造をもっている。すなわち、個人といった主体について包

括的合理性をもった主体（一般的にいうと、効用最大化主体 utility-maximizer）とし、それらの合理的主体の相互作用によって、集合体における現象が生じているという構造である。包括的合理性の単一主体の記述理論の特徴は、演繹によって行動が説明され、予測されることであったが、そのように予測された行動をそれぞれがとることから、さらに演繹によって、相互の作用の帰結が導かれる。やはり、数学モデルで表現されることも多く、均衡点などの帰結が数学による解として示されたりする。このような構造の理論は、経済学では従来から標準的、支配的であるが、政治学では最近に研究が増えてきた方法である。

　このような性格をもった理論に対して従来から批判があるが、とくに政治現象への適用である公共選択あるいは合理的選択の理論に対しては保守的な政治的含意があるといったものを含めた批判があり、政治学の他の方法と区別された理論と受け取られている。その中で、サイモンの限界のある合理性による批判は、すでに見た単一主体の理論への批判を基礎としている。すなわち、集合体を構成している各主体がすべて包括的合理性をもって選択しているとされるのであるが、各主体はそのような最大化の過程で選択をしているのではないことを主張する。各主体においては、目的とか価値は一元化されているのではないし、選択肢はすべてを検討するのでなく、有望なものを探索したり作成したりしている。各選択肢からの結果は情報を収集し、分析して推定している。従って、包括的合理性の集合体理論が述べるように客観的な最適選択肢を選択しているのではないのであり、最適選択をもとに集合体の現象を説明することはできない。

　このような趣旨に基づき、サイモンの批判は次の4点にまとめることができる[17]。第1は、すでに繰り返している、各主体の包括的合理性への批判である。第2は、集合体理論は効用の最大化だけでなく、目的の内容を特定するなど副次的前提（auxiliary assumptions）がおかれており、それによって説明、予測が可能になっている。しかし、それらの副次的前提は実証的根拠をもって採用されているのではない。そして、第3に、理論の検証は集合的現象の理論による予測値と、現実の集合的現象とを対比して行われており、前節で述べたように現象を生じさせている選択過程を実証的に検証することはなされていない。副次的前提は、集合的現象の帰結の検証を目指して加えたり除いたりされているのであり、それ自体の実証的検証を進めるという方

法は採られていない。第4は、集合的現象を説明するのに最大化の前提は必ずしも必要でない、つまり同じ現象の説明がより弱い合理性でも説明できるにもかかわらず、最大化という非現実的な前提がおかれている。

　これらの批判を理解するには、集合体理論の構造をさらによく見てみるのがよい。すなわち、それぞれの集合体理論を検討すると、各主体は単純化された特定の選択状況の下で選択しているのである。市場均衡理論でいえば、消費者は財あるいはサービスの市場という選択状況において、自らの予算及び効用が与えられている。市場の商品リスト及び各商品の価格も与えられている。これらが一般的モデルで表現されたりするものの、目的及び選択状況は特定されているのである。従って、この選択状況が複雑でないならば（商品の数が少ないなど）、包括的合理性が予測する最適解あるいはそれに十分近い解を得ることは「限界のある合理性」しかない人間にも計算可能であり得る。この場合、問題は、計算可能な程度に単純化した目的とか選択状況が現実の記述として適切かどうかである。経済学よりも政治学において、包括的合理性による集合体理論に批判が強いのは、目的とか選択状況の単純化が現実から乖離する程度が甚だしいと受け取られているのが重要な一因だろう。

　官僚と政治家による予算過程の理論化であるニスカネン＝モデルの場合をとりあげてみよう[18]。そこでは、官僚は予算を最大化するとされている。また、政策についての費用関数は官僚だけが知っていて、政治家は知らないとされる。これらは、強く前提しないのであれば、傾向としては広く指摘されている事実と符合する。しかし、官僚が予算の多寡についてほかの考慮をすることは完全に排除されているし、費用関数について官僚は全知であるのに、政治家は完全な無知である。このような前提は、サイモンの批判でいえば実証されていないことである。そして、現実からかなり乖離しているという疑いがかけられやすいのである。経済学の場合は、とくに資本主義経済のもとでは、消費者とか企業などの主体は経済合理性（限られた資源でより多くの生産を行うとか、限られた購買力の下でより多くの満足を追求するなど）以外の考慮を働かせずに行動しているというのが、現実とは異なるとしてもかなり近似していると考えられている。政治現象との間にこの点で違いがあるというのが、公共選択あるいは合理的選択への批判がとくに強い一因であろう。

　包括的合理性の集合体理論は、集合的現象の過程ではなく帰結の実証に焦

点を当て、事実を説明できないときは、副次的前提を加えたり、除いたり、修正したりする方法を採る。再びニスカネン＝モデルを例にとると、官僚の予算最大化の前提に対して、それを批判し、官僚は予算の最大化を専一に求めるのではなく、予算の中の裁量的余剰を求めるとの前提によるモデルが提示されるといった議論の展開が見られた[19]。そして、官僚行動の新しい前提は実証的研究の成果として示されたのではなく、元のモデルの不自然さに対する批判として、モデルのほかの点はそのままとしつつ、モデル内の前提として主張されたのである。この例の場合、帰結としての予算の大きさを現実のそれと対比して実証するということも行われていないが、予算の過大性が緩和される帰結を導き出している。集合的現象及びその要素である各主体の選択の過程を実証的に研究していくという方向ではなく、モデルの前提をもっともらしさなどを基準として加えたり、除いたり、修正したりして、その演繹的帰結に関心をよせる研究方法がとられるのである。

　さらに、包括的合理性の集合体理論で得ようとしている説明は、必ずしも最大化の前提を必要としないという。包括的合理性の集合体理論が広く行われている大きな理由は、ここでも、それのもつ強い演繹の力であり、そのためには最大化の前提が必要なのである。最大化の前提をおくことによって行動が一義的に示され、集合体における現象もそれらから演繹的に示されるのである。過程を実証的に研究することなく、集合的事象を説明したり、予測したりできることが、研究活動を刺激している面があるといえよう。

　サイモンはこのような批判に基づき、各主体の選択及び主体間の関係の過程を実証的に研究することを勧め、主張するが、そこから得られる理論にはどのような展望があるのだろうか。これについては、集合体の現象の「合理的」局面を過程も含めて解明するという展望に加えて、次の点を指摘したい。それは、「合理的」局面だけでなく、非合理的要素も含めた複雑な現象の中から、両者の境界面を中心に、特徴ある法則性を見いだしていく基盤を提供することである。

　すなわち、人間は客観的に最適な行動は行わないものの、それぞれ目的をもち、情報を収集するとともに、選択状況をそれぞれ認識し、各々の計算的能力に応じて選択肢を考案し、選択を行っている。従って、これらの過程の中に非合理的要素が介入する。つまり、ある刺激を外界から受けるとか、ある感情がおこるとかいったことである。このように人々が相互に作用する集

合体の現象では、目的を達成しようとする合理的過程と、それに介入する非合理的要素が様々に接しながら作動しているのが見られることになる。そして、限界のある合理性は、その中で合理的過程に注意を向けさせる。同時に、そこに限界があるので、非合理的要素に接していること及び両者の交錯に注目することになり易いのではないか。そこから、両者の境界面に見られる特徴的な法則性を見出し、理論化するという可能性があると思われる。包括的合理性では、非合理的要素は効用関数などの中に包摂され、それらをめぐる現実の現象は関心の外におかれやすいのである。

　組織と注意の焦点を例としてあげて、この点を見ておきたい。

　サイモンの『管理行動（*Administrative Behavior*）』（1947年）[20] は初期の研究であるとともに、その後の研究を導いた主著である。そして、その内容は組織理論を対象としたものである。そこにおいてすでに、合理性の限界を指摘し検討しているが、組織は個人における合理性の限界をいわば広げ、諸行動の統合を高いレベルで実現するとし、合理性を高める機構であるとしている。包括的合理性との対比で見るならば、次のようにいうことができるだろう。ある選択状況に直面して、人間は客観的に最適な選択はできない。しかし、目的を達成する行動をとるについて、組織という機構を用いると、個人では望めない高いレベルの目的を求めることができる。まず、個人で収集できる以上の情報を収集し、高いレベルの目的を目指した活動計画案を立案することができる。そして、そのいわば全体的計画に基づいて、分業を行い、各組織メンバーは全体的計画からの指示を自らの個別的な決定に際しての前提（決定前提 [decision premises]）として受容し、それらを通じて、各メンバーの活動が体系的に統合される。組織を通じて高いレベルの目的を望めるのは、個人では一時には一カ所にしかいられないとか肉体的な力に限界があるといったことを克服する機構を与えるからでもあるが、情報処理能力の限界をいわば広げる機構でもある。それは他のメンバーが収集した情報を用いるとか、他のメンバーが検討した結果を受け入れるといったことにとどまらない。個別的決定を逐次的に順次行っていくのでなく、異なるメンバーによって同時に並行して選択していく機構でもあるし、他のメンバーの行動と相互依存にある決定の場合、他のメンバーの選択が高い確実性で予測でき、相互の調整を円滑にする機構でもあるのである。

　このように組織は限界のある合理性を克服する機構となっているのである。

複雑な状況に直面して、包括的合理性で対処できず、しかし、より高い目的を求め、その目的を達成しようとしている過程と見ることができるのである。限界のある合理性の理論を基盤におくことによって、組織のこのような局面が把握できるとともに、組織における諸現象の理論化への基礎も与えるのである。たとえば、行政組織だけでなく、組織一般に広く見られるセクショナリズム（単位組織の利害、立場を、組織全体の利害、立場より優先すること）についても、より広い視点からの検討が、情報処理的に困難なことも一因になりうると示唆されるのである。

いま1つ、注意の焦点（focus of attention）について見てみよう。個人レベルにおいて、人間の情報処理能力は限られていて、複数の情報処理を平行して行うことはできない。少なくとも少し複雑な思考を同時に並行して行えないことは、思考過程の内省によって知ることができる。これを直列性（逐次性）と呼ぶことができるが、このため一時には1つあるいはごく少数のことにしか取り組むことができない。従って、多くの課題に直面している場合には、どれに取り組むかが選ばれなければならず、取り組む課題に注意の焦点が当てられるという。

同様のことが集合体でも生ずる。集合体で行われる決定のうち、集合体全体に関わる決定は、それを構成している諸主体が参加して決定されるとか、決定を委ねられているあるいは決定する力を保持している主体によって決定されたりする。政治現象でいえば、重要な政策は、国民投票とか、国会、内閣、首相などによって決められたり、国民の多くが関心を示している中で決定される。しかし、これらの主体の情報処理は基本的に直列性で、一時には1つあるいは少数のことにしか取り組むことはできない。政治社会は通常、重要な課題も多く抱えており、それらのうちどれに取り組むかは、それぞれについてどのように決定するかに劣らず大きな意味を持つ。政治学では、課題の設定（agenda-setting）として取り上げられ、研究されている現象である。限界のある合理性はこのように、課題の設定という注目すべき政治現象に気づかせたり、それを分析する視角を与えるのである[21]。

組織と注意の焦点のほかにも、限界のある合理性を基盤におくことによって、特徴ある現象を見出したり、それを理論化する基礎を得るといったことが広く期待できる。サイモン自身によって示唆されているものとしても、政策案など選択肢の作成過程、不確実な選択状況での対処過程があるが、人間

が合理的であろうとして、その合理性の限界と接しているところには注目すべき現象が見られる可能性があるのである[22]。

さて、集合体に関する規範理論について考えてみよう。合理的意思決定の理論を構成要素とした集合体の理論は、いままで見てきたところでは記述理論である。集合体の現象を説明したり、予測したりすることを目的としている。それらの記述理論を用いて、特定の状態を実現するための規範を導くことはできるだろう。あることを実現するために適切な政策を導き出すといったことである。この場合は、目指すべき目的が受け入れられているならば、規範の適切さは、記述理論の正しさに依存する。

しかし、集合体についての規範理論には、集合体の制度、組織といった対象についての理論も考えられる。これについて、ここでとくに触れる必要があるのは厚生経済学である。というのは、それは包括的合理性を要素とした市場均衡理論を基礎としつつ、完全競争下での市場均衡においてパレート最適の意味で資源の最適配分が実現するとしているからである。パレート最適という広く受け入れられやすい価値に訴えて、集合体の構造に関わる面について規範を構成しているのである。これに基づいて多くの政策提言がなされ、さらには政治現象への適用においても用いられることがある。すでに触れてきているニスカネン＝モデルがそうである。このモデルの帰結として予算が過大であるというのは、資源の配分として最適値を超えているという意味である。市場均衡におけるパレート最適が望ましいということが受け入れられているからこそ、この帰結が規範的含意をもつのである。包括的合理性の理論は、集合体の理論において、このような規範理論をも提供しているのである。これが、包括的合理性の理論が広く用いられている、いま一つの理由であろう。

4. おわりに

人間は目的をもち、目的を目指して思考し、行動する。あるいは、人間の行動には多くの場合、理由がある。人間はこの意味で合理的な面をもっている。しかし、目的を設定しても、それを客観的な最大まで達成することは一般にできない。合理性には限界があるのである。「限界のある合理性」の研究はこれを明らかにするとともに、その過程の解明を図ってきたのである。

「包括的合理性」は同じ人間の合理的な局面を取り上げ、純粋な「理想型」として理論化した。規範として設定するとともに、人間は「合理的」であるから、そのように完璧に合理的であるとした。

　両者は人間の合理的な局面に焦点を当てて、それを基盤に意思決定及び集合的な現象の解明を図るという点で共通性がある。しかし、その方法に大きな違いがある。限界のある合理性では、「合理的」局面を過程において実証的に解明しようとする。目的の形成とか設定、選択肢の作成、結果の予測といった過程を実証的に探求するのである。それに対して、包括的合理性では過程を理想型でとらえ、目的などその内容を特定する場合、それを実証的な検証に基づいて特定するのでなく、過程から生ずる結果に焦点を当てる。それは特定化された状況の中での客観的な最大化を示しているのである。

　このようであるので、現実の現象を過程を含めて記述し、説明するには限界のある合理性を基盤とすべきである。包括的合理性を基盤とすると、検証されていない特定化した前提で過程を把握することになり、それは現実とは異なり、現実から大きく乖離する可能性もある。また、限界のある合理性による分析は、それを通じて、合理的局面と非合理的要素の境界及び両者の交錯を明らかにし、それらを理論化する機会を与える。意思決定及び集合的現象を広い視点から明らかにする可能性をもっているのである。包括的合理性の場合、目的とか選択状況に含まれる非合理的要素は、外部から所与として与えられる構造となっており、合理的局面を取り囲む現象への視点の広がりが妨げられる傾向をもつ。

　しかし、包括的合理性を基盤とした分析に意義を認めることのできる点もある。その大きな特徴は強い演繹力であり、また集合体の理論における厚生経済学による規範の提示である。これらは包括的合理性が広く用いられ続けている理由となっているが、現実の現象の分析方法として意義が認められるのは次の2点であろう。

　1つは、効用の最大化といったことは現実の過程として厳密には存在しないとしても、それに近似した現象が存在する可能性がある。複雑な現象を厳密に説明する理論が欠けているならば、近似的な説明が実際上意義をもつことがある。もちろん、包括的合理性の理論が常に近似的に適切な説明を提供することができるのではない。とくに、政治現象への適用については、一元的な効用の最大化は、現実から乖離する程度が大きくなる可能性が高い。経

済活動に比べ政治現象では、一元的な価値を専一に追求する程度は一般に低く、主体間で同じ価値を追求している程度も低いだろうからである。

いま1つは、非現実的で、現象の近似的説明としても適切でないが、複雑な現象を理解する手がかりを与えるという機能である。非現実的なモデルの帰結と現実との違いから、現実の過程についての示唆が得られ、有望な仮説が得られるかもしれない。対象が複雑で容易に解明できない場合、このような方法が有効に用いられる可能性があろう。

最後に、包括的合理性の単一主体の規範理論は、現実を単純化したモデルにおいて最適化するものであることを把握して用いるならば、規範理論として意義が認められる場合がある。

注

1) Downs, A., *An Economic Theory of Democracy*, Harper & Row, 1957, Olson, M., *The Logic of Colective Action: Public Goods and the Theory of Groups*, Harvard University Press, 1965, Niskanen, W. A., *Bureaucracy and Representative Government*, Aldine=Atherton, 1971.

2) Ramseyer, M. and Rosenbluth,F.M.,Japan's *Political Marketplace,* Harvard University Press, 1993(加藤寛監訳『日本政治の経済学』弘文堂、1995年)など。この文献を含め、制度の制約の下で個人主体が合理的に行動するとのアプローチが「合理的選択制度論」としてとくに紹介されたり、検討されたりしてきている。建林正彦「合理的選択制度論と日本政治研究」『法学論叢』、1995年6月、鈴木基史「合理的選択新制度論による日本政治研究の批判的考察」『レヴァイアサン』19号、1996年10月。

3) Green, D. P. and Shapiro, I., *Pathologies of Rational Choice Theory — A Critique of Applications in Political Science*, Yale University Press, 1994, 『レヴァイアサン』19号([特集]合理的選択理論とその批判)、前掲、など。

4) 西尾勝『行政学の基礎概念』東京大学出版会、1990年、171頁。

5) ロウィとサイモンの次の二往復の議論を参照。Lowi, T. J., "The State in Political Science: How We Became What We Study", *American Political Science Review*, Vol. 86, No. 1, 1992. 3, Simon, 1993a, Lowi, T. J., "A Review of Herbert Simon's Review of My View of the Discipline", *PS: Political Science and Politics*, Vol. 26, No. 1, 1993. 3, Simon, 1993b, Lowi, T. J., "Response to

Critique of Presidential Address", PS: Political Science and Politics, Vol. 26, No. 3, 1993. 9. グリーン=シャピロは、合理的選択理論は階層性をなしているとし、合理性の基準を緩和して理論を守ろうとする傾向を指摘している。そして、サイモンの充足化を、条件を緩めたものとして合理的選択理論の一員と見なしている。Green, D. P. and Shapiro, I., *op. cit.*, pp. 28-30.

6) Simon, 1955 [Simon, 1957b], Simon, 1956 [Simon, 1957b].
7) Simon, 1995, p. 45.
8) Allison, G. T., *Essence of Decision*, Scott,Foresman and Company, 1971.
9) Neumann, J. von and Morgenstern, O., *Theory of Games and Economic Behavior*, Princeton University Press, 1944, pp. 15-31. これについては、解説されているものもある。Rapoport, A., *Decision Theory and Decision Behaviour, Second Revised Edition*, Macmillan, 1998, pp. 14-7.など。
10) Lindblom, C. E., "The Science of 'Muddling Through'", *Public Administration Review*, 1959, Braybrooke, D.and Lindblom, C. E., *A Strategy of Decision*, The Free Press, 1963.
11) Dror, Y., *Public Policymaking Reexamined*, Transaction Books, 1983 (Original edition, 1968).
12) Simon, 1947b [Simon, 1976a], chap. 4-5.
13) 本書第1章。
14) Friedman, M., "The Methodology of Positive Economics", in *Essays in Positive Economics*,The University of Chicago Press, 1953.参照。
15) Simon, 1982b, pp. xix-xx.
16) Arrow, K. J., "The Economics of Agency" in Pratt,J.W. and Zeckhauser, R. J. (eds.), *Principals and Agents: The Structure of Business*,Harvard Business School Press, 1985.
17) Simon, 1985, Simon, 1986 [Simon, 1997b], Simon, 1995.など。
18) Niskanen, W. A., *Bureaucracy and Representative Government*, op. cit.
19) Migue, Jean-Luc and Belanger, G., "Toward a General Theory of Managerial Discretion", *Public Choice*, Vol. 17, 1974.拙稿「ニスカネン・モデルと官僚行動」『法と政治』第41巻4号、1990年12月。
20) Simon, 1947b [Simon, 1976a].
21) Simon, 1983, pp. 79-83.
22) Simon, 1985 ,pp. 302-3.

第3章

政策決定論

1. はじめに

政策決定論、つまり政策決定に関する理論[1]には、いかに政策決定をなすべきかを問う規範理論と、どのように政策決定がなされているかを扱う記述理論がある。

そして、規範理論、記述理論の双方にわたって、合理的意思決定の理論が大きな役割を果たしている。それは、政策が、何らかの目的の実現を目指す活動と関わることだからである。規範的には、目的をよく実現する合理的な政策をとるべきであると考えられ、他方、実際の政策決定も合理的になされているあるいは合理的であろうとしている、と考えられる。そこで、個人の意思決定に関して構成されている合理的意思決定の理論を用いて、政策決定の規範が述べられ、また、実際の政策決定の説明に合理的意思決定の理論が用いられるのである。

しかし、合理的意思決定の理論については、完璧な合理性を想定する「包括的合理性（global rationality）」あるいは「完全合理性（complete rationality）」のモデルが定式化され、政策決定論に大きな影響を及ぼしているが、そのモデルに対しては、想定の非現実性が繰り返し批判されてきた。そして、それに代わるモデルとして、合理的であろうとして、限られた合理性を示す「限界のある合理性（bounded rationality）」のモデルが提起されている。政策決定論において、この2つのモデルを適用するについては、一国の政策を、全体が多くの部分から構成される政策体系として把握することが必要である。

すなわち、一国における政策群（外交政策、経済政策、福祉政策など）は、

相互に濃淡のある相互関係をもち、また階層構造をもった、諸部分からなる、一つのシステムとしての政策体系である。そして、政策決定論が対象としてきている「政策」は、政策体系の一部分である。本稿では、この点を指摘し、それが規範理論及び記述理論に与える示唆について検討することにしたい。

次節では、合理的意思決定の理論について、包括的合理性のモデルと限界のある合理性のモデルを把握し、政策決定論との関連に触れる。第3節は、政策体系について述べる。第4節、第5節は、それぞれ、規範理論と記述理論に関して、「政策」を政策体系の一部分としてとらえることから示唆されるところを検討する。

2. 包括的合理性と限界のある合理性

包括的合理性あるいは完全合理性の意思決定モデルは、一般的に定式化すると次のようなものである[2]。すなわち、①目的あるいは価値を規定する、②可能なすべての選択肢をあげる、③各選択肢からの結果をすべて予測する、④①の目的あるいは価値を最大にする選択肢を選択する。経済学において、消費者は効用を最大にするように購買するとし、企業は利潤を最大にするように行動するとしているように、広く用いられており、経済人モデルと呼ばれることもある。そして、目的を最大にする選択肢を選択するものであり、最大化モデルあるいは最適化モデルとも呼ばれている。

政策決定においても、政策目的を最大限に実現するように決定がなされるべきであり、また、政府あるいは政策決定者が合理的であるならばそのように決定するはずであると考えられるところから、政策決定論にも最大化モデルが用いられるのである。規範理論と記述理論に関して、用いられている例を1つずつ挙げておきたい。

規範理論では、予算決定に関して主張されているものが例になる。予算総額が決まっていて、それを複数の事業の間で配分するとき、どのように予算決定すべきかという、比較的簡単な場合をあげておこう[3]。この場合、予算決定者（国会あるいは予算案作成者）は、限られた家計予算の下で最大の効用を得ようとする消費者と似た立場にあり、同じような方法が適用される。すなわち、各事業から得られる便益を計算し、それらを合計した便益が最大になるように予算配分すべきであり、それは各事業の限界便益が等しくなる

ように予算総額を各事業に配分することによって得られるのである。もし、A事業の限界便益がB事業の限界便益よりも大きいならば、B事業の予算を減らし、A事業の予算に回すことによって、便益の合計は増加し、限界便益が等しくなるところで総便益は最大になるのである（但し、両事業とも、予算額の増加に伴って、限界便益は減少していくと前提する）。この規範を具体的に適用する場合の大きな問題は、各事業の限界便益の計算、つまり事業規模に応じた便益と費用の計算である。ダム事業、道路事業などで行われている費用便益分析は、この計算情報を得ようとするものであり、アメリカで60年代に行われたPPBSは、政府の全事業にわたってこの情報を求め、それらに基づいて、予算決定の規範理論に沿った政策決定の合理化を図ろうとしたものであった。

記述理論の例としては、グラハム・T・アリソンのキューバ危機を対象とした研究『決定の本質』[4]で示された、「合理的行為者モデル」がある。アリソンは、ほかに、「組織過程モデル」、「官僚政治モデル」をあげ、3つのモデルによって、キューバ危機におけるアメリカ政府及びソ連政府の決定の説明を行っているのである。従って、そこで示されたモデルは、いかに政策決定がなされるべきかという規範理論としてではなく、政策決定を説明し、予測するための記述理論として提示されたのである。

アリソンの提示した「合理的行為者モデル」は、政府を合理的な意思決定者とするものであり、政府は（国家安全保障とか国家利益といった）目的をもち、その目的に関わる価値を最大にする選択肢を選択するというモデルである[5]。このモデルを用いて、ソ連政府のキューバへの戦略的攻撃ミサイルの設置という決定などを説明するのである。これは、政府を個人になぞらえて、合理的意思決定モデルを適用するものである。ただ、アリソンの「合理的行為者モデル」は、包括的合理性の意思決定モデルと対比すると、選択肢及びそれらからの結果の予測（さきの一般的定式化の②と③）に関して完璧性という要請をはずしている[6]。従って、厳格性を緩めていると言うことはできるが、最大化モデルを記述理論として用いた例としてあげておきたい。

さて、包括的合理性の意思決定理論に対しては、人間には不可能な想定を行っているとして、繰り返し批判されてきた。さきの一般的定式化に沿って言うならば、①の目的あるいは価値については、目的を一元的に規定すること、②の選択肢についてはすべての選択肢をあげること、③の結果の予測で

はすべての結果を予測すること、といった要請を満たすことは人間の知的能力を超えているという批判である。政策決定の場合、あらゆる政策案をあげ、それらからの結果をすべて予測するという要請を考えてみれば、批判の趣旨が理解できるだろう。しかし、政策決定に関しては、人間の知的能力の想定に関する非現実性だけでなく、政府を個人になぞらえることによって、価値とか利害の対立する主体間の相互作用によって政策の決定がなされていることを無視しているという非現実性も指摘できるのである。目的あるいは価値に関して調整、統合がなされ、一元的な目的が規定される必要があるが、現実の政策決定においては、目的あるいは価値をめぐる対立のある中で決定がなされてもいるのである[7]。

　包括的合理性の意思決定理論を批判するとともに、それに代わる理論を提示し、大きな影響をもってきているのがハーバート・A・サイモンの研究である。サイモンは、人間は包括的合理性が示しているような知的能力はもっていないが、合理的であろうとし、「限界のある合理性」を示す意思決定を行っているとする。その意思決定モデルは、一般的に定式化すると次のようなものである[8]。①選択肢を探索あるいは作成する、②満足できる（satisfying）あるいは十分によい（good enough）という選択基準（満足水準）を満たす選択肢を選択する、③満足水準は、それを満たす選択肢が容易に得られないと緩やかに下がり、逆に容易に得られると緩やかに上がる。このモデルでは、価値を最大にする選択肢を求め続けることなく、十分によい選択肢を選択するのであり、最大化モデルあるいは最適化モデルに対して、充足化（satisficing）モデルと呼ばれる。

　サイモンの「限界のある合理性」の原理の根底には、人間の情報処理能力についての認識がある。すなわち、人間の情報処理能力は、①情報処理の直列性［逐次性、serial］（並行処理ができない）、②短期記憶の容量の狭小性、③長期記憶固定化に一定の時間を要すること、という厳しい制約があり[9]、複雑な状況に対して、包括的合理性が要請しているような情報処理はできないのである。しかし、目的を目指して合理的であろうとしており、さきのような充足化の過程によって、目的の実現を行っているというのである。

　そして、サイモンは、同じ認識に基づきつつ、次のような過程によっても、「限界のある合理性」が示されている、すなわち、完全な合理性ではないが、目的の実現に貢献している、としているのである。すなわち、①多元的価値

の併存、②問題の逐次的処理、③問題の階統制的分割、である。①の多元的価値の併存とは、最適化モデルでは、目指すべき価値に複数の次元がある場合（例えば、環境の保全と経済的発展）、両者に重みをつけるなどして、一元的な尺度を作成する必要がある。そして、一元化された尺度の下で、それを最大にする選択肢を選択するのである。しかし、これを合理的に行うのは極めて困難か不可能である。しかし、それぞれについて満足水準が設定できるならば、多元的なままで、目指すべき価値を充足する選択（それぞれの満足水準のいずれも満たす選択肢を選択する）ができるのである[10]。②の問題の逐次的処理とは、諸問題を一時に包括的に取り上げるのでなく、各問題を1つずつ処理していくということである。一時に包括的に処理しようとすると、並行処理ができない中では、情報処理能力を簡単に越えてしまうということである。従って、問題を分け、逐次的に処理することで、各目的を実現していくのである[11]。そして、問題の分け方として、性格の違いに応じて並行的に分割するほか、③階統制的分割がある。問題に対しまず概括的に対処し、次にそれによって分割された各小問題を扱うというようにして、複雑な問題に、限られた能力で対処するというものである[12]。

「限界のある合理性」のこれらの過程は、政策決定論の対象の「政策」が、相互に関連をもった諸政策からなる政策体系の一部であることを認識するよう迫っているといえよう。一国の政府が対処しなければならない対象あるいは問題は極めて複雑であり、政府はそれらを包括的に取り上げて、一元的な価値の下で一時に対処しているというのではない。規範理論にせよ、記述理論にせよ、政策決定論が対象としているのは、政策体系の中の、一時に対処可能な程度の複雑さをもった一部分なのである。このように認識することにより、包括的合理性の意思決定理論が、それに対し繰り返し向けられてきた批判にも関わらず、主張されてきているのも理解できるのである。それに進む前に、次節では、政策体系について検討しておきたい。

3. 政策体系

政策（ここでは、企業などの「政策」は除外し、公共政策を対象とする）の概念には、政府の活動を指したり、それを含めるものから、政府の活動を方向づける方針をとくに指すものまである。用法としては、方向づけの方針

を指すことが一般的といってよいが、具体的な政府活動を含まずに、方針だけを取り出すことは実証的に困難であり、政策は、政府の諸活動及びそれらを方向づける方針の両者を含めた総体とすることにしたい[13]。

そうすると、一国の政策は、外交政策、経済政策、福祉政策のように呼ばれる政府の活動群から構成されていることになる。そして、外交政策とか経済政策とか呼ばれる場合には、それぞれの範囲は明確でなく、また、相互の間には、かなりの独立性とともに、濃淡のある相互関係による結びつきも見られる。さらに、外交政策とか経済政策といったやや独立した一群を取り出すと、それ自体が、全体を方向づける方針から、具体的な目的をもった施策群、それらを構成する多様な諸活動といった構造が見られる。そして、一国の政策を全体としてとらえても、全体の方針あるいは全体的計画から、それを受けて行われる諸決定という階層的な関係が見られる。

政府の諸活動について、全体的計画からそれを受けた諸決定という階層的関係が見られるのは、それらが組織を通じて行われているからである。全体的計画を組織メンバーが受容して、それに基づいて活動することにより、政府の諸活動には体系性が見られることになるのである。この体系性は、一国の政府全体としては、緩やかなものにとどまる場合もあるが、これに関して、政策（狭義）―施策―事務プログラムという3レベルのモデル[14]で検討していくことにしたい（3レベルを含めたものが、広義の政策になる）。すなわち、政策（狭義）は、全体的計画にあたるものであり、具体的には、施政方針とか、外交政策などと呼ばれる一群の活動についての方針など（機構など、諸施策に横断的に関わる制度とか、資源配分である予算なども含まれる）[15]であり、施策とは、社会的に意味のある具体的な目的をもった一体的な活動群である（ODAの個別のプロジェクトなど）。そして、事務プログラムとは、施策の下位にある、それ自体としては社会的意味をもたない、おおよそ定型化された諸活動である。政策（広義）の階層構造は、3レベルとは限らないし、各レベルの間の関係も、単純な階層よりも複雑といってよいだろう。ただ、政策の構造を示す単純なモデルとして、これを基に分析を進めていくことにしたい。

政策（広義）は、3レベルの階層をなしているが、それを構成する施策は多数にのぼる。そして、各施策は相互に密接な関係をもつもの（地理的に交錯して行われる複数の道路事業など）から、ほとんど関係をもたず、それぞ

れ自律的に行われているもの（道路事業と薬品行政の施策など）まで、濃淡のある諸関係をもっている。そして、一国の政府の政策（狭義）―施策―事務プログラムの全体は、多数の構成要素からなる、全体が緩やかに体系づけられた一つのシステムと見ることができる。全体が体系づけられる基盤としては、すでに触れた、①１つの政府組織によって活動がなされている、②施策は、上位の政策（狭義）を受けつつ、下位の事務プログラムによって執り行われる、ことのほか、③少なくとも、政府資金という資源の配分において、政府の諸活動は競合関係にあり、予算の配分において、相互に関係づけられる、ことがある。

　そこで、このように緩やかに体系づけられている一国の政府の政策（狭義）―施策―事務プログラムの総体であるシステムを、政策体系と呼ぶことにしたい。すなわち、政府の諸活動及びそれらを方向づける方針の総体である政策（広義）は、政策体系である。

　政府の政策の全体をこのように政策体系として把握すると、政策決定論における「政策」は、政策体系ではなく、その中の一部分である[16]。というのは、一国の政府の政策体系が、包括的に一時に決定されることはなく、革命直後の政権のようにそれが求められるように見える状況でも、概括的な決定とそれを受けた諸決定というように、政策体系は分割して扱われるのである。予算の場合も同様で、政府の全活動を包摂する対象についての決定ではあるが、資源配分の側面についての決定であり、事務プログラムまで含めた、政策体系全体を包括的に一時に決定しているのではない。

　従って、活動している政府に関していえば、現に存在している政策体系について、その一部分を取り上げつつ、「政策決定」を行っているのである。政策体系は、部分的に「決定」を行い、変化を受けつつ、存続しているのである。

　従来の政策決定論は、この点を必ずしも明確にしていない。この点を明確にすることが、規範理論、記述理論に与える示唆を、次の二つの節で見てみることにしたい。

4. 政策体系と規範理論

　政策決定論の対象の「政策」が、政策体系の一部分であることから得られ

る示唆は、政策体系のどの部分を、どのように取り上げるかによって、合理的意思決定理論の適用の妥当性が異なるのではないかということである。規範理論について、3つの段階に分けて検討したい。

(1) 最大化モデルの要請を近似的に満たしている場合
　最大化モデルによる政策決定に対する批判は、①(i) 目的とか価値について合意がない、(ii) それらについて合意があっても、一元的に規定できない、②選択肢をすべてあげることはできない、③各選択肢からの結果について予測するためのデータとか理論が得られない、とまとめることができるが、これらについて、最大化モデルの要請を近似的に満たす状況が見られるということである。
　すなわち、①については、特定の目的が圧倒的に重要で、それに関して広く合意が見られる場合がある。キューバ危機のような場合、国家の安全保障という目的を最大限に満たすべきである（他の諸価値［経済の安定とか、自然環境の保全など］が最低限満たされるならばという条件が潜在的にあるかもしれない）ことについて、広く合意が形成されやすいといえよう。また、政策体系の階層の下位へ向かうと、上位で定められた目的とか価値を所与として、「政策」の決定が行われる傾向を強める。そうであると、より上位の目的をめぐって対立があるとしても、特定の決定については、目的に関する合意があるとの前提で検討することがあるだろう。ここでも、①に関して、最大化モデルの要請を近似的に満たしていると見ることができる。
　②では、政策案をすべてあげることを抽象的に求めるならば、それは不可能なように見える。しかし、選択肢を作成する方法が明らかであるならば、選択肢を通覧することは原理的に可能となる。例えば、公共料金のように数字で選択肢が示される場合、数字の範囲はゼロから無限大までというように、無限であるが、全体を通覧することは可能である。そして、各選択肢とそれから生じる結果との関係について法則性があるならば（選択肢である数字が多くなるほど、目的の達成度は常に増大していくなど）、②の要請は近似的に満たされることになる。③は、これと関連するが、各選択肢を個別に取り上げて、それらから生じる結果を予測するというように考えると、非常な困難を感じる。しかし、選択肢の作成方法が明らかで、そのようにつくり出される選択肢群と、①で広く合意の見られる目的との関係について、法則性のよ

うな関係が知られているとか、あるいはそれをデータから検討ができるといった条件があるならば、③についても、最大化モデルの要請を近似的に満たすことになる。

これらの諸条件を満たしている典型的な状況が、線形計画法など、数学的な形式を与えられた最適化モデルが適用できる場合である。そこでは、目的は目的関数で表され、選択肢と結果の関係が数学的に表現され、それらから、目的関数を最大にする解が数学的に求められるのである。その結果、求められた解は、モデルの中での最適解になるのである。このようなことは、政策体系の階層の下位で可能になることが多いといってよいが、その場合でも、現実を近似的にモデル化し、その中で最適解を求めているのであり、その解が、現実に適用して、十分によい（good enough）ときに採用すべきであるというものである。従って、サイモンは、現実に対する最適化ではなく、現実に対しては充足化であるというのである[17]。

以上のように、最大化モデルの要請を近似的に満たす場合がありそうなことが、多くの批判にも関わらず、政策決定の規範として包括的合理性の意思決定理論を用いる主張が続く1つの要因になっているのである。しかし、それは、現実に対しての最適解を与えるものではない。その意味で、規範としての妥当性に、すでに限界があるが、これらの条件を満たさない場合、つまり、最大化モデルに対する批判が妥当する場合における規範理論はどのようなものであろうか。

（2）最大化モデルへの批判が妥当する場合

多くの政策決定の状況、とくに施策から政策（狭義）という、政策体系の上部では、最大化モデルへの批判が妥当する場合が多いのである。この場合の規範理論として、政策案の作成を行い、結果として（1）の場合にいたるという方向を、試論的に提示したい。

すなわち、目的について合意が見られず、選択肢の作成方法が明らかでなく、結果を予測するためのデータとか理論が見あたらないような状況において、既存の知識を動員し、調査などによりデータを収集しつつ、政策案の作成を試みていく。そして、ある政策案を提示したとき、それが結果として、（1）のような場合になっているという時である。「政策」は政策体系の一部分であり、どの部分を、どのように取り上げるかはあらかじめ確定していない

ことから、このようなことが起こりうるのである。すなわち、提示した政策案には①目的があり、それについて広く合意が得られ、②ほかの代替的な案を作成する方法が見て取れることから、選択肢全体が通覧でき、③政策案が目的を達成する程度について、データ等によって予測が説得的に示されているということが、起こりうるのではないだろうか。

　当初、直面している状況が構造化されていない（ill-structured）中で、問題が提起され、それが、問題の構造化（well-structured）に成功し、それに対する対処法が、(1)のような条件を満たす場合の政策案の性格をもつということである[18]。これは、状況を問題としてとらえ、「限界のある合理性」の下で、問題を解決するように政策案を作成していくというアプローチである。このようなアプローチをとる方向を規範として主張するについては、(1)の場合以上に疑問が感じられよう。最適案の保証がないだけでなく、政策立案者による操作も容認されるような主張だからである。

　しかし、政策が何らかの目的の実現を目指すものであるならば、それについて合理的であることを求めるとすると、少なくとも結果として、目的に合意があり、目的実現の見込みが示されていることが必要ではないだろうか。そして、そのような政策案の提示が可能な場合、合理的であろうとするならば、それを目指すべきであろう。ただ、そのような政策案は最適案のように唯一とは限らず、複数存在し、そのうちの1つを提示しているということになる。

（3）政策決定論から、政策決定の機構、手続きへ

　(1)から(2)へ、さらに、政策案の作成の結果としても、最大化モデルの求める要請を満たさない状況へと進むにつれ、合理的な政策決定は規範として追求できなくなる。目的、価値についての対立が解消できない中では、ある目的を実現する政策は、それを認めない立場からすれば、合理的ではない。選択肢の作成方法が明らかでないとか、結果の予測の不確実性が高いといった状況は、政策をめぐる政治的な対立を導きやすい[19]。

　このような中では、政策決定の規範は、合理的な政策決定を行うことを求める政策決定論から、正当な政策決定を求める方向へと重点を移していくことになる。つまり、政治的対立のある中で、正当な政策決定を行う機構はどのようであるべきか、正当な政策決定を行う手続きはどのようであるべきか

という問題である。これらは、従来、政策決定論で扱われるものではなく、政治思想、政治理論、憲法学などが対象としてきているところであり、また、各個人の選好から、それらを合成して、一貫した社会的選好を導く方法を扱う社会的選択理論[20]が対象としている領域でもある。

次に記述理論に移ろう。

5. 政策体系と記述理論

現実の政策決定が、政策体系全体を包括的にとりあげ、一時に一括してなされることはない。政策体系全体の方針を取り上げる場合でも、まず概括的な決定を行い、それを受けつつ、多くの政策決定がなされることにより、政策体系が定まっていくのである。従って、政策決定の記述理論は、政策体系の一部分を政策としてとりあげ、その決定内容を説明するために構成されているのである。そこで、記述理論についても、規範理論と同様に、政策体系のどの部分を、どのように取り上げているかが問題で、それによって、包括的合理性の意思決定理論によって政策決定を説明できる程度が異なってくるのである。前節で見たように、最大化モデルの要請を近似的に満たす政策決定の状況があり、そして政策決定者が合理的であるならば、現実の現象を最大化モデルによって、よく説明し、予測もできることになるだろう。

しかし、記述理論についてはいまひとつ問題がある。すなわち、政策決定の規範理論では、一国あるいはその政府を擬人的にとらえて、いかなる政策をとるべきかを追求していくことに意味がある（政府の決定として、単一の選択として行われることを対象としているのだから）が、現実の政策決定は、多くの主体の相互作用によって行われている。従って、合理的意思決定理論を用いて説明すると、実際には多数者間の相互作用があるにもかかわらず、一個人のように一体的な主体が政策決定を行っているように説明することになる。これが適切な説明となり、予測を可能にする理論として用いることができるためには、政策決定に関わる諸主体が、同じ認識、同じ目的などを共有していて、単一の主体の決定と見るのと同じであるということでなければならない[21]。

これからは、次のような場合に、現実の政策決定を最大化モデルで説明できる程度が高いということができよう。すなわち、①政策決定に関わる諸

主体の間で、状況認識に広い共通性が見られ、②目的について合意があり、②選択肢が通覧されていて、④各選択肢からの結果の予測について広い共通認識がある、という場合である。このような場合は、厳密に定式化すれば、現実には存在しないだろう。従って、最大化モデルによる説明は、基本的に限界があるのだが、近似的な場合が存在するのと、どの程度の精度の説明を求めるかの問題がある。アリソンのキューバ危機の研究を例にそれらについて見ておきたい。キューバ危機のような状況においては、国家の安全保障という目的が他の諸価値に比べて圧倒的に重要であるとの合意が形成されやすく、また、この事例では、政策決定に関わる主体が少数で、それらの間で情報が相当程度に共有されていた。このような場合には、さきの①−④の条件が近似的に満たされやすく、従って、最大化モデルによる説明を適用しやすいのである。すなわち、政策決定に関わった人たちの間で、状況認識とか方策（選択肢）の範囲、方策からの結果の予測及びそれらの優劣を判断する基準、などについて相当程度の共通性が見られるということである。アリソン自身、「ミサイル危機は、モデルⅠ（合理的行為者モデル）の理想的なケースのように見える」[22]と述べているところである。しかし、このような事例でも、最大化モデルの説明力には限界があり、「組織過程モデル」、「官僚政治モデル」による説明が行われ、3つのモデルは相互補完的と見ることができるとされている[23]。そして、アリソンの最大化モデル（合理的行為者モデル）では、すでに触れたように、選択肢と、結果予測に関して完璧性の要請をはずしているのである。最大化モデルが適用しやすい場合でも、厳密な最大化モデルでは説明できず、共有された認識の中で、目的の最大化を目指した結果として、選択を説明しているのである。

　このように、最大化モデルの要請を近似的に満たしている場合でも、最大化モデルの説明には限界があるが、求める説明の精度によっては、十分であるということもできる。キューバ危機の研究に関して、アリソンが述べている例でいえば、「ソ連が国防支出を2倍にしたら、アメリカの国防予算は増加するだろうと予測するためには、モデルⅠ（合理的行為者モデル）は十分である」[24]。しかし、より精度の高い説明とか予測を求めるならば、最大化モデルでは、近似的な状況の事例でも不十分なのである。

　現実の政策決定の多く、とくに施策から政策（狭義）にかけての政策体系の上部においては、最大化モデルの要請を満たす程度は著しく下がる。政策

決定に関わる諸主体の間で、状況認識の一致は見られず、目的、価値をめぐって、相違、対立が広く見られることになる。このような場合では、最大化モデルでの説明を試みても、その説明の精度は低く、異なる説明が強く求められることになる。そして、各主体間の認識、目的、利害等についての相違が、最大化モデルの適用を妨げる重要な特徴となることから、政策決定の説明では次のようなことが取り上げられる。すなわち、政策決定に関わる諸主体の構成、各主体の利害・関心、各主体の影響力、各主体間の相互作用及びそれらを枠づける制度、などである。

　これらに関して、政策決定論の記述理論が構成されていくが、キューバ危機の研究で定式化された「組織過程モデル」、「官僚政治モデル」はその例になる。また、国内政治を扱うものでは、利益集団を政策決定過程の中心的な主体として理論を構成する利益集団モデルなどがあるが、現実の政策決定を対象とした研究は政策過程の研究[25]として取り組まれるものを含め、すでに膨大であり、理論モデルも多く提示されてきている[26]。ここでは、それらの諸理論に立ち入ることはせず、政策体系の概念から留意すべきところを1点、述べておくことにしたい。

　それは、課題設定（agenda-setting）及び政策案の作成の過程への注目である。特定の政策決定に関して、政策体系のどの部分を、どのように取り上げるかはあらかじめ定まっていない。そして、これは課題設定によって方向づけられるだけではない。課題設定によって、例えば、経済政策など、特定の領域が取り上げられたとしても、隣接の領域をあわせて1つの決定として取り上げるかとか、政策案の内容としてどのような要素を組み込むかといったことは、あらかじめ確定していることではない。そして、それらのあり方によって、関心を引き起こす諸価値の次元が異なってくるのである。例えば、経済政策として政策案を作成するときに、外国との関係を緊張させるような項目を含めるかどうかによって、政策決定の状況は変わるのである。

　現実に行われる政策決定の説明及びその予測を行う理論の形成にあたっては、政策体系のどの部分を、どのように取り上げたかについての説明が含まれている必要がある。そして、政策決定の対象の範囲はあらかじめ与えられているのではなく、それ自体、課題設定及び政策案の作成を通じて、決められていくのであり、その説明が必要なのである。これについては、すでに指摘され、研究も蓄積されてきている[27]が、政策決定が政策体系の一部分につ

いての決定であることを認識することにより、その必要性がより明確になるといえよう。

6. おわりに

　政策決定の規範理論においても、記述理論においても、合理的意思決定の理論、とくに最大化モデルを適用することが主張されてきている。しかし、それは、限られた条件がある場合に、限られた機能を果たすことができるに過ぎない。すなわち、政策の目的とか価値に関して合意があり、それらが一元化され、選択肢が通覧でき、各選択肢からの結果についての予測がよくできるという限られた場合に適用できるのである。そして、そのような場合でも規範理論としては、現実に対する最適解を与えるものではなく、また、記述理論としては、政策決定の説明に一定の程度の精度で資することができるにとどまる。

　このことは、政策決定に合理性の過程が欠けているということではない。政策は何らかの目的を目指しており、目的実現に向けて、合理的な決定を求める力が働いている。それは、不定形な状況に対して、問題を明らかにし、問題をめぐる因果関係などについて、理論とデータに基づきつつ、定式化を行い、使用可能な諸手段からなる政策案を構成していくというような過程をとる。そして、このような過程を経て決定された政策が、目指した目的を何ら実現しないということではないのである。つまり、包括的合理性の理論が純粋に適用できないからといって、合理的でないとはいえないのである。サイモンが主張してきた「限界のある合理性」は、合理性が欠けているのではなく、包括的合理性の理論が想定するように合理性が働いているのではないということである。

　政策決定論は、合理的意思決定理論の適用について、その意義と限界を明確にするとともに、「限界のある合理性」の原理の示すところに関心を向けるべきであろう。政策決定論の対象は、政策体系の一部であるという認識は、これらの必要性をよく示すものではないだろうか。

注

1) 政策決定論の用語法については、「政策決定論は、政府レベルの意思決定 (decision-making) の分析を主たる対象とするものである」(山本吉宣「政策決定論の系譜」[白鳥令編『政策決定の理論』東海大学出版会、1990年]、2頁) という定義が見られるが、ここでは、政策過程を対象とするものも含め、政策決定(政府活動の方向づけに関するものから個別の決定まで)に関する、規範理論と記述理論を広く、政策決定論として検討したい。
2) 詳しくは、本書第2章、48-52頁。
3) Richard A. Musgrave and Peggy B. Musgrave, *Public Finance in Theory and Practice, Fifth Edition*, McGraw-Hill, 1989, pp. 131-2、野口悠紀雄『公共政策』岩波書店、1984年、182-4頁など。
4) Graham T. Allison, *Essence of Decision, Scott*, Foresman and Company, 1971.
5) *Ibid.*, pp. 32-5.
6) *Ibid.*, p. 288.参照。
7) David Braybrooke and Charles E. Lindblom, *A Strategy of Decision*, The Free Press, 1963, pp. 246-7, Yehezkel Dror, *Public Policymaking Reexamined*, Transaction Books, 1983 (originally 1968), pp. 132-41.参照。
8) 詳しくは、本書第2章、53-5頁。
9) これについては、本書第1章、28-9頁。
10) Simon, 1987 [Simon, 1997], p.297, Simon, 1955 [Simon, 1957b].
11) Simon, 1983, pp. 19-21, Simon, 1956 [Simon, 1957b].
12) March and Simon, 1958, pp. 150, 179, 190-1.
13) 山川雄巳「政策研究の課題と方法」(日本政治学会編『政策科学と政治学』[年報政治学1983]岩波書店、1984年)、3-8頁参照。山川は、政策についての諸定義を検討し、ここでいう方向づけの方針を政策の定義として示している。
14) 政策—施策—事務プログラムの三レベルのモデルについては、詳しくは、拙稿「行政組織における意思決定と公務員制度——政治行政関係を中心として——」(『法と政治』第52巻第4号、2001年12月)、92-9頁。
15) 前注の拙稿、98頁参照。
16) 地方自治体の場合も同様であり、一般的に一つの政治社会の政府の政策の全体は政策体系であり、政策決定論の「政策」はその中の一部分である。
17) Simon, 1987 [Simon, 1997], p. 296.など。なお、David Braybrooke and Charles E. Lindblom, *op. cit.*, pp. 246-7、Yehezkel Dror, *op. cit.*, pp. 140-1.参照。

18) 構造化されていない問題（ill-structured problem）と構造化された問題（well-structured problem）について、Simon, 1997a, p. 128、Simon, 1977b, pp. 74-5。
19) 政策は政治過程の産物であるとの認識の下で、政策決定のための規範を求めたものとして、足立幸男『公共政策学入門——民主主義と政策——』有斐閣、1994年。
20) 社会的選択理論については、佐伯胖『「きめ方」の論理』東京大学出版会、1980年、参照。
21) これだけでなく、多数の諸主体の相互作用はあるものの、最終的にある一個人の決定に収れんし、その個人の決定と見なしてよい場合も含めることができる。
22) Graham T. Allison, *op. cit.*, p. 276.
23) *Ibid.*, p. 258.
24) *Ibid.*, p. 276.
25) 政策過程研究については、大嶽秀夫『政策過程』東京大学出版会、1990年などを参照。
26) 政策決定あるいは政策過程のモデルの概観あるいは説明として、宮川公男『政策科学入門』東洋経済新報社、1995年、第6章、草野厚『政策過程分析入門』東京大学出版会、1997年、第4章-第7章。
27) 課題設定と政策案の作成の過程にとくに注目した研究として、John W. Kingdon, Agendas, *Alternatives, and Public Policies*, Little, Brown and Company, 1984がある。

第4章

限界のある合理性と組織理論

1. はじめに

　ハーバート・A・サイモンの主著である『管理行動（*Administrative Behavior*）』は、組織理論に関する著作である。当時の主流の組織理論を厳しく批判し、管理科学を確立するために必要な、組織分析の概念枠組みを提示すると主張するものであった。

　同書は、第1章の序論のあと、第2章において、当時の組織理論が示した「命令一元化（unity of command）」などの「管理の原理（principles of administration）」を、諺のように、相互に矛盾する内容をもっていると鋭く分析し、批判した。そして、管理組織の設計において、相矛盾する「原理」を適用するには、それぞれについての重みづけを明らかにすることが必要であり、そのためには、まず、管理状況を科学的に記述するための概念と理論が必要であるとしたのである。

　この主張に基づいて、サイモンが同書で提示した概念と理論は、意思決定（decision-making）を基本的な概念とし、組織が各メンバーの意思決定に影響を及ぼすことによって、統合された、組織だった活動が現れるというものであった。その理論的基礎として、第3章における、論理実証主義に基づく「事実」と「価値」の峻別に関する論述のあと、サイモンのその後の研究を貫く意思決定の「合理性」に関して、第4章では、完全合理性に関わる規範的な「合理性」について、第5章では、心理学に拠りつつ、合理性の限界と、その下での行動の統合、つまり実際の意思決定、について分析を行ったのである。

意思決定を基本概念としつつ、分析の最小単位として、意思決定をさらに細分した「決定前提（decision premise）」の概念を構成し、意思決定は、決定前提から合成的に引き出される結果であるとした。そして、組織は、メンバーの各意思決定の決定前提の一部を決めることを通じて、メンバーに影響を及ぼすとし、主要な影響の様式を4つ上げ、それぞれについて、検討を行っているのである。すなわち、第7章から第10章までの4章をそれに充て、それぞれ、権威（authority）、コミュニケーション（communication）、能率（efficiency）、一体化（identification）を扱っている。
　『管理行動』の第6章は、バーナード（Chester A. Barnard）から継承した組織均衡理論[1]を論述している。それは、組織目的、メンバーの動機づけ、協働の確保など、組織理解の上で重要な主題と関連するが、サイモンにとっては、重要度の低い章と位置づけられている[2]。これらの各章のあと、最後の第11章はまとめの章であり、集権と分権とか管理者の役割など、全体にわたる論点について論述し、締めくくっている。
　このような章編成と内容の『管理行動』において、のちに限界のある合理性（bounded rationality）と呼ぶことになる合理性の限界（limits of rationality）が、第5章で検討されるとともに、それが組織の存在理由であると示唆している。すなわち、「一人の孤立した個人の行動が、何らか程度の高い合理性に達するのは不可能である」[3]と述べ、次いで、「組織によって、個人が客観的合理性の近くに適度に近づくことが出来るようになる」ことが明らかになってくるだろう[4]、というのである。人間の認知能力に限界があるから、合理性の領域は狭く、組織によって、その合理性の領域が広がるとしているのである。それがどのようにして起こるかの基本的なメカニズムは次のようなこととされる。
　各組織メンバーは、意思決定に際して、組織が直面している状況に関して、知識も情報も限られ、それらを処理して決定に至る情報処理能力も限られている。しかし、組織のほかのメンバーがもっている知識とか、ほかのメンバーが得た情報とか、ほかのメンバーが検討の上達した結論などを、決定前提として受け取り、それらから決定を引き出すことにより、孤立していたのでは得られない合理性を得ることが出来るというのである。そして、組織が各メンバーに影響を及ぼすのは、公式の指揮命令系統だけではなく、それ以外のコミュニケーション経路とか、組織に対する忠誠あるいは一体化を通じ

るといった様式もあることを指摘しているのである。決定前提、合成的決定（composite decision）、影響の様式（modes of influence）が、「合理性の限界」を基礎に、合理性を高度化する制度として組織を分析する、主要な概念として提示されているのが見て取れるだろう。

サイモンは、後年においても、組織が優れた制度であることを強調している。近年の市場の優位性が主張される潮流の中で、「アダム・スミスの時代以来、経済活動の主要な調整機構として、市場は着実に衰退し、企業（及び政府）組織が着実に成長してきた」と指摘し、このことを理解するために、「複雑な活動を、市場が達成できるよりはるかに高いレベルにおいて、能率よく調整する組織の能力を理解しなければならない」という[5]。『管理行動』で、組織が合理性を高める機構であると示唆していたのと、同じ方向性を示しているといえよう。

しかし、「高い程度の合理性（high degree of rationality）」[6]とは、何を意味するのだろうか。また、それは、組織によって、よく達成されるのだろうか。限界のある合理性は、組織によって、その限界を広げられるのだろうか。このような問いは十分に答えられてきていないように思われる。本章では、これらの問いをかけることを通じて、組織を分析する理論枠組を検討することにしたい。

次節では、サイモンが批判したギューリックと、サイモンが依拠したバーナードの組織についての把握を対比し、考察の対象とする組織とは何かを検討する。そして、「調整された活動」の1つのまとまりを「プロジェクト」と呼び、第3節、第4節において、意思決定の分業と調整及び準分割性によって、調整された活動が、環境変化に応じつつ、行われるメカニズムを検討する。第5節で、それらをふまえ、サイモンの「合理性」の用語を検討し、組織によって合理性が高められるとの主張の意味を検討することにしたい。

2. 組織編成理論と調整された活動

サイモンが批判の対象とした組織理論は、組織編成の理論[7]であり、その代表者の1人がギューリック（L. Gulick）であった。ギューリックは、人々が協働するとき、分業によって最善の結果が得られるとし、組織理論は、分業と、分業された仕事を調整する構造を扱うものであるとした。そして、

組織目的を達成するための業務を、各メンバーが行う職務に分け、それらを、「目的」、「過程」「対象の人または物」、「仕事の行われる場所」の4つを基準として、同質的な職務をまとめて、部局を編成する。それらの部局を1人の長の下に、指揮命令系統によって階統的に構造化するが、そのときに、「命令一元化の原理」（メンバーは複数の者から命令を受けてはならない）、「統制範囲の原理」（上司が指揮する直接の部下の数には限界がある）に従うべきとした[8]。このようなギューリックの理論において、「組織」とは、指揮命令の権限の構造（structure of authority）であり、分業された職務を調整するのは、基本的に上司の命令によるのであった。いま一つの調整の方法として、「観念（idea）」によるものをあげ、命令ではなくリーダーシップに注目し、心理的な面を通じた調整の重要性を指摘しているが、「組織」という用語は、権限の構造を示すものとして用いているのである[9]。

　これに対して、サイモンが組織理論の面で大きく依拠したバーナード[10]は、組織を行動の面でとらえている。すなわち、組織とは、「意識的に調整された、個人の諸活動あるいは諸力のシステム」[11]であるとしている。権限の体系ではなく、実際に調整された活動のあるとき、組織が存在するという定義をしているのである。サイモンも、組織を行動の面でとらえる点では、バーナードと同じであり、『管理行動』の第2版の序文（Introduction）において、組織は、「人間からなる1つの集団におけるコミュニケーション及びその他の諸関係の複雑な型」[12]としている。

　組織の定義では大きく異なるものの、組織の存在理由については、バーナードは、ギューリックと同様に、個人では行えないことが可能になるからというところに求めている。「協働は、個人が出来ることを制約している諸限界を、克服する手段として正当化される」[13]というのは、それを簡潔に述べているものである。すなわち、ギューリックもバーナードも、組織は、目的を達成するために、個人の限界を克服する手段と考えているが、ギューリックは権限の構造を組織とし、バーナードは行動の面で組織をとらえているのである。

　組織の定義あるいは、そのとらえ方については、半世紀以上前の当時から今日まで、対抗する視点が示されるなど、多様な見方が提示されてきている。スコット（W. Richard Scott）の整理では、合理的システム、自然システム、オープンシステムの3つがあげられている[14]が、ここでは、組織が個人の限

界（「限界のある合理性」）を克服するとの主張に関心をもっているので、ギューリックとバーナードの対比から検討を進めるので十分と考える。両者とも組織を個人の限界を克服すると考えながら、組織理解の上で重要な視点の違いを示しているからである。

　複数の人が協力することによって、各個人では出来ないことが可能になることは、直感的にも経験的にも、広く認められ、具体例を示すのも困難ではない。ギューリックは、分業にその基盤があるとし、①各人の間に能力などに相違があり、また、専門化によって技能が向上する、②1人が同時に2つの場所にいることは出来ない、③1人が同時に2つのことは出来ない、ことから、分業によって、各個人が出来ることの総和以上のことが可能になる、とする。アダム・スミスの古典的なピン工場の例示[15]を始め、分業の利点は広く知られ、認められていることである。同時に、分業されたものが適切に関連づけられなければ、成果の上がらないことも、直感的にも、経験的にも、広く知られている。組織理論では、この関連づけを一般的に指す言葉として、「調整（coodination）」という用語が中心的に用いられてきた。組織は調整によって、成果が出るというのである。つまり、調整された諸活動によって、個人では達成できないような成果（output）を実現することが可能な場合があり、組織はそれを得るために作られ、存在する。

　ギューリックもバーナードもこのような認識をもっていたのであり、組織に関心をもち、組織理論を構成したのも、この認識に基づくといってよいだろう。そして、バーナードは、調整された諸活動のシステムそのものを組織とし、その成立及び存続が容易でないとの問題意識から、組織の分析とそれに基づく管理者（executive）の機能の分析をテーマとしたのであった[16]。それに対して、ギューリックは、調整された諸活動を実現することに関心をもつ点では変わりはないものの、その方法として、権限体系を中心におき、「組織」は権限体系の構造を指す言葉として用いたのである。命令だけで調整が達成できないことを知りつつも、組織理論の中心は権限体系の構造におかれたのであった。

　このようであるとすると、個人では達成できない成果を上げるのは、「権限体系の構造」ではなく、「調整された活動」によるのであり、「高い合理性」があるとすると、それは「調整された活動」と関連があることになる。そこで、ある成果を産出する、一体性をもった調整された諸活動のまとまりを

「プロジェクト」と呼ぶことにして、検討を進めていくことにしたい。バーナードの組織の定義と同じといってよいのであるが、公式の権限体系によって構成された組織では、調整された活動によって、一つだけの産出物が生み出されるのでなく、相互に区別できる多くの産出物が作られている点に注目したいのである。たとえば、ある市の行政組織を見た場合、全体について「調整された活動」（＝バーナードの「組織」）を観察することも出来るが、具体的で、より明確なのは、ゴミを収集する、といった成果を上げる「調整された活動」（＝「プロジェクト」）が多数、平行して観察できることである。

　さて、一つのプロジェクトを取り上げてみよう。それが成果を上げるためには、多くの行動が行われなければならない。ある地域のゴミを収集することを考えてみると、ルーティン的なものが大部分を占めるとしても、多くの行動からなることは明らかだろう。サイモンは、すべての行動は、意識的であるか無意識的であるかにかかわらず、物理的に可能な活動の中から１つを選択しており、それを意思決定（decision or decision-making）と概念化するとしている。一般的には、意思決定は意識的な検討とか熟慮を経た選択を指す言葉であるが、サイモンは無意識的なもの、反射的なものも含め、選択のあるところ、意思決定があるというように、意思決定の概念を構成しているのである[17]。そうすると、１つのプロジェクトは、多くの意思決定から構成されることになる。そして、各意思決定は、環境に応じて、あるいは、他のメンバーの意思決定に応じて、意思決定がなされる。このとき、成果を出すためには、各意思決定間に「調整」が必要なのである。ゴミの収集であれば、調整が適切でないと、収集の時間が長くかかったり、一部の地域の収集がなされなかったりするということである。

　ギューリックの組織編成理論では、まず、目的達成のための業務の全体を明らかにすることが求められる。それを各メンバーの職務に分けるのである[18]。しかし、もし、全業務が事前にすべて明らかになっていて、環境変動などによる適応的調節が全く不必要であるならば、調整は事前にすべてなされていて、業務は一旦始まれば、外部からの介入の必要なく、進行できるだろう。ギューリックのいう、組織による調整、つまり、上司の命令による調整の必要はないだろう。階統制そのものが不要なのである[19]。ギューリックが、このようなことを前提にしていないのは明らかであって、環境の変化、内部の状況変化などから、調整が必要になり、上司の命令による調整がなされると

考えているのである。

　さて、プロジェクトの中の各意思決定間で調整が必要であるとすると、それはどのようにしてなされるのだろうか、また、「調整された」かどうかは、どのようにして確かめられるのだろうか。

　これは、プロジェクトについて、「全体的計画」を想定すると、理解しやすい。すなわち、それに従えば成果の上がる「全体的計画」があるとしよう。各メンバーはそれに従って意思決定し、行動する。そのようにすれば成果が出る。そして、環境変化があった場合、メンバーAとメンバーBは、それぞれ対処の行動をとろうとする。このとき、上司は全体的計画についてよりよく把握しており、それに基づいて、A、Bにそれぞれの行動を指示する。それが受け入れられて行動が行われれば、全体的計画に従った行動がなされたことになり、「成果」が出ることになり、「調整」が行われたと呼ぶことができるだろう。この場合、A、Bが完全合理性をもっていると想定すると、上司がいなくとも、2人はただちに「成果の出る」、「調整された」行動をとることができると考えることができる。組織にとって適切な行動をただちに選び出し、意思決定できるからである。上司が指示をしてはじめて、「調整された」行動ができるとすると、そこには、「限界のある合理性」に基づく、意思決定の分業があると示唆されているのである[20]。

　単純化された例であるが、「限界のある合理性」が意思決定の分業を求めていることがうかがえるのである。節をあらためて、検討を進めることにしたい。

3. 意思決定の分業と調整

　人間は、複雑な問題に対処するのに、その情報処理能力を越えた複雑さのまま、全体に取り組むことはできない。そこで、対象を単純化するなどして、方向づけをし、副次的な小課題に分けて、それぞれを取り上げるなどして、対処していく。これは、「プロジェクト」の場合も同様である。プロジェクトの目的を達成する手段について、概括的な方向づけをし、それに従って、より詳細な内容を、検討していくのである。概括的な決定に基づいて、副次的な課題を設定し、それからさらに詳細な決定へというようにして、複雑な「プロジェクト」を企画し、遂行することは、プロジェクトの性格によって

は、一個人でも可能な場合がある。しかし、一個人では、意思決定を逐次的に行わねばならず、プロジェクトの大きさにより多大な時間を要するし、同時に行わなければならない意思決定を同時に行うことはできない。これらのため、一個人ではなく、複数の人による、組織的な意思決定の分業がなされるのである。

　意思決定の分業には、概括的な決定とそれを受けておこなわれる諸決定の間の縦の分業と、平行して行われる性格の諸決定の間の横の分業とがある[21]。縦の分業では、目的の達成を目指して、全体的計画の作成を行う。そのために、情報を収集し、分析し、目的を達成する諸手段について、概括的な構図を描く。目的達成に関連する状況認識とそれに基づく目的—手段の体系の観念を「コンセプト」[22]と呼ぶと、コンセプトを固め、それに具体的な内容を与える「全体的計画」を作成していくのである。この過程自体においても、分業がある。プロジェクトを構成する各部門の分析を統合するなどして、全体的計画が作成されるのである。そして、全体的計画では、目的、目的達成のための手段の構成、部門間の分担、活動遂行上の方針とか基準などが定められるが、それらに従って、各部門において、それ自体の全体的計画が決定されるというように、より詳細な内容へと進んでいく。そして、他方、具体的な活動の局面において反復的に生ずる状況に対しては、標準的な対処法を用意する。これを標準作業手順（standard operating procedures）[23]と呼び、それを束ねて、より広い状況に対処する体系的な手順群をプログラム（program）と呼ぶことにすると、全体的計画から、段階的に詳細な決定を行っていき、プログラム、標準作業手順に至ることになる。このように、プロジェクトでは、全体的計画から、プログラム・標準作業手順へという、縦の分業が行われ、同時に、各部門間、プログラム間などにおいて、横の分業がなされるのである。

　ところで、全体的計画、プログラム、標準作業手順の決定をそれぞれ1つの意思決定と見ると、それらは、その後の諸決定を導いたり、複数の決定を同時に決めているという性格をもっている。つまり、意思決定には、一つ一つの決定と、複数の決定を包摂する決定とがあるのである。このことに関し、チェスにおける選択の研究を用いた説明によって考えてみよう。

　自分の手番であるチェスのプレーヤーが直面する問題を解釈するについて、2つの方法が可能であるという[24]。1つは、次の手（move）を選ぶ問題と見

るものであり、いま一つは、連続する手を一括してとらえる戦略（strategy）を選ぶ問題として見るものである。戦略の決定問題としてとらえると、連続する手に関して、相手のあり得る手に応じて自らの手をそれぞれ対応させて予定する戦略を選択肢として、複数の選択肢の中から選択するのである。この場合、ある戦略を選択したあと、それに従いつつ、各手番において、あらためて手を選ぶ問題としてとらえることもできるだろう。

　チェスの場合、各手番において、ルール上可能な手（選択肢）は、おおよそ30であるという。そうすると、第1の、手を選ぶ問題としてみると、選択肢をすべてあげることは不可能ではない。困難なのは、各選択肢をとったときの評価である。各選択肢をとった場合の、その後の相手と自分の手の、先へ向けての展開とその評価が、時間、知識などの不足から困難なのである。それに対して、戦略を選ぶ問題としてとらえると、可能な選択肢の数が膨大であり（たとえば、10手先までの戦略を考えると、可能な展開の数は、30^{10}であり、この中から選択肢を見いだしていかなければならない）、結果の評価よりも、選択肢をあげることに困難を生ずるのである。すなわち、包括的合理性の合理的意思決定を行おうとするとき、手の選択としてみると、結果の予測の点で限界があり、戦略の選択としてみると、選択肢の作成において限界があるのである。

　チェスが例となっているが、一般的にいって、意思決定の問題は、一つの意思決定問題として構成できるとともに、それを含めた複数の意思決定を一括して決定する問題として構成できる場合もある。いずれの場合においても、包括的合理性を求めるのが不可能であることもうかがわれた。

　さて、分業された意思決定は調整されて、統合された活動を生み出す。「プロジェクト」において、各意思決定は相互依存関係にある。ある意思決定が他の意思決定の前提になるなど、相互に影響を及ぼしあう関係にあり、調整が必要なのである。

　相互関係には、緩やかで相互にほぼ自立的なものから、緊密なものまで存在し、相互関係の種類によって、調整の型も異なる。トンプソン（James D. Thompson）は、分割化された相互関係（pooled interdependence）、継起的相互関係（sequential interdependence）、双方向的相互関係（reciprocal interdependence）の3分類を示し、この順で関係が緊密化するとした。分割化された相互関係は、各部分は相互に直接の関係をもたずに、個別に全体に貢献す

る関係であり、継起的相互関係は、ある部分が活動する前に、他方の部分が活動しなければならないというように、相互関係の順序が特定されているものである。そして、双方向的相互関係は相互関係の順序が双方向的なものである。

各々の相互関係には、分割化された相互関係には標準化による調整（coordination by standardization）、継起的相互関係には、計画による調整（coordination by plan）、双方向的相互関係には相互調節による調整（coordination by mutual adjustment）がそれぞれ適切であり、この順で、調整のために必要になるコミュニケーションと意思決定の頻度が高くなり、調整のコストが高くなる[25]。

プロジェクトでは、このような調整が行われるが、それらによって統合された活動が生み出されるのは、各意思決定が調整に際し、全体的計画を受容し、そこで示された内容とか基準に従って行われるからである。全体的計画が十分に明細でない場合は、全体的計画の基盤になっている「コンセプト」、さらには、プロジェクトの目的の達成、を基準に相互調整が行われる。そして、各意思決定が調整において受容している全体的計画とかコンセプト、目的が、明細であるほど、活動の体系性が高まり、成果が確実に産出されると期待されるのである。

4. 準分割性

分業された意思決定間の相互関係は、緊密なものから緩やかなものまで見られる。そして、緊密な相互関係にある方が、調整のコストが高くなるのであった。ここから、トンプソンは、合理性の規範の下では、組織は調整コストを最小にするように職務を部局にまとめるとしている[26]。一般的にいうと、相互関係が緊密で調整コストが高い部分同士をまず単位にまとめ、より緩やかな関係にある、それら単位同士をより大きい単位にまとめるというように、階層的に組織化していくことにより、調整コストを最小化できる。緊密なコミュニケーションと頻繁な調節的意思決定は、一単位内で行われる方が、単位をこえた部分同士で行われるよりも、調整コストとして、低いからである。プロジェクトは、各部分をこのように組み立てることにより、調整コストを最小にすることができるだろう。

緊密な関係をもつ部分で単位を作り、それらが集まってより大きな単位を作る構造においては、各部分は、他から完全に独立してではないが、かなり自立的に動く。サイモンは、小さな単位を包摂して大きな単位が階層的に構成されている構造を一般的に階統制（hierarchy）と呼び、各単位が他と緩やかな関係をもち自立的に動く性質を準分割性（nearly decomposability）と名づけ、組織は準分割性をもつ階統制であるとした[27]。
　「プロジェクト」は、調整コストを最小にするように構成すると、準分割性をもった階統制と見ることができる。そして、相互に緩やかな関係にある複数のプロジェクトからなる単位を考えると、それも準分割性をもった階統制であり、同じ性質をもって、さらにより大きな単位へと階層を重ねていくこともできる。そのようなより大きなシステムを含めて、バーナードのいう、「意識的に調整された、個人の諸活動あるいは諸力のシステム」としての組織ととらえることができるだろう。そうすると、組織は、標準作業手順、プログラム、プロジェクトのように、より小さな単位から、より大きな単位へと階層的に構成された、全体として、調整された活動のシステムということができる。そして、全体についての全体的計画があり、部分の単位については、それを受けつつ、その単位についての全体的計画があるという関係になる。
　準分割性は、各部分が独立しているのではない。上位へいくほど、より緩やかにはなるが、各部分間には相互関係がある。そして、その相互関係は、異なる部分の内部要素の間で直接的に関係するのではなく、各部分を単位とする単位間の関係が中心である。しかし、組織においては、異なる部分の内部要素同士の直接的関係も存在する。Aというプロジェクトを構成する内部のプログラムpと、Bというプロジェクトを構成する内部のプログラムqの間で直接のコミュニケーションが起こるという場合である。このような関係が無差別に常態的に生ずると、準分割性の性質を失い、システムとして、非常に複雑になる。そして、意思決定の分業が行われていても、各意思決定が直面する状況は非常に複雑になり、「限界のある合理性」から、適切な意思決定が困難になるのである。「限界のある合理性」は、準分割性を必要とするのである。
　さて、組織の公式の部局編成と、調整された活動の体系との関係を考えてみよう。そうすると、組織の部局編成と準分割性をもった活動の体系との間には平行関係が見られる[28]。すなわち、より緊密な関係をもった活動がまず

第4章　限界のある合理性と組織理論　95

部局にまとめられ、より緩やかな関係のものを階層的に、より上位へとまとめていくのである。そして、ある部局をとると、一つのプロジェクトを任務とすることも複数のプロジェクトを任務とすることもある。準分割性からは、一つのプロジェクトは一つの部局によって担われ、複数の部局にまたがらないのが望ましいことになる。プロジェクト内では緊密な調整が必要であるが、複数の部局にまたがると、その調整が部局をこえて行われる必要が出てくるからである。しかし、部局をこえたプロジェクトが求められたり、実際に行われることがある。あるプロジェクトを基準に部局編成を行ったが、その部局編成を横断するようなプロジェクトが求められる場合である。プロジェクトが多数ある中では、それらのすべてに共通して、調整コストが最小になる部局編成が見いだされるとは限らず、むしろ、部局横断的なプロジェクトが行われたり、その必要が出てくることがあるだろう。規範的にいえば、多数のプロジェクトの部局間への配分において、全体として、調整コストが最小になるように組織編成するのがよいということになるだろう。

　各部局では、担当するプロジェクトに沿いつつ、反復的に生ずる状況に対して、標準作業手順及びプログラムをもつ。それらは、環境の変化に対して、その変化が予期されるようなものであれば、内部化された対応によって、ルーティン的に適応し、他のプログラムなどとの間での調整は必要であっても、最小にとどまる。しかし、より大きな変化については、標準作業手順・プログラムを変化させたり、新たにそれらを開発したりするが、その場合には、ほかのプログラムなどとの間で調整が必要になることが起こるだろう。他方、新たなプロジェクトを作るとか、さらに上位の方針などを変更する場合、標準作業手順・プログラムに至るまで、包括的に新たに体系化することは、複雑な対象を、複雑なままでとらえて対処するものであり、容易ではない。むしろ、標準作業手順・プログラムを単位として、それらを全体を構成する部分についてのレパートリーのようにとらえて、新たな目的実現のためのプロジェクトなどを作成していくのである[29]。すなわち、準分割性の構造の下では、分割された各部分を単位として、単位ごとの適応によって変化に対応するとともに、より大きな変化には、各部分の組み換えなどによって対応するのである。これらによって、限界のある合理性の下で、複雑な環境の変化に対処していくことができるのである。

5. 限界のある合理性（bounded rationality）と合理性の限界（limits of rationality）

　サイモンは、『管理行動』において、人間の情報処理能力が限られていることを「合理性の限界（limits of rationality）」と述べる[30]とともに、「合理性の限界」が組織によって与えられる価値、知識、選択肢によって画される境界を指すような用法[31]を用いている。所与として受容する価値、知識、選択肢を「非合理的要素［irrational and nonrational elements］」とし、それらによって境界づけられる内部の領域が、合理性の働く領域（「合理性の領域［area of rationality］」）で、情報処理能力が限られているので、「合理性の領域」が非合理性によって限界づけられている必要があるという構図である。そして、この用法から、組織によって、非合理的要素による境界が外へ拡大し、合理性の領域が広がり、合理性の程度が高まるという用法に連なっていると考えられるのである[32]。しかし、この用法は、人間の情報処理能力に限界があるという「限界のある合理性」（「合理性の限界［limits of rationality］」も、多くの場合、後年も含め、この用法で用いている）の概念とは、関連しているが、異なるものである[33]。

　というのは、合理性の領域が非合理的要素によって境界づけられているという「合理性の限界」の概念において、その境界が広げられても、人間の情報処理能力が高まるのではなく、「限界のある合理性」に変化を与えるものではない。ただ、それによって、組織の情報処理能力が、組織の目的との関連で高められると言うことはできるかもしれない。目的の実現に意味のある知識、情報が増加し、複数の人の情報処理能力を用いることにより、情報処理能力が向上するということである。

　すなわち、組織は意思決定の分業により、個別の小さな能力を協力させ、大きな情報処理能力を獲得する。それは、意思決定の縦の分業と横の分業を行い、それらを調整し、統合することによって得られる。その基本的なメカニズムは、すでに見たように、概括的な全体的計画を作成し、それに従って、個別的な決定を行うことにより調整を達成するというものであり、それを階統制的に重ねることにより、多数の意思決定の分業と調整が可能になるのであった。そして、準分割性により、環境変化にも適応し、目的の実現を図っ

ていくことができるのである。

　しかし、組織の情報処理能力が向上したとしても、対処する問題と対比すれば、限られたものであり、包括的合理性ではなく、依然として、限界のある合理性である。また、個人の情報処理能力の向上ではない。それでは、サイモンが『管理行動』において示唆した、個人の合理性を高める機構としての組織という主張はどのように考えるべきだろうか。

　これは、意思決定によって得られる成果に関する認識を基盤とした主張ではないだろうか。すなわち、組織によって、個人では達成できない大きなあるいは高い成果を得ることができるのであり、それを合理性の拡大あるいは向上によるものとして、「合理性」の概念と結びつけたのではないか。サイモンのいう「高い程度の合理性」は、組織の情報処理能力の高さか、それから得られる成果の高さを指すものであり、それを「合理性」の概念と結びつけたのは、高められた成果が個人に還元されると暗黙に想定したのではないだろうか。

　さて、それでは、意思決定の分業によって、組織の成果が向上するのはなぜだろうか。一般的にいって、その理由は、分業一般によって成果が向上する理由とほぼ同様であろう。重要なものとして、1つは、人間個人の物理的、生理的な制約の克服であり、いま一つは専門化の利得である[34]。

　第1に、1人の個人は、同時に2つの場所にいることはできないし、同時に2つのことはできない。また、1人の生理的な力は限られている。意思決定においても、これらは重要な制約であり、異なるところで生じている事態を認識し、それぞれについて意思決定を行うことはできない。感知機器、通信機器などの高度化により、制約は小さくなってきているが、人間個人に物理的、生理的制約のあることは変わりない。そして、同時に2つのことはできず、逐次的に行わねばならない。また、意思決定に関わる記憶力などの諸能力、それを基盤とした知識の量には限界がある。これらから、意思決定の場合、とくに重要なのは、時間との関連での制約だろう。多くの地点を包摂する複雑な状況にも、一個人によって、概括的な分析から詳細な分析へというアプローチによって、対処の体系を作成できるかもしれない。しかし、情報の収集、知識の蓄積にも、複雑な対処体系の作成にも、時間を要し、作成の間に環境が変化し、対処策の有効性が失われるかもしれない。意思決定の分業は、複雑な問題を概括的な決定、問題の分割を経た各部分の決定、とい

う分業によって、短時間のうちに対処策を作成し、遂行することを可能にするのである。これによって、一個人ではなし得ない成果を得ることが可能になる。

　第 2 に、分業は専門化を可能にする。特定の分野に専門化することにより、知識、経験の蓄積、技能の修練など、を通じ、その分野における能力を高めることができる。これは、意思決定の専門化にも当てはまる。特定の分野の知識、情報に習熟し、状況分析、選択肢の作成、評価といった過程について、専門的な能力を発達させることができるのである。そして、「縦の分業」についても、専門化の利得が考えられる。広い領域を対象とした概括的な内容の意思決定と、各特定分野に関するより具体的な内容の意思決定に、それぞれ専門化することにより、それらについての意思決定能力を高めることができるのではないかということである。意思決定の分業は、このように、個人の物理的、生理的限界を克服し、また、専門化による能力の向上により、一個人では達成できない、多数の高度な内容の意思決定をもたらすことができる。従って、それらを適切に調整することができるならば、一個人では得られないような内容の成果を得ることができるのである。

　意思決定の分業が、分業一般と同じような基盤に基づいて、個人をこえる力をもたらすならば、分業一般の場合の類推から、いくつかの示唆を得ることができる。一つは、分業だけでは力の向上には結びつかず、適切な調整が必要なことである。そして、調整は個人間で行われるよりも、個人の内部で行われる方が優れていると考えられる。個人間で通信する必要がなく、個人の内部の神経経路を通じて調整が行われるからである[35]。ここからは、個人に可能なことは、分業せずに、個人で行った方が優れた成果を産出できることがあるということである。意思決定の分業でいえば、個人の「限界のある合理性」の下で意思決定できることは、分業する必要があるとは限らないのである。

　いま一つの示唆は、専門化による能力の向上は、作業労働の分野では、作業を分割し、単純化し、標準化を図り、さらに、機械化、自動機械化へと進展したことである。意思決定の分業と専門化にも、同じことが推測できるかもしれない。意思決定を分野によって分割し、それぞれの意思決定の構造を分析し、単純化して、標準化し、さらにコンピュータ化するという方向である。サイモンは、意思決定をルーティン的な「プログラム化された（programed)」決定と、「プログラム化されていない（nonprogramed）」決定に分け、前者においては、オペレーションズ・リサーチ（OR）など、最適化手法の発達が見られることを指摘し、後者については、人工知能（artificial intelligence）の発展を展望していたのである[36]。「縦の分業」と関連させていえば、全体的計画のレベルでは、人工知能に、標準作業手順などルーティンのレベルでは、ORへという、高度情報処理が、組織の重要な部分を占めていくのではないかということである。

6. おわりに——行政組織の場合

　組織は、全体的計画の下で、階層を経て、プログラム、標準作業手順へと階統制的に構成された、調整された活動のシステムである。それは、公私の領域にわたって、広く見られるものであるが、とくに大規模なものは、企業と政府であろう。そして、組織理論は、企業組織と政府組織を主な対象にしつつも、組織一般に共通する理論を目指して発達してきた。本章で検討してきたところも、行政組織を念頭に置きつつ、組織一般を対象としている。
　しかし、行政組織に適用する場合、用語などをそれに応じたものとするのがよいだろう。一つの政治社会を対象とするとき、政府の諸活動は厖大なものになるが、全体が緩やかではあるが、相互関係をもち、体系づけられている。それら全体の階統制について、政策（狭義）—施策—事務プログラムの三レベルの階層でモデル化し、全体を政策体系と呼ぶことにしたい。政府の実際の諸活動は、非常に複雑な集合体であるが、それを分析するについて、三つの階層からなるモデルによってアプローチしていくのである。
　全体的計画にあたる政策（狭義）は、日本の場合、具体的には法律、予算、政令、省令、計画、要綱、通達、個別の決定といった形式で決定されるが、一部は、国会で、ほかはそれを受けつつ、内閣、各府省庁で決定される。政策（狭義）は、その下位の諸施策に関する方針、予算などの資源配分、諸施策に横断的に関わる機構、人事、会計、手続きルールなどを、その内容としているが、施策横断的なものは、政策体系全体の準分割性と関わる。すなわち、施策はそれぞれ、他とはかなり自立的に体系づけられる。しかし、予算など資源配分を通じて緩やかに統合されるだけでなく、手続き的ルールとか、人権、公正さを定めた諸制度など施策横断的な政策によって関連づけられる。

また、今日の政府の諸施策は人々の生活の各局面に広くわたって展開されているため、相互の間に関連性のあるものが多い。これらの施策横断的な政策とか施策は、各省庁間の調整を必要とするものとして、その性質が現れるが、政策体系の準分割性を弱める性格をもっており、「限界のある合理性」の視点から関心のひかれる点といえるのである。

注

1) 組織均衡理論については、拙稿「組織均衡理論の一検討——行政組織への適用に関して——」、『法と政治』第33巻第2号、1982年。
2) Simon, 1957a, pp. xi, xiii 参照。
3) Simon, 1947b [Simon, 1976a], p. 79.
4) *Ibid*, p. 80.
5) Simon, 2000, pp. 751-2. なお、Simon, 1991a [Simon, 1997b]参照。
6) Simon, 1947b [Simon, 1976a], p. 79.
7) 西尾勝『行政学の基礎概念』東京大学出版会、1990年、96-7ページ参照。
8) Luther Gulick, "Notes on the Theory of Organization" in Luther Gulick and L.Urwick (eds.), *Papers on the Science of Administration*, Institute of Public Administration, 1937.
9) Ibid., pp. 6, 37.
10) サイモンが、『管理行動』において、バーナードの影響を受けているのは、同書の論述から明らかであるが、さらに、自伝において、影響の経緯およびその内容、バーナードの序言（Foreword）を得た事情などを明らかにしている。Simon, 1991b, pp. 86-8.
11) Chester I. Barnard, *The Functions of the Executive*, 1938 (*Thirtieth Anniversary Edition*, Harvard University Press, 1968), p. 72.
12) Simon, 1957a, p. xvi.
13) Chester I. Barnard, *op. cit.*, p. 23.
14) W. Richard Scott, *Organizations — Rational, Natural, and Open Systems —, fourth edition*, Prentice-Hall, 1998, PartI, PartII.
15) アダム・スミス著水田洋監訳『国富論』岩波文庫、2000年、第1編第1章。
16) Chester I. Barnard, *op. cit.*
17) Simon, 1947b [Simon, 1976a], pp. 3-4.
18) Luther Gulick, op. cit, p. 7, 15.

19) March and Simon, 1958, pp. 25-6 参照。
20) 全体的な計画の作成とその受容が、統合された組織的活動を生み出す基本的なメカニズムであることは、『管理行動』の概念枠組の基盤になっているといえる。ただ、組織の影響の4つの様式との関連が不明確であるので、全体的計画の意義があいまいになっているといえよう。Simon, 1947b [Simon, 1976a], pp. 96-108。なお、ibid., pp. 9-10, 124, 228-31 参照。
21) Simon, 1947b [Simon, 1976a], p. 9.
22) Simon, 1953 [Simon, 1997a], p. 338 の conception of the program から示唆を得ている。
23) March and Simon, 1958, p. 142 参照。
24) Simon, 1972 [Simon, 1982b], pp. 412, 416.
25) James D. Thompson, *Organizations in action*, McGraw-Hill, 1967, pp. 54-6. coordination by mutual adjustment は、マーチとサイモンの coordination by feedback に相当するものであり、feedback という言葉が上下的関係を示唆しているので、トンプソンが階統制を横断するような関係も含めるものとして、用語を変えたのである。March and Simon, 1958, p. 160 参照。
26) James D. Thompson, *op. cit.*, p. 57.
27) 複雑なシステムの階統制と準分割性については、Simon, 1962 [Simon, 1981]。Simon, 2000, p. 752 も参照。
28) March and Simon, 1958, p. 150 参照。
29) Ibid., 参照。
30) Simon, 1947b [Simon, 1976a], pp. 80-4.
31) この用法が、『管理行動』において基本といってよいが、とくに、Simon, 1947b [Simon, 1976a], pp. 241-2 が詳しい。
32) Simon, 1947b [Simon, 1976a], pp. 102, 240-1 参照。
33) 本書、第1章、注83参照。
34) アダムスミス著、前掲、第1編第1章、Luther Gulick, op. cit., pp. 3-4、Chester I. Barnard, *op. cit.*, chap. 3 参照。
35) Simon, 1947b [Simon, 1976a], pp. 238-9., March and Simon, 1958, p. 192.
36) Simon, 1977b, chap. 2.

第2部

行政組織と政策過程

第5章

大都市の水道
―水源・水質・財務

1. はじめに

　日本で近代水道が初めて布設されたのは、横浜であり、1887年（明治20年）に通水している。それ以来約1世紀を経て、今日では、全国的に広く普及し、普及率は、1994年度で総人口に対し、95.5％[1]となっている。人々の生活及び経済活動に対する基盤的施設として、広く定着しているといえよう。

　水道がこのように高度に普及するに至ったのは、きれいな水を供給するという目的が社会的に受容されてきたからであろう。現行の水道法にあるように、「清浄にして豊富低廉な水の供給」を行い、それによって「公衆衛生の向上と生活環境の改善」に寄与する（水道法第1条）という水道の目的は、一般的に広く受け入れられているといえよう。しかし、きれいな水を安定的に安く供給するということは、必ずしも容易に達成されてきているのではないし、今後問題がないわけでもない。むしろ、将来に対して、より困難な問題を抱えているともいえる。それは特に大都市において、わかりやすい形で指摘できる。

　すなわち、大都市では、人口の集中、生活の高度化、産業の集積などによって、水への需要が大きく伸び、それに応じて水道の拡張を続けてきたのであるが、それによって、より遠くに水を求めていくことになり、水源確保の困難度が増していったのである。また、同じ、人口、産業の集中などから、河川など水道の水源となる水の水質が悪化し、きれいな水源を求めて遠隔地に至ることが起こるとともに、きれいな水に浄水するのが困難になったり、

費用がかかるようになってきたのである。そして、これらのため、水道水の価格は押し上げられる傾向をもってきた。このように、水道の目的にあげられ、広く受け入れられている、水の「清浄」さも、「豊富」さも、「低廉」さも、将来にかけて問題をはらんでいるのである。

　水道事業は、これらの問題に対処しつつ、普及が進められ、運営がなされてきているが、そこでなされる諸決定はどのように行われているだろうか。「清浄、豊富、低廉」な水の供給については広い合意があるので、その目的に対して適切な手段を選択するという「合理的」な過程によって諸決定がなされていると考えられるかもしれない。しかし、水源確保をめぐって農業水利などとの調整がなされるが、そこでは、目的に対する適切な手段の選択というのではなく、利害、価値、目的を異にする者の間での「交渉」によって決定がなされているとの性格が強い。水道の水源の水質の保全についても、水道の目的に照らして合理的に決定されるというのではなく、水道事業とは異なる施策の体系への要求、それをめぐる交渉といった過程になる。

　また、水道事業の内部についても、「清浄、豊富、低廉」という目的を包括的にとらえ、一括的な決定をするのではなく、水源問題、水質問題、財務問題というように分離し、それぞれについて重要な決定がなされていく。すなわち、水源開発、浄水技術の変更、料金の引き上げといったことが一括して決定されるのではなく、それぞれ別の機会に決定されるのである。統一的な目的に対して「合理的」に手段を選択するというより、目的を構成する要素ごとに手段を選択していくのである。水道事業は、その目的に関して広い合意があるにも関わらず、その普及、運営をめぐる諸決定は「合理的」な過程によるとは限らないし、また、包括的に合理的に決定されているのでもない。本稿は、これらの諸過程を考察し、分析して、水道事業がその抱える問題に対処するに際して、なぜこのような過程となるかの理解を試みることにする。

　次節では、水道事業が、他の施策と区別された施策として成立し、運営されていることを述べる。続く3つの節で、それぞれ水源、水質、財務についてみてみる。そして、それらに基づいて、水道事業と他の施策との関係及び水道事業内部の関係について考察、分析し、水道事業をめぐる諸決定の過程を明らかにしたい。

2. 単一施策としての水道事業

　明治以前の日本にも水道はあった。とくに、江戸の玉川上水は、多摩川上流の羽村から四谷まで40数キロにわたって導水し、江戸の町に配水するという大規模なものであった。しかし、それらは、水の汚濁には気を配るものの、濾過して浄水するといったことは行われておらず、配水は無圧で自然流下により、木樋を通して行うものであった。それらに比べて、明治になって導入された西洋式の水道は、濾過した浄水を鉄管を通じて、自然流下あるいはポンプにより連続的に有圧で配水するものであり、従来のものからは隔絶した特徴をもっており、近代水道と呼ばれるようになった。

　近代水道が導入されるようになった大きな要因は、コレラなどの水系伝染病の流行である。コレラは、1877年（明治10年）、79年、82年、85年、86年と大きく流行し、とくに79年、86年にはそれぞれ10万人を越える死者を出す事態であった。また、赤痢、腸チフスによる死者も毎年数千人を越えていたのである[2]。また、木造家屋の日本にとって、有圧水道による消防の効果も導入を促す要因であった。横浜水道の設計、施工など、草創期の日本の近代水道に大きな足跡を残したイギリス人技術者のパーマー（Henry Spencer Palmer, 1838-93年）は、横浜水道についての意見書（1883年）で防火用水としての必要性を指摘していたし、横浜水道の通水に当たっては、消火栓からの放水が宣伝をかねて行われたりした[3]。

　これらを背景として、近代水道の導入に向けた動きがでてきたのであるが、大きな問題はそれに要する巨額の資金であった。横浜水道は、約107万円の工費を全額国庫が支弁し、神奈川県（後に横浜市）が返済することとして、1887年に通水したが、その前後に導入の計画が検討されていた函館、長崎、大阪、東京、神戸などでは、いずれにおいても莫大な工事費が問題となった。資金の問題もあって、各地で私営水道の計画もみられたが、政府は、1887年、地方政府による公営を原則とする方針を示した（「水道敷設ノ目的ヲ一定スルノ件」閣議決定）[4]。そして、1888年に市制町村制が制定された後、1890年、水道についての基本的な法律である水道条例が制定され、「水道ハ市町村其公費ヲ以テスルニ非サレハ之ヲ布設スルコトヲ得ス」（第2条）と市町村公営が規定された[5]。資金については、1888年から三府五港（東京、大阪、京都、

函館、新潟、横浜、神戸、長崎）を対象に布設費の三分の一の国庫補助を行って導入を図ることとなった。その後、国庫補助の対象は広げられたが、水道は大都市などを中心に布設されていくことになった。このようにして導入された水道は、1895年に竣工した大阪市の水道を例に見てみると、次の通りである。大阪の場合、水量豊かな淀川があり、その左岸の桜の宮（現都島区、当時市外）で取水し、そこに沈澱池、濾過池などを設ける。そして、浄水した水を送水管で大阪城内に設けた配水池に送り、そこから、配水管を配し、自然流下によって市内に配水する[6]。

　さて、近代水道の創設を見てきたが、明治20年代には、市町村公営が定められ、大都市を中心に布設がなされ、運営が始まった。それらは、市町村を単位として、公共の目的をもって行われる体系だった諸活動である。それを市町村の「施策」の1つと位置づけて分析していきたいが、そのため、ここで「政策」と「施策」について次のように整理しておきたい。

　一般に、政府によって行われる諸活動を方向づける方針を「政策」（狭義）と呼び、それに導かれながらなされる体系だった諸活動を「施策」と呼ぶことにする。政策及び施策は目指すべき状態である「目的」をもっている。しかし、目的が達成されたかどうかあるいは達成された程度を、観察によって測定あるいは判断することが可能な程度を、目的の操作性と呼ぶならば、政策の目的は一般に操作性が低く、それに対して施策の目的は操作性が高い。すなわち、政策は政府の諸活動をより広く包摂して方向づけるので、一般性が高く、その目的は、達成されたかどうか観察によって判断することが容易でないことが多い。具体的な諸活動に近くなると、目指すべき状態が達せられたかどうかが明確である必要が強くなり、目的の操作性は高まる。

　政策の目的も、施策の目的も社会的に意味のあるものである。施策よりも下のレベルでは、それ自体としては社会的に意味のない目的をもった体系だった諸活動がある。分業により、他の諸活動と併せて社会的に意味のある活動となる場合である。

　政策の目的も施策の目的も、制度的な手続きを経て定められており、一般に正当なものと受け入れられているが、意見の対立があったり、それが厳しい場合もある。

　このように整理すると、創設された近代水道の事業は、市町村の施策である。そして、市町村の施策は複数あるといえるので施策の一つである。市町

村の全活動を操作性の高い一つの目的の下に体系化することは（ごく原初的で例外的な場合を除いて）できないのであり、上に見たような意味での「施策」は必ず複数あることになる。これは、水道事業のほかに施策のあることを意味するとともに、水道事業は他の施策と区別されたものとして創設されることを意味する。明治の当時としては、具体的には、戸籍事務とか、教育と区別された施策として成立したということになろう。当然のことのように考えられるかもしれないが、政府が公共的な諸活動を行うとき、対象を分割して、それぞれを施策として体系化して対処することを主張したいのである。全課題を一括して扱うことはできないのである。

　次に、水道事業は、その後現れたものも含めて、諸施策の中で、その目的が社会的に受け入れられている程度が高く、目的の操作性が高い方に属する施策である。その目的を、事業の効果（outcomes）のレベルである伝染病の防止とか火災による損失の低減で見ても、事業自体の成果（output）である水質の程度とか給水量で見ても、観察による測定が比較的容易である。また、事業の導入に財政的負担などからの反対は強くても、伝染病の防止といった目的自体は社会的に広く受け入れられているといえよう。このような施策をとくに単一性の高い施策、あるいは単に単一施策[7]と呼ぶと、水道事業は、単一施策である。単一施策は、社会的に広く受け入れられた操作性の高い目的をもった体系だった諸活動であり、施策内容は、他と区別された単一の目的を適切に達成するものを選択していくという「合理的」な過程で決定されていく傾向をもちやすいと推論できる。施策内容を客観的に評価することが可能だからである。

　近代水道のその後を見てみよう。明治に創設された水道は、全国的に普及していき、また大都市では、人口の増加に伴い拡張が進められた。そして、1945年には、上水道が全国で357となり、県庁所在市ほとんどすべてに普及し、一般市及び町村にもかなり普及し始めていた[8]。普及率は、簡易水道も含め35.4％であった。第2次大戦の戦災では、とくに給水栓の破壊によるおびただしい漏水が深刻で、その復旧などが図られた。しかし、昭和30年代以降になると著しい普及が進められていくことになる。普及率（簡易水道、専用水道を含む）で見ると、1955年には35.8％であったが、1965年には69.4％となり、さらに1975年87.6％、1985年93.1％と伸び[9]、1994年の95.5％に至っている。

このように高度に普及した水道であるが、市町村による単一施策という性格はほぼ保持されている。水道の基本的な法律は水道法（1957年制定）に変わったが、そこでも市町村公営が原則とされている。また、その目的については、事業の効果のレベルでは、洗濯とか水洗トイレでの使用の増大、都市活動、経済活動での使用の増大などから、公衆衛生上の目的だけでなく、複合的になり、それだけ、操作性も下がっているといえる。しかし、事業自体の成果のレベルにおいて「清浄、豊富、低廉」な水の供給という目的は、社会的に広く受け入れられているし、操作性も高い。そして、「清浄、豊富、低廉」な水の供給がなされれば、効果のレベルにおいても、目的が達せられると広く考えられている。従って、水道事業は、今日でも、単一性の高い施策であり、他の施策から区別された目的に照らして合理的に諸決定を行う傾向が強いと推論できよう。
　しかし、水道事業は単一施策ではあるが、外部と重要な関わりをもっているし、その程度は高まっている。農業用水などとの調整とか、水質汚濁の問題がその顕著なものである。また、それは他の施策から区別された一つの目的をもっているが、その目的を要素に分解し、それぞれについて体系だった諸活動を行うというように構成されている。水源問題、水質問題、財務問題が、それらの中でとくに重要であった。それらを順に見ていくことにしよう

3. 水道の水源

　水道の水源として今日主なものは、河川自流水、ダム貯留水、地下水の三つであり、それぞれ次の通りである。

河川自流水	約56億m³	33.3 %
ダム貯留水	約61億m³	36.5 %
地下水	約44億m³	26.0 % （1994年度）[10]

　これを過去と比べると、河川自流水の割合が減り、ダム及び地下水の割合が増加している。河川自流水は、1912年（大正元年）では90.5 %、1965年（昭和40年）では55.5 %であった。ダムと地下水は、戦前はわずかであり、

戦後、その割合が急増している。1939年（昭和14年）にダムは1.3％、地下水は3.1％であったのが、1965年にそれぞれ11.6％、14.6％となり、その後増え続けて今日に至っている[11]。

ダム及び地下水への依存が増えているのは、河川自流水には農業用水の慣行水利権があり、それと競合し、新たな水利権が得られないことが多いからである。そして、地下水には地盤沈下の問題があり、それに応じてダムへの依存が増すことになっている。ダムによる利水は、河川に豊水期と渇水期があることから、豊水期に貯水し、それを渇水期に放流して用いるのであるが、それによって既存の水利権とは別に新規の水利権を得るのである。それは、ダムの建設費を負担することによって得られるのであり、それだけ水の価格は高くなることになる。水源としてダムの割合が増えているのは、河川自流水に余裕のないことを示しているが、ダムによる利水にも限界はある。

水道の水源として、河川自流水だけによることができず、既存の慣行水利権と競合しつつ、新たな水利権を求めて、ダムを建設するなど、いわゆる水資源開発に追われてきた状況は、とくに東京、大阪、福岡といった大都市地域において顕著である。そして、これらの地域では、次第に遠隔の地に水源を求めるようになった。福岡市は最近の1978年に大渇水に見舞われたが、大河川がなく、多数の水源から分散して取水し、水道を拡張してきた。そして、それでは需要に応じられず、筑後川からの取水へと至っているのである。ここでは、次に、東京と大阪の水源について、やや具体的にみておこう。

東京の近代水道は、玉川上水を用い、多摩川上流の羽村で取水して始めた。そして、需要の増大に対し、村山貯水池（1927年完成）、山口貯水池（1933年完成）をつくり、羽村から取水した水を貯留して水源とした。さらに続く需要増に対し、水源を利根川、江戸川、相模川、荒川といったところに求めることも検討されたが、多摩川のより上流に巨大な小河内ダムを建設することになった（1932年東京市会議決、戦後の1957年完成）。この時には、下流の二ヵ領用水との間で、紛争が生じた（1933年-36年）。上流で貯水され、取水されるならば、下流の用水に影響があるということである。この紛争は、東京市と神奈川県の対立、交渉となり、内務省、東京府が関与して、解決へと向かったのである[12]。しかし、需要の拡大はさらに進み、相模川、江戸川からの取水もなされたが、利根川を水源とする計画が立てられるようになった。そして、昭和30年代の厳しい水不足を背景に、利根川上流の矢木沢、下

久保両ダムによって水利権を得て、利根川の水を東京に導水することになったのである。利根川には、いうまでもなく農業用水の水利権があり、それ故上流にダムをつくることになったのであるが、上流のダムと下流の用水との間で、やはり調整が必要であった[13]。

　大阪の場合も、需要の増大に追われて、拡張を続けたところは変わらない。ただ、大阪は淀川を水源とし、今日でも、淀川からの取水のみによっている。しかし、人口の増加と淀川の水質悪化により、水源の確保が次第に困難になり、水をいわば遠くに求めるようになっていったところは同様である。

　大阪は桜の宮を水源地として出発したが、需要の増大などからより上流の柴島（くにじま、現東淀川区、当時市外）を水源地とし、浄水場が設けられた（1914年完成、桜の宮は、1915年休止し、その後廃止）。そして、その後の需要増に対して、同水源地の拡張によって応じていったが、1922年には将来のさらなる需要増に向けて調査を行い、翌年に、「大水道計画調査報告書」を作成しているが、そこでは、琵琶湖水源案、宇治川水源案、淀川水源案の三案があげられている。そして、最初の二つの案はそれぞれ琵琶湖、宇治川から直接取水するものであり、すでに遠隔の地に水を求める構想となっている[14]。

　実際には、その後、柴島水源地のさらなる拡張によって需要増に対処していたが、1937年には、それも限界となり、楠葉（現枚方市）で取水する計画が立てられた。この計画は、戦中、戦後の曲折を経て、楠葉より下流の庭窪（現守口市）で取水するものへと変更され、戦後の1960年に完成した。しかし、1937年の計画の時には、下流の農業用水との調整が必要となり、これ以降、淀川の水利権が大阪の水道の拡張にとって問題となってくる。戦後、さらに増大していった需要に対し、既存の水源地の拡張とともに、楠葉で取水し、豊野（寝屋川市）で浄水する施設も設けた（1969年完成）。これらの拡張については、淀川の水利権はいわばすでに配分し尽くされており、琵琶湖を貯水池とみなして利水しようとする淀川第一期河水統制事業（1943年-52年）及び琵琶湖開発事業（1972-91年）、さらに淀川の上流河川におけるダム建設によって、それぞれ新規水利権を生みだし、負担に応じてその一部を獲得したものである。大阪市の現在の水利権は、30.976m^3／秒であるが、そのうち、1937年以前からのものは10.6m^{3}であり、それ以降のものは、事業負担に基づく新規水利権である[15]。

さて、水源を求める活動は、水道事業の一部であるが、それ自体操作的な目的をもつ。一般的には、将来の人口予測、一人当たりの需要量の予測などにより、計画給水量を定め、それを満たす水源を求めていくのである。従って、地勢的、社会的な制約条件を受けるものの、目的に対して適切な手段としての水源を追求するという「合理的」な過程が基調となる。これは、最適な水源地が得られるとか、何ら価値的な判断が入らないといったことを意味しているのではなく、目的に対して適切な手段を求めていくという過程が基調であることを主張しているのである。

　ところが、農業用水との競合が起こり、それとの間で紛争、対立、交渉が生ずると、それらは、適切な水源を求めることを基調とした過程とはいえない。水道事業の目的とは異なる利害、価値、目的との競合、対立である。これは、水道事業が一つの施策であり、その外に、他の価値とか、他の施策が存在し、それに対して顕著な影響を与えることから起こるといえる。この場合、農家の生活、農業生産力、あるいはそれらに関わる農業政策に顕著な影響を与えることになったのである。そうすると、一つの施策である水道事業は、その目的に照らして適切な手段を選択するということだけでは、自らに関わる決定をすることができなくなるのである。

　水道事業の内部を見てみよう。水源確保の活動は、浄水施設などの設置とか財務とは、別の部局で行われる[16]。そこでは、それ自体の目的（計画水量を満たす水源の確保）を目指した活動が行われよう。しかし、水源確保は、水質の問題とか財務の問題と無関係ではない。水源の水質によっては水道原水として望ましくなかったり、あるいは浄水方法に影響を与えるし、水源確保に要する費用の多寡は財務に影響を及ぼし、料金水準に波及する。従って、水質に関わる事項とか財務に関わる事項と、併せて同時に水源問題について決定するのが「合理的」かもしれない。しかし、そのような包括的な「合理性」に沿ってすべての決定を一時に行うことはなされない。水源確保は、水質とか財務の視点からの基準に沿ったりしながら、やや自立的に検討が進められ、他の事項とは別に水源問題として決定されるのである。東京と大阪の水源についてみてみたが、料金などと一括して決定されてはいないのである。

4. 水質と浄水

　近代水道は、濾過などにより浄水し、きれいな水を供給する。それによって、水系伝染病を防止し、公衆衛生の向上に貢献した。今日では、水道法及びそれをうけた厚生労働省令によって、水道水がもつべき水質基準が定められ、それを達成するため、原水の水質などに応じて浄水処理が行われている。
　浄水方法としては、現在、急速濾過法が一般的で、年間浄水量の 74.5 % を占め、緩速濾過法は 4.6 % である（ほかに、消毒のみが、20.9 %）[17]。しかし、明治の創設期に導入されたのは、緩速濾過法であり、急速濾過法が一般化したのは戦後のことである[18]。緩速濾過法は、普通沈澱を経て、4-5m／日で砂濾過するもので、砂面上に形成される微生物の繁殖する濾過膜により、生物化学的に浄化するのである。イギリスで 19 世紀前半に開発され、イギリス人技術者を通じるなどして、明治の日本に導入された。これに対して、急速濾過法は、原水に薬品を投入して、汚濁物質を凝集させ、そのようにしてできたフロック（固まり）のある水を 120-150m／日の速度で濾過する。日本では、明治末の 1912 年に創設された京都水道で設けられたのが最初である。汚濁物質をフロック化して除去するものであり、物理化学的作用を基本として浄化するのである。アメリカで 19 世紀後半に開発されたものだが、細菌除去などの面で緩速濾過に及ばないところがあり、塩素殺菌と併用して普及した。
　戦後の日本で、急速濾過法が一般化したのは次のような要因によっている。第一は、水質の悪化である。緩速濾過法は、ある程度以上原水の水質が悪化すると、濾過膜が機能しなくなるのである。従って、水質の悪い水には使えない。第二は、水の需要量の増大である。濾過の速度からわかるように、同じ水量を浄化するのに、両者では、かなりの時間の違いがある。従って、一日当たり同じ水量を浄水するためには、緩速濾過の場合、急速濾過に比べて、濾過池のためにかなり広い用地を必要とする。第三は、塩素消毒の導入である。創設期の水道は緩速濾過法であり、消毒の必要はあまり感じられず、一般に濾過した水がそのまま供給されていた。その後、塩素消毒が見られるようになったが、戦前においては、時宜に応じてなされ、常時行うのではなかった。塩素消毒が一般化したのは、戦後、連合国軍が塩素消毒の強化を指

示したことに始まり、消毒が義務づけられる（水道法第 22 条）ようになって、今日に至っている。そして、塩素消毒がなされれば、細菌除去などで不十分さのある急速濾過法でも細菌などに対処できるので、急速濾過法が一般化していくことになった[19]。

　これらのうち、第一及び第二の要因は、大都市の場合に重要であり、大阪では、次のようにして、急速濾過法へと変わっていった。大阪では、1930 年に完成した第四回拡張事業で、初めて、柴島水源地に急速濾過設備が設けられた。それは、従来の緩速濾過法であると約 6.6 万 m^2 の敷地が必要で当時の水源地内で得られないのに対し、急速濾過法では約 1.3 万 m^2 で済むからであったという[20]。その後、緩速濾過と急速濾過が併用されていたが、74 年にすべてを急速濾過とした。それは、淀川の水質の悪化に対して、緩速濾過を維持するために様々に対処し、検討を続けていたが、ついに緩速濾過の維持は困難であると判断されたからであった[21]。

　1970 年代以降、水道水は新しい問題を指摘されることになった。トリハロメタンの生成である[22]。トリハロメタンとは、メタン（CH_4）の水素原子のうちの 3 個が、塩素などのハロゲン原子で置換されたもので、トリクロロメタン（クロロホルム、$CHCl_3$）などがある。1972 年に、これが、オランダの水道から検出されたことに始まり、クロロホルムに発ガン性のあることなどから、規制されるようになった（日本では、1981 年に総トリハロメタンの制御目標値を決め、1992 年には厚生省令［現在、厚生労働省令］で基準値が定められた）のであるが、問題は、これが塩素消毒の過程で生成されることである。すなわち、自然あるいは汚染物に由来する原水中のフミン質などが、塩素処理の過程で反応して、トリハロメタンが生成されるのである。これに関して、塩素以外の消毒剤を用いる、原水の水質保全を強めるといった方向の対策も検討されてきているが、いずれも困難があったりして、今日では、浄水処理によって対処する方向を中心に対策が進められている。浄水過程に、さらに、オゾン処理とか活性炭処理を加えることにより、トリハロメタンの低減を図るのである。これは高度浄水処理と呼ばれ、かび臭などの臭気の除去も目的としているが、設備設置に資金が必要となるなど、水道水のコストを押し上げるものである[23]。

　きれいな水を供給するため、原水の悪化に対して、水道事業が浄水過程を変えるなどして対処してきたところを見てきたが、水源の水質の保全に関心

第 5 章　大都市の水道　115

がもたれてきたことはいうまでもない。水質汚濁には種々のものがあるが、それらに対し、明治の頃から、水道事業者あるいはその連合体である上水協議会は、水質汚濁の防止あるいはそのための法制度を求めてきた[24]。戦後においても同様であったが、1958年には、「公共用水域の水質の保全に関する法律」及び「工場排水等の規制に関する法律」の二つの法律が制定された。その後、公害対策基本法（1967年、さらに環境基本法［1993年］）、水質汚濁防止法（1970年）が制定され、これらによって、水質の保全が図られてきている。しかし、これらは、水道の水源の水質を保全するにとどまらず、より広い範囲を対象として水質の保全を図るものであり、水道事業の一部とされたのではない。そして、水道事業からいえば、水質の悪化が事業に大きな影響を与えるものの、それらは事業の外部であり、外部の他の施策に対して水質の保全を要請あるいは要望するというのが一般的な関係であった。

1994年には、「水道原水水質保全事業の実施の促進に関する法律」及び「特定水道利水障害の防止のための水道水源水域の水質の保全に関する特別措置法」が制定されたが、前者は水道事業者の要請によって水質保全の事業が促進されるよう制度化したものである。また、後者はトリハロメタンの生成を防止するための水質保全対策を講じることができるようにするものである。これらにおいても、水道事業が水質の悪化から影響を受けていること、それについて水道事業は他に要請する関係にあることが確認できよう。

さて、水道事業は浄水を行って、きれいな水を供給している。水質の保持の活動は、水質基準という操作的な目的をもつ。水質基準を達成しているかどうか、検査によって明らかにすることができるのである。その基準を達成するために、浄水施設の建設及びその運営の活動があり、そこでは、原水に応じて、目的（水質基準）に対して適切な手段（浄水）を講じるという「合理的」な過程が基調となるといえよう。

しかし、水道水源の水質の悪化は、手段（浄水）の選択の幅を狭め、さらには目的（水質基準）の達成を困難にする。そこで、水源水質の保全が求められるのであるが、そこでは、水道事業の目的に照らして適切な手段を選択するというのではなく、外部に要請し交渉するという関係であった。これは、水道事業が、一つの施策であり、水質保全が水道事業だけに関わるのでない広い対象をもつことから、別の施策として体系化されていったことによる。つまり、水道事業という施策に、他の施策（水質保全）が影響を与えるとい

う関係になり、水道事業とその施策の間での交渉といった過程によって、水道事業の目的に関わる決定がなされることになるのである。

　水道事業の内部では、水質問題に関わる諸活動は、水源確保とか財務とは区別されて体系化されている。職員も、衛生工学専門など、技術系の職員が中心となる。しかし、水源確保とか財務と無関係ではない。水源の水質は良質な方が、浄水も容易であり、水源選定に当たって水源の水質は重要であるし、考慮されてもいる。また、緩速濾過法、急速濾過法、高度浄水処理は、それぞれ、建設費も違えば、運営経費も異なる。緩速濾過法は、広い用地が必要であるし、急速濾過法は薬品が必要である。高度浄水処理は設備にも、その後の運営にも追加的な費用が必要である。従って、水質保持の活動は、水源確保の活動から影響を受け、財務に影響を及ぼすが、それらと一体となって一括した決定がなされているのではなく、やや独立して、活動が体系化され、遂行されているのである。

5. 財務と料金

　今日の水道事業は、一定規模以上のものは、1952年に制定された地方公営企業法の下で、企業会計により、独立採算制を原則として運営されている。そして、水道料金はその原価を基に定められる。そこで、事業体が置かれている地勢的、歴史的な事情の違いなどにより、水道料金には、かなりの相違が見られる。家庭用20m^3当たりで、最低の690円（河口湖南水道企業団）から最高の5,760円（夕張市）までの幅がある。人口100万人以上の大都市は、1,565円（大阪市）から2,997円（札幌市）までであるが、規模別の分布の中では安い位置にある（1995年現在）[25]。

　しかし、大都市の水道料金あるいは原価が、他と比べて低いのではなく、事実は逆に高いのである。給水収益（収入）を有収水量で割った1m^3あたりの供給単価は全体平均では156.26円だが、100万人以上では171.73円で、規模別区分の中でもっとも高い。それに相応する給水原価（有収水量1m^3当たりの費用）も全体平均の173.36円に対し、100万人以上では191.10円である（1994年度）。このようであるのに家庭用料金が低いのは、大都市の場合、使用量が多いほど高料金とする逓増料金制（水源開発の費用の上昇から、需要を抑えることなどのために設けられてきた）により、家庭用の少量の料金を

低く押さえているからである[26]。

　水道事業に対する国庫補助金は、1995年度で、約1,556億円であるが、それらは、水道水源開発施設とか、高度浄水施設とか、水道事業の特定部分に補助するものとして、1967年度以降順次設けられてきたものである。水道事業一般に対する補助金は、明治の創設期に三府五港を対象としたものに始まり、1956年度まで存続したが、その後は起債の増加を図ることとして、補助金は簡易水道などに重点を移し、打ち切られたのである。戦前期で、もっとも多額であったのは、1921年で、約218万円であった[27]。

　水道事業は、取水施設、浄水施設、配水管など、施設、設備の建設に多額の資金を必要とするので、公債あるいは企業債の発行などにより資金を調達し、それを料金収入で償還していく。料金収入によって、維持運営費と元利償還をまかなえるときは、自立的に経営されるが、補助金とか一般会計からの繰り入れがなされることもある。

　明治の創設期は、水道給水への申し込みが少ないといったことなどから、国庫補助金とか一般財源からの繰り入れなどによって、収支の均衡が図られた。その後、需要も高まり、また料金制度が放任制（使用量に関わりなく一定の料金とするもの）を基調としたものから計量制（大正期に一般化する）へと移行し、財務状態も好転していった。大阪市の場合で見ると、1910年代半ばには、かなりの剰余金を出すようになり、それらを下水道事業とか一般財政に提供するようになっていったのである[28]。戦後は、戦災のため財務も悪化し、一般財政からの繰り入れがなされたりもしたが、復興に伴い、多くの事業体で利益を出すようになる。その後、とくにオイル・ショック（1973年）の後、需要の減退などによる財務の悪化が見られた。需要の推移では、その頃以降、工業用の需要が内部回収利用の増大などにより減退したりして、大都市での需要は増加が緩和したり、減少したりしている[29]。

　さて、独立採算を基本とすると、需要の減少、維持運営費の増大、債務の元利償還の増大が、財務悪化の重要な要因である。これらのうち、ここでは、とくに、債務の元利償還の増大を取り上げておきたい。すでに見てきたように、大都市では、遠隔の地から水を取得するとか、水質悪化に対処するため高度浄水処理が必要になるなどしているのであるが、それらは、より多くの投資資金を必要とし、債務の元利償還を増大させると考えられるのである。

　大阪市の場合を取り上げて、モデル的な計算をしてみたい。大阪市で、戦

前に行われた、既存の柴島水源地の拡大による拡張事業（第五回拡張事業、1933年-40年）と、戦後、楠葉からの取水を含めた拡張を行った事業（第八回拡張事業、1962-9年）を比較したい。いずれも、その前後の事業の中で、規模の大きい拡張事業である。それぞれ、事業費を年利6％、30年年賦償還として、増大する供給水量の1m³当たりの償還額を算出する。それをそれぞれ、完成時の水道料金、供給単価及び、維持運営費と対比したい。結果は次の通りである[30]。

第五回拡張事業（五拡）
事業費 1,959万円　増加水量　28.5万m³
　　償還額　　1.4銭／m³
　料金（家事用専用栓）6.5銭／m³
　供給単価　　6.7銭／m³
　維持運営費　3.1銭／m³

第八回拡張事業（八拡）
事業費　420億円　増加水量　72万m³
　　償還額　　11.6円／m³
　料金（1969年9月改訂、家庭用20m³について）16.5円／m³
　供給単価　　25.0円／m³
　維持運営費　13.3円／m³

　ここからわかることは、五拡の場合は、償還額と維持運営費を加えた額が4.5銭であり、当時の料金あるいは供給単価を維持し得るような償還額であった。それに対し、八拡の場合は、償還額と維持運営費を加えると（24.9円）、料金（16.5円）を上回り、供給単価（収入を有収水量で割った額）（25.0円）とほぼ同じである。漏水などもあり、増加水量全量から料金を回収できないことを考えれば、増加水量部分のコストは当時の供給単価を上回り、即座に料金を引き上げなければならない償還額となっているのである。遠隔の地での取水が、送水管の布設などの投資を必要とし、料金を押し上げるものとなることを強く示唆しているといえよう。
　さらに、ダム建設などによる水資源開発で水を得るならば、これにさらに費用がかかることになる。今日から見れば、比較的低い負担であるが、大阪

市の場合で、さきの八拡完了の1969年に丁度完成した高山ダム（木津川上流）の場合をあげておこう。当時の料金などとの関係も示せるからである。同ダムは水資源開発公団によって建設され、大阪市は、26億2,100万円（国庫補助額を含む）を負担し、2.249m³／秒の水利権を獲得した[31]。これを、やはりモデル的に6％、30年年賦償還で1m³当たりの償還額を計算すると、2.7円となる。これだけ、さらに水道料金は押し上げられることになる。

　さて、財務は、水道事業を運営する上で必要な内部管理的な業務である。独立採算制の維持と「低廉」な料金を目的とすると、操作性は高いようであるが、「低廉」について基準が得られるかに問題がある。しかし、実績とか独立採算が維持されているかどうかの程度は観察によって測定することが容易である。そこで、独立採算制の維持について合意があり、料金水準に目的とすべき基準がある程度見いだせる状況では、それに対して適切な手段を選択する過程が基調となろう。具体的には、収支を均衡させるような料金の引き上げなどが行われよう。しかし、料金水準あるいは独立採算制について、合意が乏しい状況では、それらについての異なる意見、利害の間での交渉などが見られることになる。料金の引き上げ、管理運営の合理化、補助金とか一般財政の導入の必要性などをめぐって、議論がなされるのである。

　国の補助金を求めるとか、市町村の一般財政の負担を求める場合は、財政資金を求める他の施策と競合関係に立つ。これは資源配分をめぐる競合であり、一般に、すべての施策に共通して見られる、その外部と関わる関係である。そして、各施策にとって、その目的に対する適切な手段の選択によってではなく、他の施策と競合し、財政当局と交渉することによって決定がなされるものである。水道事業のような、独立採算制を基本とする施策では、独立採算を維持している限りは生じないが、そうでなくなると現れる、外部との関係である。

　水道事業の内部では、すでに見てきたように、水源確保も、水質保持も、財務に影響を与える。遠隔の地での水源確保とかそこからの導水は費用を増加させるし、浄水方法の変化は費用に影響を与える。これらのため、財務の悪化が引き起こされ、料金の引き上げが検討されたりする。しかし、料金の設定と水源確保及び浄水方法などが一括して決定されるのではない。料金の引き上げは、水源開発などの決定とは別の機会に、財務状況を基準に検討されるのである。

6. 単一施策と事務プログラム

　政府は、社会における諸問題に対して、一括して対処策を作成し、体系化しているのではない。そうではなく、問題に応じてそれぞれに目的を設定し、各々に手段を体系化する[32]。従って、目的一手段の体系が複数設定されていく。手段の適切さを判断するには、目的は操作性が高いのが望ましいが、より広範な手段を包摂するに従い、つまりより高次の目的になるに従い、操作性は低くなる。その結果、2で整理した、政策と施策が区別でき、施策は複数存在する。

　施策が複数になるのは、人間が価値を一元化せず、別個に抽出する価値が多様であることに対応しているが、目的に対して、それぞれ異なる手段が見いだされることにも由来する。つまり、Aという目的に対しては、Xが有効であるが、Bという目的に対してはXではなくYという手段が有効であるとなると、A-Xという施策のほかに、B-Yという施策がつくられるのである。

　社会的に広く受け入れられている操作性の高い目的をもった単一施策では、その目的に対して適切な手段を選択するという過程で諸決定がなされる傾向をもつと推論できる。ただし、一般的な自然的、社会的制約と資源の有限性の制約を受ける。自然的制約とは、自然法則による制約であり、社会的制約とは、人間行動についての法則性と、広く受け入れられている人権、倫理、慣習などである。これら及び資源の有限性を条件として、目的を達成するのに適切な手段を追求する「合理的」な過程が基調となると考えられるのである。手段の適切さが観察によって判断できるので、「合理的」に行うことへの動機づけが強められるなど、それを促す諸要因が働きやすいからである。しかし、「合理性」が基調となるということであって、最適な手段が選択されるとか、感情など非合理的な要因が見られなくなるということではない。最適な手段を見出すような「完全合理性」を前提することはできない[33]し、施策をめぐる諸決定には様々の利害などがあり、非合理的要素が入る可能性がある。

　しかし、単一施策の諸決定が合理的過程を基調にするためには、各施策相互が比較的独立している必要がある[34]。A-Xの施策とB-Yの施策の場合、

XがBに顕著な影響を与えず、YがAに顕著な影響を与えないことが必要であり、そうでなく、たとえば、XがBに顕著な影響を与えると、Xをめぐる決定は、Aに対して適切かどうかだけで行うことができず、ひいては、AとBの比較とか重みづけあるいは統合化が必要になる。施策が複数化する1つの要因は、AとBの比較が困難なことであり、そのような両者の比較をして適切な手段を選択するのは、格段に複雑な過程となる。そして、実際には、Aの関係者とBの関係者との間での交渉といった過程が見られることになる。社会的に広く受け入れられた操作的な目的をもった施策でも、その目的を達成するための適切な手段を追求するだけでは決定ができず、他の施策との間での調整、交渉が必要になり、場合によっては、紛争、対立へと至るのである。そして、施策相互間の影響について、何らかの標準化などがなされると、各施策にとって、それらをやや安定的な制約条件として、目的に対して合理的に手段を選択するという過程に立ち戻ることができる。

　従って、各施策の構成に当たっては、相互に独立的である方が、合理性を基調としていく可能性が高くなるが、実際には、各施策は相互に様々に影響を与えることがあり、また、資源の配分をめぐっては、必ず競合し、相互に関係をもつことになる。政府における予算の配分は資源配分をめぐって各施策が競合していることを示している。そこでは、各施策間の比較などがなされることになるが、実際には、財政当局と各施策関係者との間の交渉が中心である。このように、各施策を完全に独立的に構成することは不可能であるが、他方、政府は諸問題に一括して合理的に対処することはできないのであり、相互に独立性の高い複数の施策を構成する（準分割性）ことによって、求める諸目的の達成が可能になっているのである。

　さて、水道事業は市町村による単一施策である。そこでは、その目的を達成するため、他の施策とはかなり独立的に諸決定がなされてきた。しかし、他の施策と顕著な影響関係をもつ場合には、そのようではなかった。農業用水との関係、水質保全との関係がそうであった。また、創設時には、資金の調達が問題であったが、資源配分をめぐって他の施策などと競合関係に立つことからの困難といってよいだろう。その後は、独立採算が維持されている限り、農業用水とか水質保全のように顕著な影響関係がある場合を除けば、他の施策と関わりなく、目的達成のために適切な手段を選択するという過程を基調とすることができた。

しかし、目的を包括的ににとらえて諸決定がなされたのではなく、水源問題、水質問題、財務問題のように、要素に分けて対処されていった。次に、その点について、一般的に考察してみよう。
　施策は目的を目指した諸活動の体系であり、多数の個別的な活動のプログラムから構成される。体系の大きさなどに応じ、個別的な活動のプログラムと施策目的の間に何層かの階層がつくられ、階統制的な構成となる。施策目的から見ると、目的が要素に分けられるなどして、下位目的が設定される。
　施策目的の下の諸活動の体系を事務プログラムと呼ぶと、事務プログラムの目的は一般に、それ自体としては社会的な意味をもたない。複数の事務プログラムをあわせて、施策が構成され、それによって、社会的に意味のある目的が達成されるのである。事務プログラムの目的は操作性が高い。施策自体の目的が操作性が高いのであり、その下位目的である事務プログラムの目的は、一般的に、それと同様あるいはそれ以上に操作性が高いと考えられよう。
　事務プログラムにおける諸決定は、その目的に照らして適切な手段を選択しようとしてなされると推論できる。この場合も、合理的過程が基調となるには、他の事務プログラムから独立してプログラムが体系化されることが必要である。しかし、各事務プログラムは、操作的目的をもった１つの施策を構成していて、少なくとも、施策目的への貢献の点で相互に関係を持つ。それだけでなく、相互に影響を与える関係であったりする。
　事務プログラムが見出されるのは、施策目的を一括してとらえて、すべての決定を統一的に行うのでなく、対象を分割して対処するからである。そこで、各事務プログラムはそれぞれの目的を追求するが、各事務プログラムは、施策目的の下にあるので、各事務プログラムの目的を追求しつつ、より上位の施策目的により、相互に緩やかに調整される（準分割性）。それは、各事務プログラム担当部局間の調整であったりするが、対立、交渉になることもある。ただ、施策間の場合と違うのは、共通の目的として、操作的な施策目的が存在することである。
　水道事業において、水源、水質、財務のそれぞれについて体系だった諸活動があり、それらは各々事務プログラムである。この３つの事務プログラムの間には、相互に影響を及ぼす関係があった。水源の水質は浄水処理に影響を及ぼし、水源確保の費用は財務に影響を及ぼす。浄水方法は財務に影響を

及ぼす。3者は水道事業の下にあるので、その施策目的の下での調整が必要であり、影響をあらかじめ調整することになる。すなわち、水源確保に当たっては、その水質を考慮し、将来の債務負担を考慮する。浄水方法の変化に当たっては財務への影響を考慮する。しかし、3者を同時に一括して決定するのではないし、他の事務プログラム目的への考慮はある程度の緩やかなものであるのが通例となる。たとえば、水源開発の費用は、債務を増し、将来の財務に影響を与え、料金にも波及することが考えられる。従って、財務の観点からの考慮は払われるが、基本的には水源開発は、水源確保の視点からやや独立に検討される。財務としては、さしあたり企業債によって資金が賄われるのであり、将来の財務状況は他の要因も加わって定まるので、水源開発の決定の時点では、一定の資金的基準を示すなど、緩やかに、それに影響を与えるということになろう。そして、財務の悪化によって料金の引き上げが行われるとしても、それは別の機会においてであり、財務状況を基礎にそれは判断されるのである[35]。もっとも、三者はそれぞれの目的をもつので、施策目的の下での緩やかな調整が働かず、相互の対立、交渉に発展することも考えられる。

7. おわりに

大都市の水道は、需要の増大により、また河川の水質の悪化により、遠隔の地に水を求めてきた。そして、水質の悪化は、浄水処理の改良を促し、近年では、臭味対策もあって、高度浄水処理が導入されてきている。これらは、いずれもより多額の投資を必要とし、水道事業の独立採算制を維持するならば、料金の引き上げに波及せざるを得ない。実際、大都市の水道料金は他と比べて高いのである。家庭用 $20m^3$ の料金で見るならば、低額であるが、それは、逓増料金制によって低く押さえることが可能だからである。全体としての原価も、料金も、大都市は他より高いのである。これは、かつてからそうだというのではない。1963 年（昭和 38 年）において、有収水量 $1m^3$ 当たりの総原価及び販売価格は、大都市（当時の七大都市）が規模別で最も低いのである。すなわち、総原価は、全国平均が 23.61 円に対し、大都市は 22.67 円で規模別で最低、販売価格（供給単価）は全国平均で 22.83 円に対し、大都市は 20.93 円で規模別で最低である[36]。当時は、歴史的な先行性とか、規

模の有利さとかが働いていたのではないかと思われる。それが、30年ほどの間に、最低から、最高へと位置が変化したのである。今後、工業用の需要の減退などから、逓増制の緩和が進むと、家庭用料金も高くなることが考えられよう。

　このように、大都市の水道は、今後にかけて問題をもっているといえよう。そして、これらの問題に対処する諸決定について考察してきたのであるが、次のような示唆が得られるのではないだろうか。

　すなわち、水道事業は単一施策の性格を維持してきたが、それは、その操作性の高い目的（「清浄、豊富、低廉」な水の供給、あるいはそれによる公衆衛生の向上など）を達成する手段を合理的過程によって見出すことができる条件が、おおよそ与えられてきたからといえよう。しかし、需要の増大、水質の悪化は、その条件を、少なくとも厳しいものへと変えてきている。それに対して、さらなる合理性の追求で対処するならば、水源、水質、財務などの事務プログラム間の調整をより厳しく行い、つまり、三者さらには他の面も加えて、全体を一体的にとらえて、できるだけ最適な選択をしていくことになろう。しかし、これには限界があるし、さらに条件が悪化し続けるならば、目的の達成は困難を増していくだろう。

　今一つの方向は、条件を変えていく方向である。つまり、需要の増大、水質の悪化が条件を厳しくしてきているのであるから、これらを改善することである。しかし、これらは、水道事業の外部のことであり、他の施策の関わるところである。ただ、これらが変化しないならば、水道事業の今日の目的である「清浄、豊富、低廉」な水の供給は困難になり、雑水道の導入など、水道事業の目的の再定義へと向かうことも考えられよう。

注

1) 厚生省監修『水道統計要覧（平成六年度）』4頁（日本水道協会、1996年）。
2) 日本水道協会『日本水道史』（総論）136-7頁（日本水道協会、1967年）。
3) 同上書、158-9頁、169頁。
4) 同上書、243-4頁。
5) 同条例制定に当たっては、内務省と法制局の間で折衝があり、内務省（衛生

局）案は市町村公営を原則とするものの、私営を認めるものであったが、法制局が市町村公営に限る案を提出し、それが最終的に採択された。後の1911年、13年の改正で私営が認められるようになり、東京の玉川水道株式会社（1918年創立、35年東京市に買収統合）など会社経営の水道も設けられた。同上書、351-68頁。

6) 大阪市水道局編『大阪市水道八十年史』57-9頁（大阪市水道局、1982年）。
7) 「単一」の用語は、March=Simon の unitary organization から示唆を受けている。March and Simon, 1958, p. 195.
8) 『日本水道史』前掲、10-14頁。
9) 「近代水道百年の歩み」編集委員会『近代水道百年の歩み』196頁（日本水道新聞社、1987年）。
10) 『水道統計要覧』前掲、21頁。
11) 『近代水道百年の歩み』前掲、219頁。
12) これについては、華山謙「多摩川の水利」新沢嘉芽統『水利の開発と調整——その地域的研究』（時潮社、1980年）が詳しく研究している。簡潔には、華山謙・布施徹志共著『都市と水資源』83-92頁（鹿島出版会、1977年）。
13) これについては、華山謙・布施徹志、前掲書、93-106頁、直江重彦「首都圏の水資源開発に関する政策決定過程」蠟山政道・一瀬智司編『首都圏の水資源開発』（東京大学出版会、1968年）を参照。
14) 『大阪市水道八十年史』前掲、101-6頁。
15) 大阪市の水利権の経緯について、要約的には、大阪市水道局編『水道局事業年報（平成5年度）』67-71頁（大阪市水道局、1995年）。
16) 最近においても水源開発が続けられてきている福岡市水道局の場合では、総務部、建設部、給水部、開発部の4部があり、開発部が水源開発を担当している。そのほか、市長部局の総務局に水資源対策担当部長がおかれて雨水利用、下水再利用などの検討をしている。福岡市水道局からのヒアリング（1995年9月4日）などによる。
17) 『水道統計要覧』前掲、22頁。
18) 緩速濾過法及び急速濾過法については、佐藤敦久『衛生工学』79-96頁（朝倉書店、1977年）、丹保憲仁編著『水道とトリハロメタン』31-5頁（技報堂出版、1983年）、井前勝人『暮らしと水の技術』95-101頁（山海堂、1993年）など。
19) 『日本水道史』前掲、610-1頁、617-20頁。
20) 『大阪市水道八十年史』前掲、115頁。
21) 同上書、325-30頁、梶野勝司「大阪市における浄水処理技術の100年と展望」『都市問題研究』第47巻第5号（1995年5月）。

22) トリハロメタン問題の経緯などについては、丹保憲人編著、前掲書、第1章、日本水道協会『トリハロメタンに関する対策について』(日本水道協会、1981年)。
23) 厚生省監修『高度浄水施設導入ガイドライン』(日本水道協会、1988年) 参照。
24) 『日本水道史』前掲、253-6頁。
25) 厚生省監修『水道便覧(平成八年版)』83頁(日本水道協会、1996年)、『水道統計要覧』前掲、32頁、水道産業新聞社『水道年鑑(1995年版)』65頁(水道産業新聞社、1994年)。
26) 『水道年鑑』前掲、64頁。
27) 『日本水道史』前掲、549-53頁。
28) 『大阪市水道八十年史』前掲、732-5頁。たとえば、1921年では、料金収入が約254万円で、うち約28万円を下水道と一般財政に移している。
29) 『水道便覧』前掲、48-9頁参照。
30) 用いたデータは、次の資料による。『大阪市水道八十年史』前掲、46頁、699頁、701頁、741頁、752頁、801頁、『水道局事業年報』前掲、154頁。なお、維持運営費は、1940年については、上水道費をそれにあて、1969年については、浄水送水費、配水費、給水費、業務費、総係費の合計とした。
31) 『大阪市水道八十年史』前掲、523頁。
32) H・A・サイモンの限界のある合理性(bounded rationality)に基づいている。対象を分割して対処するという点については、March and Simon,1958, p.190 など。
33) 完全合理性に対する批判については、サイモンを参照。Simon, 1947b [Simon, 1976a], chap. 5 など。
34) March and Simon, 1958, p. 191 から示唆を受けている。
35) 水源確保に追われてきた福岡市では、開発部開発課が具体的な水源開発を立案していく。それに対して、料金改定の判断を担当する総務部経理課は、料金への波及があるので関心がないわけではないが、個別の計画について、将来の料金への波及を検討することはなく、4年の財政収支の中で、それらの個別の計画の財政への影響を考えるという。福岡市水道局からのヒアリング(前掲)。また、水源と水質の関係だが、琵琶湖開発事業への負担によって水利権を得た大阪市水道局の場合、琵琶湖の水質関連事業への関心がなかったということはないが、当時、水利権の確保が中心的関心であったという。水質については、一定の基準をもつとか、よりよい水質が望ましいという関心はもっても、水源確保の事務プログラムにおいては、水質が中心の関心にはならないのである。大阪市水道局からのヒアリング(1995年8月25日)。な

お、福岡市水道局でも、大阪市水道局でも、水道局内の幹部会議あるいは検討会議（福岡市では部長会、大阪市では経営企画委員会—課長がメンバー）があり、さらに重要事項については、市長、助役に話されたり、市の政策会議（福岡市の場合。市長、三役、総務局長、財政局長、関係局長より構成）で決められたりしている。これらの会議で緩やかな調整が働くと考えられる。

36)『日本水道史』前掲、545頁。

第6章

TDM と行政組織

1. はじめに

　20世紀の後半は世界的に見て、モータリゼーションの進展の時代であった。T型フォード以来自動車が大量生産され、その利便性、快適性から広く普及し、自動車用道路の建設の展開と相まって、自動車が陸上交通の中心となっていった。19世紀半ば以降交通の中心の座を占めていた鉄道はそれによって凌駕されていったのである。そのような中で、日本でもとくに1960年代以降、自動車の普及が顕著に進み、自動車保有台数が大きく伸びていった。道路についても、ガソリン税を特定財源とした一般道の整備、財政投融資を用いた高速道路の整備などが進められた。それにつれて、旅客、貨物の両面において、鉄道、海運に代わって、比重を増していった。日本では鉄道が、今日でも比較的重要性を保ち、大きな機能を果たしているが、その地位の低下に伴い、鉄道と自動車とを総合的に考えるという「総合交通」問題が1970年前後を中心に提起された[1]。
　自動車交通は、ドアからドアへという便宜性、それに伴う交通時間の短縮の可能性、個別的空間を確保するという快適性などが、鉄道より勝っており、鉄道に対する優位性を確立していった。しかし、自動車交通は交通事故、公害などの問題があり、また、交通基盤である道路整備への公的負担が、鉄道軌道に対するそれに比べて高いといったことがあって、交通手段（交通モード）間で合理的な分担が望ましいという主張がなされた。このような総合交通の視点の主張にもかかわらず、自動車交通の進展、鉄道の後退といった傾向は続き、それは交通モード間の競争の結果、つまり、人々が便宜さ、快適

さなどから交通手段を選択していった結果、と見られてきている。

　しかし、自動車交通の便利さとともに、あるいはそれ以上に自動車交通の問題も広く認められてきている。交通事故は毎年多くの死者と負傷者を出してきており、鉄道、海運、航空に比べその事故率は高い。また、騒音、振動、大気汚染といった公害は多くの人たちを苦しめたり、不快にしてきているし、地球環境問題の視点からも問題が大きい。鉄道、海運、航空といった他の交通手段が環境上問題がないのではないが、自動車交通の著しい進展は公害問題、環境問題の悪化を進めてきた。そして、大都市地域において顕著に見られるところであるが、道路交通の混雑がある。これは自動車交通の便利さを損なうだけでなく、路面電車、バスといった大量交通手段の機能を低下させ、さらには追い出していったりしたのである。また、混雑に伴う騒音、振動、大気汚染の深化により、都市の環境、とくに住居とか共同社会としての環境を悪化させた。

　これらの問題はいずれも深刻であり、施策が講じられてきたのはいうまでもない。交通事故に対しては、車道と歩道の分離とか道路標識、信号などの交通安全施設の整備などが行われてきたし、公害、環境問題については、自動車の排気ガス規制、遮音壁の設置などの施策がなされてきた。そして、交通混雑に対してはバイパスの建設とか信号機の運用による交通流の円滑化などが行われてきた。これらは例示的であり、自動車交通の諸問題に対しては細かいところも含めれば多様な施策が進められてきたのである。それらの諸施策によって問題の緩和とか改善が見られたりもしてきているが、自動車交通は、とくにその交通量が多くなるにつれ、問題を多く生みだしているのである。

　こういった中で、自動車交通の結果に対処していくのではなく、自動車交通の需要面を管理していくという考え方が提起されてきた。交通需要マネジメント（Transportation Demand Management、TDM）である。その内容は、パークアンドライド、大量交通機関利用の促進、時差出勤による交通量の時間的平準化、さらにはロードプライシングなど多様であるが、交通量の増加に対して需要面から接近し、自動車あるいは道路への過剰な需要を制御する施策を体系的に行おうというものである。この構想は、とくに都市部における交通問題に関して、注目すべきものである。自動車交通、とくに個人利用の乗用車は、空間利用、エネルギー消費、環境負荷のいずれにおいても、バ

ス、鉄道といった大量交通機関あるいは徒歩、自転車といった手段に比べ、一人あたりあるいは移動単位あたりで効率が悪いとか負荷が高い。そのほか、安全性とか、身障者・老人などにとっての利用の便宜などでも問題がある。しかも、これらの効率の悪さなどによる問題はすでにかなり深刻なのである。それに対して、TDM は移動の需要を認めつつ、また自動車利用の便利さを認めつつ、その需要を制御しようとするもので、都市交通の将来を考える上で注目すべき動きといえよう。

　しかし、TDM の施策は多様で、現在の行政組織体系の中で、建設省、運輸省（2001 年以降、両者は国土交通省に統合されている）、警察、都道府県・市町村の地方自治体と多くの組織にわたって行われる性格のものである。また、各施策の直接的効果は、全体の問題の大きさに比べて小さく、また測定も必ずしも容易でない。建築物を建設するとか、特定の産出物を提供する事業であるとか、特定の行為を規制する施策とかと比較して、施策の効果が十分明確でないのである。

　本稿では、このように施策の内容が注目されるとともに、施策の性格にも関心がもたれる TDM について、近畿地方（とくに大阪都市圏）での動向を見ることを通じて、多くの行政組織に関わる、効果の測りにくい施策の展開がどのようなものであるかを考察することにしたい。

　次節ではまず、TDM と呼ばれているものの内容と、各省庁などで行われているそれに関わる施策を見てみる。

2. TDM の諸施策 [2]

　TDM（交通需要マネジメント）は、欧米における交通政策を背景として、日本では 1990 年代に入って関心が高まり、1992 年 6 月の道路審議会建議「『ゆとり社会』のための道づくり」で、道路交通円滑化施策の体系の中に位置づけられた。すなわち、道路交通円滑化施策を 2 つに分け、一方の供給側の「交通容量の拡大」（道路建設など）に対して、新しく需要側の「交通需要マネジメント」をもう一方にあげ、それぞれ具体的施策を分類して体系づけたのである [3]。その後、建設省関係の「交通需要マネジメントに関する調査研究委員会」によって作成された『TDM ——わが国における交通需要マネジメント実施の手引き』（『手引き』と略す）が 1996 年に発行され、TDM 関

連施策が整理されたりしている。この『手引き』では、TDM は「都市または地域レベルの道路交通混雑の緩和を道路利用者の時間の変更、経路の変更、手段の変更、自動車の効率的利用、発生源の調整等の交通の「需要」を調整（＝交通行動の調整）することによって行う手法の体系です」[4]とされている。そこでは、交通混雑などの道路交通の現状に対して、道路建設など交通施設の整備とともに、道路利用者である需要側への働きかけが必要としている。交通量の増大に対して、道路を整備する施策は財政の逼迫、住民の反対などで困難になりつつあるとともに、それだけでは限界もあり、需要を抑制する必要があると考えられたのである。道路需要に対して基本的に道路建設で応じてきたそれまでの政策に対して、新しい視点が示されているといえよう。

　TDM の具体的な手法として、『手引き』では、日本及び諸外国で実施あるいは計画されている代表的なものとして次の16を列記している[5]。

(1) 相乗り（カープール、バンプール）又はシャトルバス
(2) パーク＆ライド、パーク＆バスライドなど
(3) 大量公共交通機関の利用促進
(4) 自転車利用・徒歩の奨励
(5) 歩行者・自転車ゾーン、トランジットモール等の設置
(6) 物資の共同集配
(7) ロジスティクスの効率化（物流について、物流拠点の整備などにより貨物車の配車時間及び交通量の削減を図るもの）
(8) フレックスタイム・時差通勤
(9) 勤務日数の調整（一日の労働時間を延長し、1週当たりの勤務日数を減らし、通勤交通などを減らすもの）
(10) 道路交通・駐車場情報の提供
(11) 適正な路上駐車
(12) 通信手段による代替（通信販売、遠隔地勤務、遠隔地会議）
(13) 交通負荷の小さい土地利用（職住接近、交通施設と大規模開発との均衡）
(14) 駐車マネジメント（相乗り優先駐車場の整備など、駐車方法の工夫により円滑な交通流の実現を図るもの）
(15) ロードプライシング（混雑地域や混雑時間帯の道路利用に対して課金す

るもの）
(16) 走行規制（混雑地域や混雑時間帯の道路利用あるいは特定の車利用に対して、走行を規制するもの）

　多くのものがあげられているが、交通手段の選択は基本的に私人によるものとの前提から、それを誘導、制御する施策をあげているといえよう。そして、人々の意識の変化に期待するもの（(4) など）から、施設、サービスの提供によって誘導しようとするもの（(5) など）、(15) のように経済的誘因を用いるもの、(16) のように直接的規制によるものなど多様な手段のものが混在している。また、従来から事実としてあるいは施策の結果として行われたことのあるものもあれば、日本で行われたことのないものもある。なお、このうち、(11) までが日本での適用が比較的容易であるとしている。
　これらの手法を施策として行うとすると、現行の行政組織及びその所掌事務を前提にすれば、多くの行政組織と関わることがうかがえる。たとえば国の省庁でいえば、道路管理に関わることは建設省、公共交通機関に関わることは運輸省、道路交通の規制に関わることは警察庁、物流についての企業活動に関わることは通産省（現在、経済産業省）、通信に関わることは郵政省（現在、総務省）、労働時間に関わることは労働省（現在、厚生労働省）などである。これらのうち、建設省、運輸省、警察庁が、今日までのところ、TDM関連施策にとくに関わってきている。すなわち、建設省では渋滞対策プログラム、運輸省ではバス活性化施策、警察庁ではUTMSが関連性が高いと考えられる。これらのTDM関連施策について見てみよう。

[1] 渋滞対策プログラム
　建設省では、渋滞対策の中などでTDM関連施策が行われている。渋滞対策は1988年度から、その推進計画を策定するなどして行われてきていたが、1993年度からの5カ年の計画である「新渋滞対策プログラム」では新たに交通需要マネジメントを盛り込むことになった。さらに1998年度からの5カ年については「第3次渋滞対策プログラム」となるが、これは各都道府県単位に設けられている渋滞対策協議会で策定されるのである[6]。
　これを大阪府の単位について見てみると、「大阪地区渋滞対策協議会」が、近畿地方建設局大阪国道工事事務所長を会長として、19名の委員によって組

織されている。委員の構成は、大阪府警（交通部）4名、大阪府（土木部）3名、大阪市（建設局、計画局）4名、日本道路公団1名、阪神高速道路公団2名、近畿地方建設局（大阪国道工事事務所、浪速国道工事事務所）4名、近畿運輸局（大阪陸運支局）1名である。道路管理者と警察に、運輸局が入った構成だが、運輸局は1997年から委員として加わったのである。委員はおおよそ課長クラスである（たとえば、大阪府警察本部交通部交通総務課長など）。また、事務局は大阪国道工事事務所工務課におかれている。この協議会は最近では、1997年から3回開催され、第3次渋滞対策プログラムをとりまとめた。同プログラムでは、大阪府下で165カ所の主要渋滞ポイントが確認され、そのうちの57カ所を渋滞解消目標数としてまとめたのである。

　渋滞対策では、1993年度からの「新渋滞対策プログラム」から、TDMを盛り込むことになっており、「第3次」に際しては運輸局も委員として加わり、建設省、運輸省、警察の3者の連携で行われることになった。しかし、大阪地区のプログラムは具体的には、道路の渋滞箇所について、バイパスを造るとか、交差点に右折車線をとるといった改良をするとか、橋を架け替えるといった、いわばハードな改良を行う箇所を計画しているのである。つまり、従来からの渋滞対策の延長上にあり、建設省、大阪府、大阪市、日本道路公団、阪神道路公団といった道路管理者が、警察などの意見を聴きながら渋滞解消の重点箇所を検討し、計画を定めているといった性格である。TDMの諸施策というより、従来からの渋滞対策施策が、少なくとも中心である。

[2] 総合渋滞対策支援モデル事業

　渋滞対策では、1994年には、「総合渋滞対策支援モデル事業」が創設されたが、これは建設省、運輸省、警察庁の3者の渋滞対策協議会（国レベル）による連携によって行われるものである。全国で札幌、秋田、宇都宮、長岡、金沢、浜松、豊田、高山、奈良、広島、徳島、北九州、長崎の13都市がモデル都市に指定された。このうち、奈良市を見てみると、この事業は5つの機関によって実施されている。すなわち、奈良市（都市計画部計画課など3課）のほか、奈良県（企画部文化観光課、土木部都市計画課など4課）、建設省（奈良国道工事事務所）、運輸省（奈良陸運支局輸送課）、奈良県警交通部（交通規制課）である。奈良市ではとくに観光時期に甚だしい交通渋滞が生じるのであるが、この事業の内容としては、

(1) パーク&バスライドの規模拡大
郊外駐車場を設け、そこからシャトルバスを運行して市中心部の交通量の軽減を図る。
(2) 駐車場案内システム
駐車場の案内システムを配置して、駐車場探し車両とか路上駐車の減少、駐車場利用の平準化等を図る。
(3) 違法駐車等の防止に関する条例
違法駐車の重点防止地域を定め啓発活動を実施するなど。
(4) 高度広域駐車誘導システム
高度な交通情報をリアルタイムに収集し、最適経路と空駐車場への誘導情報を提供するシステムの構築・整備を推進する。

これらを、(1) は奈良県、(2)、(3) は奈良市、(4) は奈良県警が実施するというものである。TDM関連施策が多くの行政組織にわたって行われる一例である。

[3] 都市交通円滑化プロジェクト

いま見てきた渋滞対策関連施策は、TDMの視点から位置づけられ、建設省、運輸省、警察庁の三者による施策であるが、従来から渋滞対策に関わっていた建設省に比重のかかった施策といえよう。それに対して、都市交通円滑化プロジェクトと呼ばれ、「公共交通機関利用促進調査」ともいわれているのは、運輸省の施策の中でTDMと関わるとされているものである[7]。1995年度に創設され、毎年3都市が対象となってきているが、1997年に堺市で行われた。そこでは、堺市における交通の現況とか課題を調査したり、市民に対する公共交通についてのアンケートを行ったりして、調査、検討を行い、「堺市都市交通円滑化推進計画」をまとめている。これ自体は調査と計画のとりまとめであるが、これを受けて、TDM関係の施策が進められたりするのである。

[4] バス活性化施策

運輸省の施策の中では、必ずしもTDM関連施策として位置づけられているのではないが、バス活性化施策が注目されるものである[8]。バスは大量公

共交通機関として役割が期待されながら、都市中心部では運行速度の低下から、非都市地域では乗用車に利便性で劣ることから、利用が減り、衰退の過程をたどっている。道路への需要を制御するに際して、乗用車に代わってバスの利用を増やすことは重要な方策と考えられるところである。そのような中で、運輸省は、警察庁、建設省とともに1992年からバス活性化連絡会を設置し、都道府県単位に設置するバス活性化委員会を通じて、バスの活性化施策を推進することにした。

　大阪府の単位では、「大阪府バス活性化委員会」が、近畿運輸局大阪陸運支局長を委員長として、11名の委員によって組織されている。委員の構成は、近畿運輸局（企画部、自動車部、大阪陸運支局）3名、近畿地方建設局（道路部）1名、大阪府（土木部）2名、大阪府警（交通部）1名、大阪市（計画調整局、建設局）2名、近畿交通運輸産業労働組合協議会1名、大阪バス協会1名である。委員はおおよそ部長クラス（近畿運輸局企画部長など）であるが、課長クラスからなる幹事会が設けられている。なお、事務局は業界団体である大阪バス協会におかれている。委員会は毎年1回程度開催されるが、そこでの実質的な議題は、バス活性化に関する運輸省の補助金を申請する事業の承認である。すなわち、「都市交通の安全・円滑化に資するバス利用促進等総合対策事業」として、2分の1から5分の1の補助率で種々の事業への補助が定められているが、各バス事業者などがそれに申請するのを承認する組織となっているのである。最近では、それだけでなくバスの活性化方策について検討する動きもあるが、TDMについての議論はあまりなされていない。しかし、補助事業として認められているバスロケーションシステムとかバスカードシステムなどは、バスの利用を便利にすることを通じて、自動車の需要に影響を与えるものといえる。

[5] UTMS（Universal Traffic Management Systems、新交通管理システム）

　すでに見たように、警察は渋滞対策の施策についても、バス活性化の施策についても関わっていた。自動車交通の施策の場合、道路交通の規制及び交通流の管理を行う警察は重要な主体なのである。その警察が進めている施策で、TDMとの関連から注目されるのはUTMSと呼んでいるものである。これは、ITS（Intelligent Transport Systems、高度道路交通システム）と呼ばれる、高度な情報通信技術を用いて道路利用、交通管理に活用するシステムの

1形態と位置づけられているが、それ自体が8つのサブシステムからなるものとして構想されている。すなわち、交通情報提供システム（ATIS）、公共車両優先システム（PTPS）、車両運行管理システム（MOCS）、動的経路誘導システム（DRGS）、交通公害低減システム（EPMS）、安全運転支援システム（DSSS）、緊急通報システム（HELP）、高度画像情報システム（IIIS）である。ITS自体が現在、いわば開発から実用化にかけての段階であり、今後の展開はまだ明らかではない。UTMSも同じような性格をもっているが、ここでは一部実用化が始まっているPTPSがさしあたり注目されるものの1つである。これは、光ビーコンによりバスとの間で双方向通信を行い、特定のバスについて交通信号を制御して運行を円滑化するもので、札幌市とか長野オリンピックなどですでに用いられている。

　UTMSはITSと位置づけられても、必ずしもTDM関連施策とはされていない[9]が、PTPSに見られるように、自動車利用の需要に影響を与える可能性の高い施策といえよう。

　以上、建設省、運輸省、警察庁のTDMと関わる施策を見てみた。この3省庁が連携して施策を行ったりしていて、この3者が国の省庁の中では、TDM関連施策に関わりが深いといってよいだろう。しかし、これらの施策はすべてがTDM関連施策と位置づけられているのでなく、それぞれ、渋滞対策、バスの利用促進、ITSといった従来からの施策あるいは特定の政策課題の中に位置づけられるものである。TDMは、最近に注目されるようになった政策概念であり、その具体的内容は多岐にわたる。そのため、従来からの施策を位置づけ直すような形で取り組まれ始めたといえるかもしれない。

　TDMが最近に関心をもたれ、内容がよく確立していないということは関係者の間でも意識されているようである。それらが人々の行動様式の変更を求める性格のものでもあり、現在は啓発的な段階であるとか、実験的施策の段階であると考えられているのである。次節で見るように「社会実験」として施策が行われているのはそれを示しているが、他方、自動車交通の問題性についてはすでに広く意識されており、種々の施策を行う素地は形成されていると見ることもできよう。都道府県とか市町村の自治体が内発的にあるいは国の施策に反応しつつ、TDM関連施策を行うところにそれを見ることができる。次節では、大阪都市圏を中心として、近畿地方でのTDM関連施策について見てみたい。

3. 近畿地方のTDM

　前節で見たように、奈良市ではとくに観光時期の交通渋滞への対策から、パーク&バスライドなどのTDM関連施策を行っている。TDMは、それぞれの地域で問題状況が異なっており、具体的な施策は自治体ごとに異なってくると考えられよう。建設省と警察庁は最近、自治体による計画を支援する施策を始めた。これについてまず見ることにし、次いで、「社会実験」として募集された施策とそれへの応募、その後、パーク&ライドなどすでに行われたり計画されている施策を見てみたい。

[1] 都市圏交通円滑化総合対策
　1998年12月に建設省と警察庁は「都市圏交通円滑化総合対策実施要項」を定めた。これは、原則として市町村を単位として、申請により、交通円滑化のための総合計画を作成した都市圏を指定するものである。そして、指定された市町村の作成した総合計画に定めた施策に対して積極的かつ重点的な支援措置を講ずるというのである。総合計画の内容としては、交通の現状、交通渋滞の要因分析とともに、「交通容量拡大策」、「交通需要マネジメント施策」、「マルチモーダル施策」（道路、鉄道など複数の交通機関の連携性を高めて、利便性を向上させる施策）などからなる交通円滑化施策を定めるとしている。従来からの渋滞対策に、TDM施策とマルチモーダル施策を加えることを明確にして、それらを推進することにしたのである。市町村が作成する総合計画ではTDM施策を積極的に展開することが期待されていて、「いわばTDM推進計画ともいえるものです」とされた[10]。市町村によるTDMの推進を促す施策といってよいだろう。

[2] 道路に関する「社会実験」施策
　建設省は、1999年度から、道路に関する施策について、「社会実験」を公募して行うことにし、1999年3月から募集をした。ここでの「社会実験」とは、「社会的に大きな影響を与える可能性が高い新しい施策の導入に先立ち、場所と期間を限定して施策を試行するとともに、試行結果の評価を行い、施策を本格的に導入するか否かの判断材料を得る」[11]ものとされている。国の

予算は1件当たり5000万円程度までであったが、施策の内容としては、環境対策、渋滞対策、中心市街地の再生・活性化、物流対策、安全・安心のまちづくりというテーマに対応するもので、新規性、先進性のあることとされた。これに対して、4月中旬までの募集期間に全国から14件の応募があったが、そのうち3件は近畿地方からであった。1つは奈良市の施策（休日交通対策）であり、1つは、大阪市、京都市、神戸市がそれぞれの地域で行うもの（都心循環バスとパーク＆ライドなど）をまとめて京阪神都市圏交通計画協議会として応募したものであり、いま1つは大阪府のものである。

建設省で、懇談会を設けての評価などが行われ、1999年8月に全国で6地域が選定されたが、近畿地方からは大阪府のものが採用された。その施策の内容は、大阪府下の5カ所（高見の里、河内松原、東岸和田、八尾、藤井寺）の駅前スーパーの駐車場を用いたパーク＆ライドである。1999年10月から2000年3月まで半年間の予定で、平日に空きスペースのある大型商業施設の駐車場を用いて、パーク＆ライドを行うものである。5カ所の間で若干条件は異なるが、おおよそ月曜から金曜までの利用で、月7千円から9千円の料金で参加者を募集している。各所20台から117台まで台数もまちまちであるが、全体で約400台の募集となっている。大阪府の企画であるが、実施主体としては、建設省近畿地方建設局、大阪府及び参加スーパーからなる連絡調整組織と、次にみる京阪地域交通需要マネジメント研究会との2つを予定している。

休日の利用台数で設計されているスーパーの駐車場を平日活用しようとするところが興味深いが、それとともに有料で行うのも次に見る例などと比べて関心がもたれるものであった。

[3] 門真南のパークアンドライド

公募の「社会実験」の実施主体に予定されている「京阪地域交通需要マネジメント研究会」は、京阪地域の交通問題に関して、TDM施策を検討し具体策を提案することを目的に、1997年12月に設置されたものである。大学の教官を座長に、座長を含めて2名の学識経験者のほか、大阪府2名、大阪市2名、門真市2名、大阪府警2名、近畿地方建設局4名、日本道路公団1名のメンバーからなり（1998年度）、事務局は建設省の浪速国道工事事務所におかれている。この研究会は1997年度にはTDMに関連するアンケート調

査を行ったが、1998年11月には門真南でパーク＆ライドの試行実験的施策（社会実験）を行った。

　これは近畿地方建設局の浪速国道工事事務所が中心となって行ったもので、地下鉄長堀鶴見緑地線門真南駅の近くに、第2京阪・大阪北道路用の用地があるのを利用して、それを駐車場として、パーク＆ライドの参加者を募ったのである。1998年11月の1カ月間を期間として、約300台を対象に駐車料無料のモニターとして参加者を募集した。結局、129名がモニターとして参加し、毎日おおよそ50台前後が駐車場を利用し（延べ969台）、アンケート結果がまとめられた。募集台数よりかなり少ない台数であるとか、駐車場までの道路が渋滞していたといった問題もあったが、パーク＆ライドの継続に関しては約3分の2の人たちが「料金次第で利用する」と答えたのである。パーク＆ライドへの潜在的な志向のあることがうかがわれたといえよう。

　しかし、この実験では料金無料であり、料金が必要な場合どのようになるかが問われよう。[2]の社会実験はすでにみたように有料であるが、門真南でも、1999年度には、有料へ向けての実験が予定された。すなわち、1999年度は、10月から2000年3月までの半年の実験で、やはり300台を予定しているが、駐車料金は、10月は無料、11-12月は5千円、1-3月は9千円である。パーク＆ライドを本格的な施策としていく場合の条件を探る方向がうかがえるといえよう。

[4] 大津市中心地区のパークアンドバスライド

　大津市の中心地区では、1998年10月の休日4日間（12（土）、13（日）、15（祝）、19（土））、パーク＆バスライドの交通実験が、滋賀県、大津市、近畿地方建設局の3者によって行われた。ここでは、地区の外縁の3カ所の駐車場を利用し、地区内を巡回するバスを運行して、地区内の通行車両の減少を図るものである。3カ所の駐車場では合計約1290台分の駐車スペースを無料で利用できるよう確保し、地区内バスも無料とした。この実験的施策では、地区内の混雑緩和を目指したほか、TDMへの取り組みへのアピール、環境にやさしい交通利用意識の啓発も目的とされた。

　実験の結果は、4日で1350台の車両が参加し、実験バスの利用者は約1万人を数えた。駐車場の利用は、用意した分よりかなり少なかったものの、交通渋滞の長さが短くなるとか、地区内の駐車場での駐車待ちが減るなどの効

果がみられた。また、この施策の利用者の間では、大多数がよかったと考え、施策を続けるよう評価するなど、好評であったとの結果がでている。

この施策については、1999年度も有料を取り入れるなどして行うことになり、さらに2000年も実験的施策を続け、その後のTDM施策導入計画の策定が目指された。

[5] 堺市のTDM

本節でのこれまでの事例は、自治体が中心になっているものも含め、建設省が関わった施策であり、内容的にもパーク&ライドが中心であった。それに対し、運輸省の施策との関わりのあるのが堺市の事例である。

すでにふれたように、堺市では1997年に近畿運輸局とともに「公共交通機関利用促進調査」(「調査」と略す)を実施し、それに基づき「堺市都市交通円滑化推進計画」を作成した。そして、それらに沿いつつ、TDM施策として、バス優先の交通システム（バス専用・優先レーン、バスロケーションシステム、公共車両優先システム［PTPS］）の導入及び小型巡回バスの導入が計画されている。バス優先の交通システムは定時性の確保とかバス待ちの便宜性の向上などを目指して行われるが、「調査」において行われた市民アンケートで、比較的強く望まれた施策であった。すなわち、バス利用に関して望まれる施策として3つを選ぶ質問の結果で、集計の第1位が「バス停での情報提供」(31.9%)、第8位が「バスの優先的運行システム」(20.6%)で、これらをあわせて実現する施策を計画した。この施策のうち、バスレーン及びPTPSは警察と関わりのある施策であるが、PTPSのために必要な光ビーコンに対応するバス側の機材には運輸省の補助金が計画されている。また、バスロケーションシステムにも運輸省の補助金が計画されているのである。また、いま1つの小型巡回バスも、さきのアンケートで第9位(18.5%)になっている施策である。なお、そのアンケートで第2位と第3位をあげておくと、「ゆとりあるバス停」(27.9%)、「自由に乗り降りできるバス」(27.6%)であった。

これらのほか、奈良市、京都市、神戸市などでもTDM関連の施策が行われている。

4. TDM と組織単位

　日本における最近の TDM 関連施策について、近畿地方での展開を中心にみてきたが、それらの現状に関して、大きく2つのことを指摘することができる。
　第1は、TDM がまだ新しい概念で、施策は多様でよく統合されておらず、実験的、分散的に実施されている。近畿地方で見られるように、パーク＆ライド（あるいはパーク＆バスライド）が比較的目につくが、堺市のように PTPS を含めたバス関連施策もみられる。全国的には、時差出勤が試みられたり（広島市など）、フレックスタイムの導入が見られたりする（豊田市）[12]。そして、社会実験とか交通実験として行われていることが多く、渋滞の調査とかモニターへの調査などによって、施策の有効性とか問題点を把握しようとしているのである。また、多様な施策の相互関係をよく検討して統合的に行うことは十分にはなされていない。むしろ、渋滞対策とかバスの活性化など、従来の行政組織の任務に対応した施策が、それぞれ TDM の視点から立案され実施される傾向が見られる。これは次の第2の点につながる。
　すなわち、第2に、現在の TDM 関連施策は、多くの行政組織にわたって行われており、さらに関連業界などが実施に関わっていたりする。国のレベルでは、とくに建設省、運輸省、警察庁が関係しているが、施策が行われている地域では、自治体（都道府県、市町村）の関係部局が大きく関わるとともに、建設省、運輸省の地方支分部局、都道府県警察、さらに関係業界などが、協議組織を設けるなどして参加し、関わっているのである。自治体は従来から交通問題に悩まされてきており、道路管理部局、都市計画部局のほか、公営交通を運営している自治体もあり、また、交通問題を総合的にとらえて対処する部局を設けているところもある（たとえば、大阪市では、総合交通対策の推進などを職務の一部とする「交通空港政策課」が計画調整局計画部におかれている）。そして、すでに見たように、具体的な施策に当たっては、自治体、各省地方支分部局、警察などから委員を出して協議組織などを設けているのである。これは交通問題が複数の組織の任務が重なり合っているところに位置しているとともに、民間業界とか個人の行動が大きく関わっていることに由来しているといえよう。

以上の2点から確認できるのは、TDM関連施策が単一の一体的な施策として、特定の行政組織によって担われているのでないということである。たとえば、水道事業が水道部局によってほぼ独占的に、単一の施策として実施されていることなどと対比すると、対照が明確であろう。これはTDMが新しい概念であり、日本の行政組織の組織単位と整合的でないことからくる過渡的なことなのであろうか、それともTDMの性格に由来する特徴なのであろうか。また、単一の一体的な施策として特定の行政組織で担当されないと、施策の目的は達成されにくいのであろうか。これらについて検討しておきたい。

　行政組織に限らず、組織は目的達成のために分業を行い、組織単位に分かれて活動を行う。組織単位への分業の基本的な原理は、分業された活動間の調整コストを少なくするように組織編成するのが望ましいということである。つまり、相互関係が密接で濃密な活動ほど同じ組織単位にまとめるのがよい[13]。現在の日本の行政組織では、道路の建設・管理、交通機関の監督、道路交通の規制が、それぞれ建設省、運輸省、警察に分かれている。この分担が調整コストを最小にするものであると仮定しても、TDM関連施策に見られるように、相互の調整の必要な施策が存在する。このような場合、新しい組織単位を作るなり、組織を再編成するのが望ましいかどうかは、それによる調整コストの増減の結果が純減になるかどうかで判断できると主張できても、実際の調整コストの計算と比較は容易ではない。また、どのような組織編成であっても、組織単位間の調整は残るであろう。このようなことなので、新しい組織単位が作られたり、組織再編成がなされたりするかどうかは、客観的な基準によって一義的に明らかになるのではない。

　すなわち、TDMのような組織横断的な施策が新しく現れてきたとき、新設あるいは再編成によって、それを担う単独の組織単位が設けられるかどうかは、2つの要因による[14]。一つは、新しい施策の体系が実施可能で、目的達成に有効かどうかである。施策の目的を達成する施設、設備、知識、技能、活動体系などの総体を、広くテクノロジーと呼ぶと、現実に運用できるテクノロジーが存在するかどうかである。そして、単に実施可能なだけでなく、目的がよく達成できるテクノロジーであることが望ましい。いま一つは、その施策体系に対する政治的支持があるかどうかである。施策によって達成しようとしている目的が広く受け入れられているだけでなく、施策体系がもた

らす様々の影響によって形成される政治的状況において、政治的支持が得られることが必要である。それによって、施策に必要な諸資源も確保されるのであり、それを担う組織単位も活動可能な単位として設けられる。

このような考察から、現在のTDM関連施策を検討すると、まず、十分体系化されたテクノロジーが確立されていないといえよう。

パーク&ライドとかPTPSといった個別施策のレベルで見てみても、どのような施策を行えばどのような効果が得られるかといったことは必ずしも十分確立していない。そして、TDMとして全体的なテクノロジーはどのようなものであるかは、いまのところ多様な諸施策の集合である以上には明らかになっていないのである。このような実状であるのは、概念が比較的新しいといったことに由来するところも大きいが、TDMの目的が不明確なことも問題である。現在のところ、国のレベルでは建設省が最もよくTDMという概念に関わっているといってよいが、そこでは目的は渋滞解消におかれている。そして、自動車の利用制御による環境問題への貢献といったことはほとんど言及されないのである[15]。目的によって、テクノロジーの内容も異なってくるのであり、目的自体が十分明らかでない中では、テクノロジーの確立も少なくとも遅れがちとなるであろう。

テクノロジーが十分確立していないと、政治的支持を集める結集点が明確でないことになる。TDMという概念について、自動車交通問題への新しいアプローチとして受容されるとしても、その具体的な内容が曖昧であれば、施策に必要な諸資源とか、それを担う組織単位としてなにが必要かが明確でないのである。そして、曖昧なままであれば、政治的支持は結集点を失い、潜在的には強い支持があっても、減退していくことになろう。

TDM関連施策は、現在のところ、実験的施策として多く行われており、それらを経て、テクノロジーが確立していくことが期待できるかもしれない。その場合、パーク&ライドのような個別的施策のレベルでテクノロジーが確立していくのと、TDM施策として一体的なテクノロジーが確立していくのでは意味が違ってくるだろう。後者の場合に特定の組織単位が設けられるかが問題になるのである。前者の場合でも、そのテクノロジーが大規模に適用される場合（ロードプライシングにはその可能性があるだろう）には後者と同様の問題が起こるが、小規模に適用する限りでは、近接しているが異なる目的（たとえば渋滞解消）をもった個別的な施策と一つの組織単位を構成す

ることも可能である。

　さて、TDM は、一体的な施策として、特定の組織単位で担われないと、その目的をよく達成できないのだろうか。さきにも見たように、1 つの組織単位（省でも、局でも、課でも同様に考えられる）で、ある施策を行うと、他の組織単位との調整が必要な場合、調整コストがかかる。具体的には相互の活動の計画について伝えあい、整合的でないところを整合的なように直していくといったことを行わなければならない。1 つの組織単位内であれば、上司による指示で決めるとしても共通の上司までの距離が短いのである。従って、TDM のような多くの組織単位と関わる施策は、そのような調整コストがかなりかかることになる。1 つの組織単位にまとめて、他の組織単位との関係が希薄になる（準分割性）ようにできれば、調整コストは少なくなる。TDM の場合、そのような条件を満たす新しい組織単位の設置が可能なのか、という問題が残るが、もし可能であれば、その目的はよりよく達成できる可能性が高いといえよう。

　TDM は都市交通問題に関して、注目すべき新しい概念である。しかし、現在のところ、それを施策としてとらえたときのテクノロジーは十分確立しているとはいえない。今後、十分に効果的なテクノロジーが確立され、それへの政治的支持が集まれば、単一の施策として特定の組織単位で実施されていくことも考えられよう。そうでないならば、個別の施策が、それぞれ関連の深い部局で分散的に（相互の協力は行われるかもしれないが）行われることが続くのではないだろうか。

注

1) 総合交通問題については、岡野行秀「総合交通政策」（金本良嗣・山内弘隆編『交通（講座・公的規制と産業 4）』NTT 出版、1995 年）参照。
2) 本節及び次節の TDM 関連施策の近畿地方での状況などについては、次の各機関でヒアリングを行い、資料の提供を受けた。建設省近畿地方建設局企画部広域計画調査課、同省同局道路部道路計画第二課、同省同局大阪国道工事事務所工務課、運輸省近畿運輸局自動車部旅客第一課、大阪府警察本部交通部交通総務課、大阪市計画調整局計画部交通空港政策課、社団法人大阪バス協会。また、次の各機関には電話で連絡し、資料の提供を受けた。建設省道

路局企画課道路経済調査室、滋賀県土木部都市計画課、堺市都市計画部都市政策課、奈良市都市計画部都市計画課。近畿地方における TDM 関連施策の状況は、これらのヒアリング及び資料などに基づいている。
3) 太田勝敏「都市における自動車交通の適正化」『都市問題研究』1992 年 11 月、参照。
4) 交通需要マネジメントに関する調査研究委員会『TDM──わが国における交通需要マネジメント実施の手引き』1996 年、Ⅰ-2 頁。
5) 前注書、Ⅰ-9 〜 Ⅰ-13 頁。
6) 建設省道路局監修『道路行政──平成 10 年度版』全国道路利用者会議、1999 年、426-8 頁。
7) 堀家久靖「都市交通円滑化プロジェクト（公共交通機関利用促進調査）について」『都市問題研究』1996 年 12 月。
8) 運輸省編『運輸白書（平成 10 年度)』大蔵省印刷局、1999 年、75-8 頁など参照。
9) 警察庁編『警察白書（平成 10 年版)』大蔵省印刷局、1998 年、219-22 頁。
10) 注 4) 書、平成 11 年版（改訂版）1999 年、資-50 頁。
11) 建設省道路局記者発表資料、1999 年 3 月。
12) 注 4)、資-19 頁、資-22 頁。
13) Thompson, J. D., *Organizations in action*, Mcgraw-Hill, 1967, chap. 5.
14) この分析は、Simon, 1953［Simon, 1997a］, pp. 332-45 に依拠している。
15) この点に触れているものとして、新田保次「道路交通問題と交通需要マネジメント」『交通科学』Vol. 26, No. 2, 1997。

第7章

緊急時における行政組織
―阪神・淡路大震災と自治体一般行政組織―

1. 大震災時の自治体組織

　「危機」あるいは災害については、予防、準備、応急、復旧の四局面に分けて検討することができる。そして、これら四局面にわたって検討することが必要であり、とくに予防、準備という事前準備の重要性に留意しなければならない[1]。しかし、本稿では阪神・淡路大震災（以降、大震災と略す）の発災直後（約3週間程度）[2]の行政組織について調べ、「応急」の局面における行政組織の行動について分析することにしたい。

　というのは、「応急」の局面はそれ自体検討が必要なだけでなく、事前準備のためにも理解が必要なのである。事前準備のためには、「危機」とか災害の性質の理解が必要であるとともに、「危機」とか災害に際しての人々の行動、行政組織の行動などについての理解が必要である。「危機」は、事前の準備を越えて、あるいは事前の準備に限界のある中で生ずるのであり、そのような緊急時に行政組織がどのように行動するかを知っておくことが、事前準備の充実のためにも必要なのである。大震災は、行政組織、とくに地元の行政組織にとって、予期しなかった事態であり、緊急時の行政組織がどのように行動するかについての重要な事例となっている。

　大震災は、1995年1月17日の早朝に起こり、多数の個人および公私の組織が予期しない事態に見舞われ、多くの生命、財産が失われ、さらに脅かされる中で、様々の活動がなされた。それらの中で、自治体、それも住民にもっとも身近な市の行政組織のうちの一般行政組織を取り上げたい。生命、財産の救出、保全という、災害にあたってとくに重要な活動に焦点を当てる

ならば、警察、消防、自衛隊、医療機関が取り上げられるべきであろう。また、水道、電気、ガス、交通、通信といった住民生活にとって重要なライフラインに焦点を当てるならば、水道局、電力会社、ガス会社、交通企業、通信企業といった諸組織が取り上げられるべきであろう。これらは、警察、消防、自衛隊、医療機関のように、緊急事態をあらかじめ想定している組織であるとか、水道局などのように特定の技術体系を事業の基礎においている組織であるといった特徴をもっているが、別個に調査、分析が必要なものである。ここでは、平常時において緊急事態を想定していない、一般行政組織をとくに取り上げたい。それによって、組織が一般に、緊急時にどのように対応するかについても示唆を得ることができるだろう。そして、自治体としては、阪神間の被災の中心であった隣接する四市、神戸市、芦屋市、西宮市、宝塚市を比較しつつ、見てみることにしたい。

　このように対象を限っても、大震災時の各市の行政組織は、なお多くの多面的な活動を行っている。救出・救護、遺体の収容、物資の調達、住民への広報、ごみ・し尿の収集などをあげることができるが、とくに取り上げたいのは、避難所の開設・運営、救援物資の受け入れとこれらに活躍したボランティアの受け入れである。避難所は各市の行政組織では対応できない多数にのぼったし、救援物資の受け入れにも多くの労力を要したのである。そして、これらの業務は、平常の事務の中に類似のものが乏しく、少なくとも、このような業務を大規模に組織的に行う部局はなかった。そのため、行政組織としては、予期しない、そして日常業務からかけ離れた大量の業務に直面した顕著な事例になっているのである。たとえば、断水が起こった水道局の場合と比較すると、断水への対処が水道局の業務であることは平常業務から明らかであるのに対して、避難所の運営とか、救援物資の受け入れの部局を平常業務との親近性から明らかにするのは困難である。ボランティアの受け入れについても同様である。そこで、発災直後の行政組織の編成・運営と、これら３つの活動を取り上げ、緊急時の行政組織の活動の分析を行いたい。

　それらとともに、国あるいは県が行った個別施策を３つ取り上げ、それらへの各市の対応についても見てみたい。すなわち、建設省によって行われた建物の応急危険度判定、厚生省関連の事業として対処された倒壊家屋等の解体・撤去、兵庫県によって行われた避難所緊急パトロールである。これらはいずれも、発災直後から10数日目頃までに始められた、国あるいは県の主

導・決定による注目すべき施策である。国、県の発災直後の活動を見る事例になるとともに、各市との関係がどのようであったかを見ることを通じて、各市の行政組織の緊急時の行動を分析することができるものである。

以上の諸活動は、各市が発災直後に行った活動の一部にすぎないが、これらに発災直後の行政組織の編成・運営を見ることを加えることにより、大震災という予期しない事態に直面した行政組織の行動の特徴を分析することができよう。予期しない事態に対して組織の編成・運営をいかにするか、予期しない業務に対してどのように対処するか、予期しない国・県の施策に対してどのように対処するか、を見ることによって、緊急時の行動の特徴をとらえることができると考えるからである。

次節では、各市の活動を見る前に、各市の規模とか、被害の大きさを比較して見ておきたい。各市の行政組織の活動は、組織の大きさ、被害の大きさなどによって条件づけられるからである。そして、第3節で、発災直後の組織の編成と運営を、第4節で、避難所の運営、救援物資の受け入れ、ボランティアの受け入れを見ることにしたい。第5節で、応急危険度判定、倒壊家屋等の解体・撤去、避難所緊急パトロールを見て、最後の第6節で、まとめの考察を行いたい。

2. 阪神・淡路大震災と四市[3]

1995年1月17日に淡路島北部を震源地として起こった地震（マグニチュード7.3）は、兵庫県南部を中心に大きな被害をもたらした。1年後にまとめられた兵庫県の記録[4]によれば、死者6,279名、負傷者34,900名、倒壊家屋192,706棟であり、兵庫県で災害救助法が適用された自治体は10市10町にのぼった。被害は、隣接、近傍の府県におよんでいるが、とくに被害が集中したのは、神戸市西部の須磨区あたりから西宮へかけての帯状の地域であった。そこに位置していたのが、神戸市、芦屋市、西宮市であり、西宮市の北側が宝塚市である。本章でとくに取り上げる避難所に避難した人たちの数が、兵庫県全体で最大であったのは、発災後約1週間の1月23日で、316,678名であった。そして、市町別にその日の避難者数を見ると、多い方から神戸市、西宮市、芦屋市、宝塚市となり、この四市で293,107名と92.6％を占めている。各市の行政組織は思わぬ事態に直面することになったが、それぞれの市

のおかれた状況を人口、職員数、避難者数などによって比較しておきたい。それらをまとめたのが表1である。

　神戸市は政令指定都市で、9つの行政区がおかれている。事前の計画においても避難所の開閉および管理運営は行政区の所掌とされていたが、交通、通信などが混乱する緊急時において、実際にも避難所と直接関わり、救援物資を配送したり、ボランティアが活動したのは主に、最前線の区役所であった。そこで、神戸市については各区についても比較している。表の各区は東灘区から垂水区までは海岸線に沿って東から西に順に位置しており、西区、北区は内陸部の広い地域を区域としていて、今回の震災で比較的被害が少なかったところである。

　人口で見てみると、神戸市の各区は11万台から23万台で、芦屋市は神戸市のどの区よりも小さく、宝塚市は神戸市の大きな区に相当する。西宮市は宝塚市の約2倍であり、神戸市各区の2倍から3倍の規模である。職員数は、芦屋市、西宮市、宝塚市の間では、おおよそ人口の大きさに応じて違っているが、神戸市は政令指定都市であり、また、港湾、交通、大学など、他市にない業務をもっていて、人口の違い以上の職員数となっている。しかし、大震災で最前線となった区役所は一部の事務の総括的出先機関であり、人口比で見ると、他の市の市役所より格段に少ない人員である。もちろん、芦屋市なども、この表にある職員のすべてが市役所で執務しているのではないし、神戸市の各区の防災体制では福祉事務所が含まれるがその職員数はこの表の各区には含まれていない（それらを含めると、各区の職員数はこの表の約2倍になる）。それらを考慮しても、神戸市の各区には他の同規模の市に比べて、災害時に相対的に少ない人員しかいないことはこの表から十分うかがえよう。

　避難者数を比較すると、さらに、神戸市の一部の区のおかれた状況の厳しさが際だってくる。東灘区から長田区までの5区では、人口の2割から4割の人が少なくとも一時、避難所に駆け込んだのである。西宮市は被災の帯の東端に南北に長く位置していることもあって、避難者の対人口比は神戸市の須磨区とほぼ同じの1割であった。神戸市各区の職員数の少なさは、職員1人あたりの避難者数を見た数字によく現れている。さきほどの留保を考慮に入れても、とくに、東灘、長田、灘の各区の行政組織がすさまじい状況におかれたことは疑えないであろう。数字の上でははるかにましな芦屋、西宮、

表1 各市の人口、避難者数等

	面積(平方キロ)	人口	職員数	避難所数(最大)	避難者数(最大)	避難者数(%)人口	避難者数/職員数
神戸市	545.2	1,477,410	21,646	599	236,899	16.0	10.9
東灘区	30.4	190,354	210	120	65,859	34.6	313.6
灘区	31.2	129,578	190	74	40,394	31.2	212.6
中央区	22.0	116,279	252	90	39,090	33.6	155.1
兵庫区	14.4	123,919	204	96	26,300	21.2	138.9
長田区	11.5	136,884	211	79	55,641	40.6	263.7
須磨区	29.7	188,119	202	69	21,728	11.6	107.6
垂水区	26.8	235,254	213	41	4,747	2.0	22.3
西区	138.0	158,580	212	16	1,787	1.1	8.4
北区	241.8	198,443	243	29	2,360	1.2	9.7
芦屋市	17.2	87,524	1,289	55	20,960	23.9	16.3
西宮市	99.6	426,909	4,147	194	44,351	10.4	10.7
宝塚市	102.0	201,862	2,307	65	15,945	7.9	6.9

1. 面積は1993. 10. 1現在。
2. 人口は1990年国勢調査。
3. 職員数は1995. 4. 1現在。ただし、区（福祉事務所を含まない）については、1995. 7現在。
4. 面積、人口、職員数は、兵庫県総務部地方課編『市町要覧』(1996, 3)による。ただし、区については、
『第74回神戸市統計書（平成9年度版）』。
5. 避難所数、避難者数は、各市の「記録」による。ただし、区については、『平成7年兵庫県南部地震—民生部の記録』(神戸市民生局、1996, 2)。

第7章 緊急時における行政組織　151

宝塚の各市でも異常な事態であったのであるから。
　次節では、各市の発災直後の行政組織について見ることにしよう。

3. 災害対策本部の設置と初期の組織運営

　地震は突然で、激しかった。自治体職員自身が多く被災し、また通勤の交通機関は途絶した。そのため、市長をはじめ、職員の登庁ははかばかしくなく、混乱の中、一部ずつ職員が役所に到着するという事態であった。他方、住民の自治体へのニーズと期待は噴出した。生き埋めになった者の救助、負傷者の治療、事態がどうなっているかについての情報、避難場所の確保、水・食糧の不安とそれの調達など、切羽詰まった要求と期待が自治体に向けられたのである。このような状況の中で、登庁した職員を中心に混乱の中で活動が始められたが、制度的には、事前の計画として地域防災計画があった。

　各市とも、災害対策基本法に基づく地域防災計画を策定しており、それによれば、災害が発生した場合は、災害対策本部を設置するとされる。災害対策本部は災害が生じたときなどに設ける臨時の機関であり、市長を本部長として、その下に各部をおき、必要な職員を配置して応急対策などにあたるものとして予定されている。各市の大震災時の地域防災計画で定められていた災害対策本部の各部の編成は、図1～4の通りである。各市とも大規模な地震は予期しておらず、主に風水害を基本に地域防災計画は策定されていたようであるが、災害一般についての基本的な計画ということから、組織編成は全庁を包摂して予定されていた。そして、今回の大震災のような大規模な災害の場合は、全職員を防災に動員する指令（地域防災計画に基づく防災指令第3号）を発令し、全職員を災害対策本部の各部の業務につかせる体制をとることになっていた。

図1　神戸市の災害対策本部組織図

本部長（市長）
副本部長（助役）

- 市長部　　（市長室）
- 調整部　　（企画調整局）
- 総務部　　（総務局）
- 理財部　　（理財局）
- 市民部　　（市民局）
- 民生部　　（民生局）
- 衛生部　　（衛生局）
- 環境部　　（環境局）
- 経済部　　（経済局）
- 農政部　　（農政局）
- 土木部　　（土木局）
- 下水道部　（下水道局）
- 住宅部　　（住宅局）
- 港湾部　　（港湾局）
- 消防部　　（消防局）
- 水道部　　（水道局）
- 交通部　　（交通局）
- 学校部　　（教育委員会事務局）
- 議会部　　（市会事務局）
- 外大部　　（外国語大学事務局）
- 第1協力部（会計室）
- 第2協力部（都市計画局）
- 第3協力部（開発局）
- 第4協力部（選挙管理委員会事務局）
- 第5協力部（人事委員会事務局）
- 第6協力部（監査事務局）
- 東灘区本部（東灘区役所、東灘福祉事務所）
- 灘区本部　（灘区役所、灘福祉事務所）
- 中央区本部（中央区役所、中央福祉事務所）
- 兵庫区本部（兵庫区役所、兵庫福祉事務所）
- 北区本部　（北区役所、北福祉事務所）
- 長田区本部（長田区役所、長田福祉事務所）
- 須磨区本部（須磨区役所、須磨福祉事務所）
- 垂水区本部（垂水区役所、垂水福祉事務所）
- 西区本部　（西区役所、西福祉事務所）

資料：『神戸市記録』による
　　　（括弧内は担当する平常時の部局。他の市の場合も同様）

図2　芦屋市の災害対策本部組織図

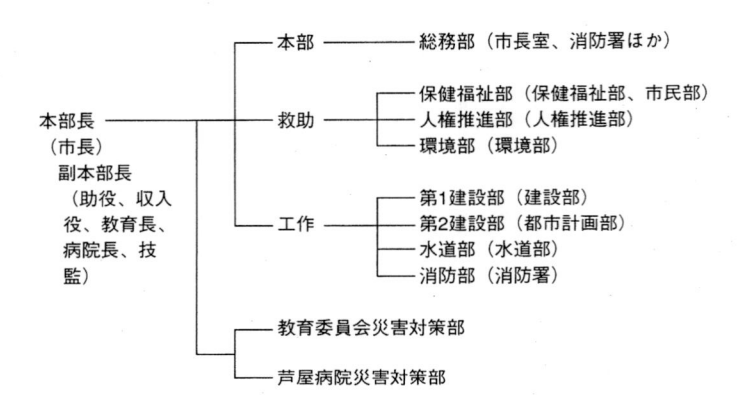

```
本部長 ─┬─ 本部 ──── 総務部（市長室、消防署ほか）
（市長）  │
副本部長  ├─ 救助 ─┬─ 保健福祉部（保健福祉部、市民部）
（助役、収入│       ├─ 人権推進部（人権推進部）
役、教育長、│       └─ 環境部（環境部）
病院長、技 │
監）      ├─ 工作 ─┬─ 第1建設部（建設部）
         │       ├─ 第2建設部（都市計画部）
         │       ├─ 水道部（水道部）
         │       └─ 消防部（消防署）
         │
         ├─ 教育委員会災害対策部
         │
         └─ 芦屋病院災害対策部
```

資料：震災時の芦屋市地域防災計画による

図3　西宮市の災害対策本部組織図

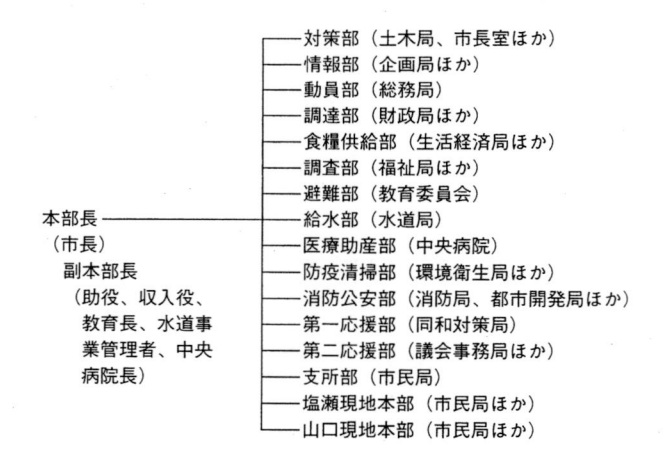

```
本部長 ─┬─ 対策部（土木局、市長室ほか）
（市長）  ├─ 情報部（企画局ほか）
副本部長  ├─ 動員部（総務局）
（助役、収入├─ 調達部（財政局ほか）
役、教育長、├─ 食糧供給部（生活経済局ほか）
水道事業  ├─ 調査部（福祉局ほか）
管理者、中央├─ 避難部（教育委員会）
病院長）  ├─ 給水部（水道局）
         ├─ 医療助産部（中央病院）
         ├─ 防疫清掃部（環境衛生局ほか）
         ├─ 消防公安部（消防局、都市開発局ほか）
         ├─ 第一応援部（同和対策局）
         ├─ 第二応援部（議会事務局ほか）
         ├─ 支所部（市民局）
         ├─ 塩瀬現地本部（市民局ほか）
         └─ 山口現地本部（市民局ほか）
```

資料：『西宮市記録』による

図4　宝塚市の災害対策本部組織図

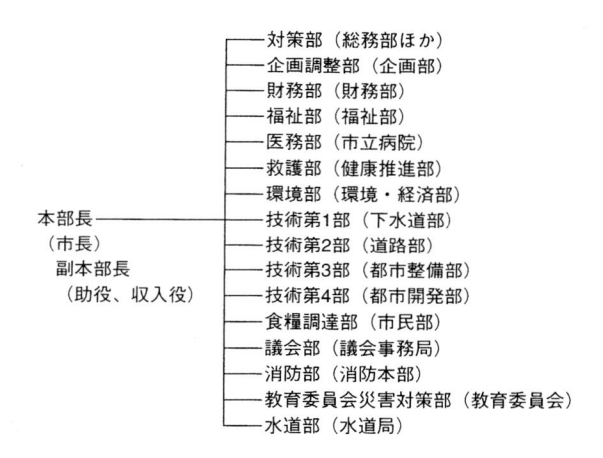

```
                          ┌── 対策部（総務部ほか）
                          ├── 企画調整部（企画部）
                          ├── 財務部（財務部）
                          ├── 福祉部（福祉部）
                          ├── 医務部（市立病院）
                          ├── 救護部（健康推進部）
                          ├── 環境部（環境・経済部）
  本部長 ─────────────────┼── 技術第1部（下水道部）
  （市長）                 ├── 技術第2部（道路部）
  副本部長                 ├── 技術第3部（都市整備部）
  （助役、収入役）         ├── 技術第4部（都市開発部）
                          ├── 食糧調達部（市民部）
                          ├── 議会部（議会事務局）
                          ├── 消防部（消防本部）
                          ├── 教育委員会災害対策部（教育委員会）
                          └── 水道部（水道局）
```

資料：『宝塚市記録』による

　各市は、混乱の中で、この制度に基づき、災害対策本部を設置し、全職員を動員することとしている。各市の『記録』によれば本部の設置は、宝塚市が6時、芦屋市が6時30分、神戸市が7時、西宮市が7時5分とされている（地震発生は5時46分）。しかし、職員の出勤（参集という方が適切のように感じられる）は十分でなく、防災計画の各部の所掌事務とは関係なく、厳しい状況に直面していた。17日当日の出勤状況で見てみると、各市の『記録』によれば、神戸市は35％（消防などをのぞいた市長部局のみ。区は24％）、芦屋市は42％、西宮市は51％、宝塚市は60％（消防、病院をのぞく）であり、2日目以降、漸次増えていっている。神戸市の区と他の市の比較を実数で行っておくと、芦屋市は17日の出勤は555名で、この中から芦屋病院、水道部、消防本部、教育委員会をのぞくと235名であり、市役所にはこの程度の職員が出勤したと思われる。これに対して、長田区での当日の出勤は69名（約32％）である[5]。このような中で行われたのは、参集してくる職員が目の前にあることを行うとか、一人ずつすぐに指示を出して緊急な業務に向かわせるといったことであった。たとえば、芦屋市では助役が、宝塚市では総務部長が、出勤してくる職員に逐一指示を出して、仕事を割り振っていったのが目立っていたという[6]。そして、職員はそのまま庁舎などに居続け、数日を経て疲労が極に達

して交代体制をとるといった事態が見られたのである。

　次第に事態が明らかになって行くにつれ、芦屋市では、地域防災計画をもとにしつつも、状況に応じた組織再編成を行っていっている。すなわち、1月19日、24日、2月8日、13日、3月1日、4月1日と組織を若干ずつ変え、人員の配分も変えている[7]。1月19日の組織の場合、事前の計画（図2）と同様、本部、救助、工作に分けているが、その下の部では、人権推進部（施設保全が所掌であった）を廃している。そして、24日には、第1建設部と第2建設部をあわせて建設部としている。さらに部の下の班のレベルでは、総務部の下に、事前の計画にはなかったボランティア班、支援要請受付班を設けたり、保健福祉部は世話班、調達班の2班であったのを物資受入班、物資分配班、避難所管理班、医療班の4班に全面的に変えている（1月19日）。このような災害対策本部の下の各部の再編成は他の市では基本的に行っていない（少なくとも部のレベルでは行っていない）。芦屋市は他市に比べて規模が小さく、状況に応じた組織、人員の再編成は、組織規模が小さいところで行われやすいようである。やはり組織規模の小さい神戸市の各区でも組織の改編が行われているのである[8]。

　しかし、他市の場合に事前の計画の組織に問題がなかったのではない。計画ではあまり予期していなかった救援物資の受け入れ、ボランティアへの対応、受け入れといった仕事が当日の夜あるいは翌日には猶予なく生じていた。また、10日ほど経って、倒壊家屋の公費解体が決まった（1月28日）が、それによる新たな業務は事前の防災計画では全く予期されていなかった。避難所の管理、運営は事前の計画で予定されており、担当部局も決まっていたが、その業務の大きさは事前計画の想定をはるかに越えるものであった。このようなことから、事前の計画による組織編成は、新たな業務に対応できないこと、各部局間の業務の不均衡が生じ全般的な人員不足の中で深刻な問題となったこと、から問題があったのである。

　このような事態に対し、神戸市、西宮市、宝塚市でとられたことあるいは生じたことには次のようなものがあった。第1は、計画上の各部の所掌事務の中で対応することである。ボランティアへの対応を行った部局は各市で異なるが、たとえば、西宮市では「市職員の動員とボランティアの動員の一元化」[9] を図るという視点から人事部が窓口となった。新たな事務について組織の再編成をすることなく、既存の業務との関連から既存の特定組織の担当

としたのである。第2は、所掌事務あるいは人員を応援的に組み替えることである。芦屋市の場合は、これを明確に組織の再編で行ったが、組織編成をそのままにして、いわば他部局の応援を行う形で、業務の不均衡に対処するものである。神戸市の場合、民生部に業務が集中し、それへの対応として、このような方式が行われたが、うまく機能しなかったようである。どちらの部局の業務か不明確になるところから、指揮系統の問題などが生じやすいようである10)。第3はプロジェクトチーム方式で、もっともよく用いられ、機能したもののようである。とくに、神戸市では、2月下旬頃から、倒壊家屋解体撤去、り災証明の発行、仮設住宅の管理、避難所対策について、それぞれ局長級あるいは部長級を長として、各部局から人員を集めてプロジェクトチームを作るという方式を採用していったという。そして、その中には恒久的な組織へと移っていったものもあったのである11)。第4は、恒久的な組織を作ることである。これを比較的早期に用いたのは西宮市の倒壊家屋等対策室の設置である。発災後約3週間の2月6日に、災害対策本部の組織としてではなく、恒久的組織の再編として、この室を設け、局長級を含めた10名の人事異動も行っている12)。しかし、一般には、恒久的組織の再編成は4月以降である。第5は、ボランティア、他部局、他市等からの応援によって対処することである。避難所の管理運営、救援物資の受け入れ・配送、倒壊家屋の解体撤去、り災証明の発行など、次々と続く膨大な業務に対する絶対的な人員不足に対しては、これらの応援活動によって補われたところが非常に大きい。しかし、注目すべきは、災害対策本部のもとの各部編成は基本的に動かさず、その体制の中で、これらの応援を受け入れて、業務に対処していったことである。そして、庁内の応援では、部をこえての応援も行われているが、人事部局の調整による個別的人的応援であり、各部の組織、所掌事務は、芦屋市の場合をのぞいて、基本的に変えていないのである。

　本節からうかがえるのは、事前の地域防災計画による組織編成とその所掌事務によって、事態に対処していく強い傾向である。芦屋市とか神戸市の区程度の規模では、その時点での状況判断に基づいて組織が再編成されているが、それ以上の規模では、事前計画の組織編成を基本的に維持しているのである。とくに、部をこえての業務の再編成は困難であり、またよく機能しないことがうかがわれる。しかし、その結果、業務の不均衡とそれに基づく業務遂行の不適切さという問題のあることは意識されており、大震災後の地域

第7章　緊急時における行政組織　157

防災計画の見直しの中で所掌事務の再配分が検討されたりしている。神戸市では、民生部（当時）への過度の集中の反省から、救援物資については産業振興部（現行）へ、仮設住宅については住宅部（組織再編により、現行は都市計画総部）へ移している。しかし、この所掌事務の見直しについて各部局間で激論が交わされ、部をこえての再編成が平常時でも困難であった市もあった。

4. 避難所・救援物資・ボランティア

発災直後の各市は多くの業務の遂行に迫られた。火災の消火、生き埋め者・負傷者の救助・救護、遺体の収容・安置・火葬、応急給水、食糧等の調達、情報の収集、道路の啓開などがあったが、それらの中で、量的に多く、また平常の各部の業務の性格から所掌が明らかになりにくいとして注目されるものに、避難所の開設・運営、救援物資の受け入れ、ボランティアへの対応・受け入れがあった。

(1) 避難所の開設・運営

地震に限らず、風水害、火山の噴火といった自然災害のほか、原子力施設の事故などの技術災害（事故災害）においても、住民の避難は基本的な防災活動の一つであり、各市の防災計画は避難所の開設、運営を計画していた。しかし、避難所の開設、運営という業務は平常にはなく、災害時に特徴的な業務であるだけでなく、業務遂行に必要な技術体系がとくに確立されているのではない。そのため、避難所の開設、運営を所掌する部局がどこであるかは、業務の性格から一義的に明らかにできるものではなく、実際、各市における所掌部局は異なっていた。神戸市は民生局および各区、芦屋市は、保健福祉部、西宮市は教育委員会、宝塚市は福祉部であった（図1～4参照）。おおよそ福祉部局の業務とされているが、西宮市では避難所の中心が学校であることから教育委員会の所掌になっており、震災後の今日の防災計画でもそうである。また、神戸市では各区が実際の運営の部局とされており、各区では収税課が災害時に所管することになっていた[13]。福祉部局、教育部局、税務部局と多様な部局の担当が見られ、水道業務については水道部局といったような結びつきがないのである。

大震災では避難者は全く予期しなかったような多数にのぼった。そもそも、防災計画で計画していた避難所をはるかに越えて、安全と思われるところに住民が殺到したのである。市庁舎にも避難したし、公園にテントを張っての避難も行われた。神戸市、芦屋市、西宮市では、計画で指定していた避難所数をこえて、その2倍に及ぶような数の避難所が開設された。すなわち、この3市の避難所の計画数と開設数は、364に対して599（神戸市）、21に対して55（芦屋市）、104に対して194（西宮市）であった[14]。防災計画では、所管の部局が避難所を開設し、運営することが予定されていたが、事態は全く異なる様相を呈していった。学校などに住民が詰めかけ、鍵をもっている管理者によって、あるいは窓を壊すなどして、とにかく入っていくといったことが各所で起こったのである。そして、その後も、所管の行政部局は避難所の運営にあたる職員を十分確保できず、各避難所は学校であれば校長などの教職員といった施設の関係者、あるいは地元住民、避難者自身、ボランティアなどによって手探りの運営などがなされていった。所管の各部局は、計画をはるかに越える避難者数に対して人員不足であるだけでなく、職員の参集はままならず、また救助・救護といった緊急性の高い活動に迫られたりもしたのである。そのため、各市とも、避難所との連絡、避難所への物資の配送、避難所の運営などに、職員を配置する努力は行われたが、実際には、学校教職員、地元住民、ボランティアなどによってこれらの業務の大半が担われていったのである。

　各市とも、所管部局は、避難所の数などの把握を進めるとともに、各避難所、とくに大規模避難所に職員を常駐させ、それが無理な場合は職員によって巡回することを目指したといってよい。芦屋市では、避難所へは、行けるところには1-2名配置するといった対応をし、1月24日の組織図では31カ所65人を配置している[15]。西宮市では、全避難所に常駐するのが目標であったが、実際には、所管の教育委員会職員によって大規模避難所に各2名を常駐させるのがせいぜいであった。宝塚市では、所管の福祉部が罹災証明など多くの業務を抱え、避難所に人員を回すのが困難な中で、避難所の運営にあたっていった。神戸市では、本庁レベルでは民生部は多くの業務に追われたが、各区では応援職員などを得て避難所への常駐、巡回を目指した。その中で長田区では1月25日頃をとると、他部局からの応援を得て210名くらいの職員で70カ所程度の避難所に対応し、大規模避難所には常駐的に職員が

配置された[16]。他方、中央区では、職員の常駐はできず、全区にわたって常駐体制をとることになった4月1日以降に常駐がなされた[17]。

避難所の運営は防災計画では一応予定されていたし、所管部局も定まっていた。そして、所管部局は職員を派遣してその任務を遂行するようにつとめた。しかし、実際にはそれぞれ自ら認めるように、学校教職員、ボランティアなどの力なくして避難所の運営はできなかったのである。これには、職員数が元々足りないということがあるが、同じ部局が他の任務を抱え、避難所の管理が最優先されたとはいえないこと、図らずも教職員、ボランティアの尽力があったこと、から、所管部局の役割がさらに低くなっていたと思われる。そして、避難所となった施設が、学校など避難所を所管する部局の平常時の職場でなかった（西宮市の場合はやや例外）ことがこのような事態の進展の条件になっていたと思われる。これは次の救援物資の受け入れと対比するととくに感じられることである。

(2) 救援物資の受け入れ

災害対策本部の各部の所掌事務の中に「救援物資」の文言があったのは神戸市だけであった。神戸市では、これは民生部の所管であった[18]。他の市では、食糧あるいは物資の調達が計画されており、その担当部局が救援物資の受け入れを担当することになった。芦屋市では保健福祉部であり、西宮市、宝塚市では、食糧とそれ以外の物資で所管が分かれ、西宮市では食糧は食糧供給部（生活経済局）、その他の物資は調達部（財政局）、宝塚市では食糧は食糧調達部（市民部）、その他の物資は福祉部（福祉部）であった（図1〜4参照）。ところが、この業務は大変な人手を要することになった。全国から大量の救援物資が送られ、それらには様々なものが詰め合わされていたりして、受領、仕分けが膨大な業務となったのである。そして、それへの対処は、まず職員によってなされたのである。それは、救援物資が市役所宛に送られてきたからである。各市とも、市役所玄関周辺にトラックで到着する物資を放置するわけにいかず、また避難所等で必要とする物資も多く、職員を配置して受け取り、仕分けにあたったのである。

救援物資はおおよそ発災当日の夜あるいは翌日朝から到着し始め、芦屋市、宝塚市では、市役所に登庁した職員が部局の区別なく従事していったようであった。神戸市、西宮市では担当部局の中で職員を配置したようであったが、

いずれにせよ、トラックは深夜にも到着し、その後昼夜を分かたぬ業務となり、職員には疲労が蓄積し、倒れる職員もでてきたりした。このような事態に対し、次のようなことが行われた。第1は、職員の交代制がとられた。たとえば、芦屋市では80人1班体制だった（つまり、徹夜体制であった）のを、22日から2班の交代制（各班60-90人で、12時間）とした[19]。第2に、ボランティアがこの業務を担うようになった。たとえば、宝塚市では、21日以降、「常時数十名のボランティアの応援が得られるようになり」[20]、作業の大半がボランティアによって担われることになった。第3は、物資受け入れ場所の変更である。これはトラックで運び込まれるので、市役所前が立地として適しているかが大きな要因であった。宝塚市役所は武庫川に接しており、その広い河川敷を利用することができたりしたので、物資の受け取り場所の変更はなされなかった。西宮市も市役所周辺が比較的ゆとりがあり、そこを中心として受け取りがなされた。それに対して、芦屋市役所はトラックの駐車に不便で、兵庫県立芦屋南高校に移した。また、神戸市も摩耶埠頭など4か所を配送拠点として、それらに移した。神戸市の場合は、市役所が被災地の中心に位置しているため、車の渋滞を強めていることから、物資の受け入れ場所を変更した方がよいと考えられたが、また、市役所で受け取ると職員の人手がとられることも影響したという[21]。すなわち、場所を移すことによってトラックからの積み下ろしなどに運送業者を用いることにしたのである。

　救援物資は被災地が求めていたものでもあり、必要なものでもあった。しかし、その受け入れ、仕分けの業務の過重さは思わぬことであった。基本的には災害の大きさ、被災者の多さ、それにともなう必要物資の多さ、救援の広がりの大きさに由来しているが、そのような膨大な量の受け入れ体制はほとんど考えられていなかった。そして、行政組織にとって重要だったのは、ほかに多くの緊要な業務がある中で、職員の労力を多くとり、疲労を蓄積させることであった。また、単純業務だけに、どの部局が担当するかはやはり一義的には定まらず、実際、各市で異なる部局の所管となっていた。結果的に、この業務は各市とも人員的にはボランティアなどに多くを依存することになったが、当初、職員中心になったのは、市役所が業務の場所になったからであった。避難所の運営が、防災計画で所管が定まっていたにもかかわらず、避難所現場の教職員とかボランティアに当初から依存したのと対照的で

ある。

(3) ボランティアへの対応と受け入れ

　ボランティアの活動は繰り返し指摘されているように、大震災の大きな特徴であった。すでに見た、避難所の運営、救援物資の受け入れ、仕分けといったことはボランティアの活動がなければ到底できなかっただろうと異口同音にいわれている。しかし、ボランティアの活動は防災計画では予期されておらず（とくにその市の外からのボランティアについてそうであった）、災害対策本部の各部の所掌事務の中に、ボランティアへの対応をあげているものはなかった。そして、これも業務の性格から、所管部局が一義的に定まるようなものではなかった。

　神戸市では発災翌日の18日に、災害対策本部に「救護ボランティア窓口」が設置され、ここに一般ボランティアの申し出が殺到したという[22]。また、最前線の各区にボランティアが続々と訪れたのであった。そして、神戸市ではボランティアへの対応の部局は、区と、本庁では民生部とされたようであった[23]。芦屋市では、18日にボランティア受け入れ体制の整備を決定し、19日に総務部にボランティア班が設けられ、国際交流課があたることになった。西宮市では、18日にさきに触れたようにボランティアの窓口を人事部とした。宝塚市では、当初、福祉部の所管と考えられたようであったが、仕事を調整できるような状況でないことから、20日にボランティア本部の設置を決めてからは社会福祉協議会が関わるようになったようである。各市でかなり速やかに対応すべきことを決めているが、所管部局は、民生部、総務部、人事部というようにまちまちであった。

　大震災では多様なボランティア活動が広く行われた。まず、医療、看護、建築といった専門技能をもった人たちによるボランティア活動と、特別の技能をもたない一般ボランティアがあった。また、YMCA、ボーイスカウト、宗教団体、企業、地域住民組織など、組織的にボランティア活動を行った集団が見られるとともに、個人としてボランティア活動を行った人たちがいた。そして、地元あるいは地元に近い地域の人たちによる活動とともに、広く全国から被災地に入って活動した人たちがいた。そして、これらの分類で見て、個人参加の一般ボランティアが全国から多数参集したのが、今回のとくに大きな特徴であった。それだけに、各市はこれらのボランティアに大いに助け

られるとともに、仕事の配分、人員の配分など、ボランティア活動の「コーディネート」と呼ばれる活動が重要であった。ボランティアが一部の地域には多く、他の地域には少ないとか、ボランティア各人のもっている能力とか意欲と仕事がうまくあわないといったことがおこるからである。

　しかし、これらのコーディネートについては、各市はおおよそボランティア自身にゆだねたといってよい。神戸市各区ではボランティアセンター、芦屋市ではボランティア委員会、西宮市では西宮ボランティアネットワーク、宝塚市ではボランティア本部といったボランティア自身の組織が作られ、それらと行政担当部局が対応するといった運営が行われていくようになったのである。そして、行政組織の方では、ボランティアに対して、本部的な部屋、携帯電話などの設備などを提供し、さらに宿泊場所とか食事を提供した場合もあった[24]。行政側はこのような物的な便宜提供を行いつつ、仕事の需要についての情報を提供したが、ボランティアの組織化とかコーディネートは基本的にボランティア自身にゆだねる運営となったのである。

　ボランティアの活躍は事前の防災計画では予期されていなかった。しかし、各市ではボランティアへの対応部局をかなり速やかに決めている。そして、ボランティア自身の組織に便宜を供与し、ボランティア活動を広く受け入れるとともに、そのコーディネートについてはボランティア自身にゆだねた。これはボランティア活動という性格に即した対応と見ることができるが、コーディネートに深く関わる余力がなく、その経験等も乏しかったこともうかがうことができる。行政組織の人員は絶対的に不足していたし、ボランティア活動をコーディネートする経験は各市とも余り有していなかったのである。

5. 国・県の個別施策と市の対応

　国及び県も発災直後から様々の活動、決定を行った。それらの中に、応急危険度判定、倒壊家屋等解体撤去、避難所緊急パトロールの諸施策がある。これらは事前に計画されていたものではなく、また第1線の市の活動に直ちに直接関わるものでありながら、かなり素早く実施された具体的な個別的施策であり、注目される。これらについて順に見ていきたい。

（1）応急危険度判定

　応急危険度判定とは、地震後に、建築物の被災度、危険度を判定し、余震などによる二次災害を防止するとともに、復旧、帰宅等の判断基準を提供するものである。アメリカで 1970 年代後半から重要性が認識されるようになり、日本及びアメリカで判定技術の開発が進められた。そして、1994 年のノースリッジ地震（アメリカ、1994 年 1 月 17 日）で実施され、有効に機能したのだった。日本では、大震災の直前の三陸はるか沖地震（1994 年 12 月 28 日）の際に八戸で調査が行われていた[25]。

　これらを受けて、大震災では 1 月 18 日-22 日の第 1 次、1 月 23 日-2 月 9 日の第 2 次の応急危険度判定が実施されたのである。第 1 次では明らかに危険な建築物に「使用禁止」の紙を貼る方法で行われ、第 2 次では「危険」（赤紙）、「要注意」（黄色紙）、「調査済み」（緑紙）の 3 段階の区分で判定を行った[26]。これらの判定活動は建設省の主導で、兵庫県及び各市の建築部局の職員に、全国からの建築関係公務員、建築関係団体の応援によって行われたのであった。この判定は地震後短期間のうちに行われる必要があるが、現地が混乱する中でかなり速やかに実施に移された。すなわち、17 日の午後に建設省住宅局あたりで応急危険度判定を行う方針が立てられ、翌 18 日には京都、大阪など近傍から約 80 名が被災地に入って早速判定活動に入り、翌 19 日には、この判定について準備のあった静岡県、神奈川県の職員などが東京（空路）――徳島（海路）――神戸という経路で被災地に入っている[27]。この間、建設省と兵庫県、兵庫県と各市というように連絡、協議が行われているが、事前の防災計画にないことでもあり、また発災直後の混乱期でもあり、兵庫県及び各市では疑問とか戸惑いもあったようである[28]。

　神戸市では、兵庫県から関係職員が来るなどして、18 日から判定を始めている[29]。芦屋市は建築指導部局がなく、県から市への連絡のないままに実施され、調査結果の張り紙によって第 1 次判定の活動を知ることになった[30]。西宮市では、県職員 3-4 名と西宮市建築部職員とで 18 日から市内の判定を行った[31]。宝塚市でも戸惑いながら「立ち入らないで下さい」と柔らかい言葉で貼っていった[32]。建設省住宅局――兵庫県建築指導課――各市建築部局と縦の系列で、全国の自治体建築部局及び建築関係団体を動員しての事業執行であった。18 日には各市で活動が始まっているという素早さから見ても、各市での横の連絡調整といったことはほとんどなく、建築関係者の間の連携

で企画、調整、実施が行われていったといってよいだろう。

　この活動は余震の続く中で、建物の危険度について専門家の判断が得られるということで評価されるとともに、問題とか反省も残している。すなわち、事前に知られていないこともあって、建物の所有者と利用者とで判定に関して利害が異なって紛争になったり、のちにり災証明のための調査が他の部局で行われそれとの間の整合性、一貫性が欠けていたりしたことなどがあった[33]。

　この判定活動は事前の地域防災計画にはなかったことである。また、評価もされたが、問題もあった活動である。にもかかわらず、かなり速やかに、組織的に活動が展開され、各市での担当部局も縦の系列で一義的に定まっていた。前節で見てきた諸活動と比べて、かなりの対照的特徴を示しているが、建築技術という技術の共通性を基盤とした一体性があって、それが平常時からある縦の組織的系列を通して、速やかで組織的な活動を生み出したといえよう。

(2) 倒壊家屋等解体撤去

　大震災では多くの建物の無惨な倒壊の姿が人々を驚かせた。住家の被害としては、全壊100,302棟、半壊108,741棟（1995年12月27日現在）[34]と膨大な数に上った。これらの倒壊した建物は場合によっては道路をふさぎ、隣家に倒れかかってそれを脅かしたりした。そこで、これらの建物の解体、撤去の要求とか問い合わせが地元の自治体に寄せられたりした[35]が、建物の解体は基本的には所有者の責任であった。しかし、所有者負担で解体を進めていくとすると、費用の問題などから解体、撤去が進まず、規模の大きさから影響するところも大きく、ひいては復旧、復興の見通しが立ちにくいことが懸念された。そこで、各市及び兵庫県から国の施策が強く要望され、それを受けて、1月28日に倒壊家屋の解体、撤去を公費で行うことが決定、発表された。当時の小里地震対策担当大臣によれば、27日に現地対策本部から強い要請があって、それから2日間の検討での決定であったという[36]。

　国の施策として示されたのは、個人及び中小企業の倒壊家屋等について、特例的に廃棄物処理法の災害廃棄物処理事業として、所有者の承諾のもとに市町の事業として行うというものである（同法22条2号参照）。そして、国はその事業費の2分の1を負担し、残りの部分も起債が認められ、その元利償還の95％を特別地方交付税で措置するというのであった。また、解体、撤

去について自衛隊の積極的協力を得ることも決められた。つまり、国の大幅な財政負担によって、倒壊家屋等の解体、撤去を市町の事業として進めることにしたのである。この事業の受付は、早速翌29日から始められたが、多くの被災者が殺到することになった。そして、各市で、業者委託も含め、解体、撤去、搬送、処理という膨大な業務が行われていくことになった。この事業も、事前の防災計画にはないことであった。

この事業は、解体も含めて廃棄物処理事業とされたので、厚生省の所管となった。そこで、神戸市では、環境局内にプロジェクトチームとして「災害廃棄物対策室」を設け、解体から処分まで一括して担当することになった。厚生省所管の廃棄物処理事業となったことに対応した担当部局の決定といってよいだろう。ところが、他の市での担当は異なったものとなった。芦屋市では、解体・撤去を建設部が、処分を環境部が担当することになった。業務の性格に応じて担当部局を二分したといえよう。西宮市では、土木局に「倒壊家屋等対策室」を設け、解体から処分まで一括して担当することになった。解体・撤去・搬送の業務は環境清掃部局より土木部局に親近性があること、甲子園浜に仮置き場とすることができる土地を土木局管理下にもっていたことなどから、神戸市とは対照的に、土木局が全体を担当することになったようであった。この場合、兵庫県（保健環境部）、厚生省の担当部局は平常に関係をもっている部局とは違っていたが、とくに支障はなかったようである[37]。宝塚市では、道路部長、下水道部長を長として、都市整備部、都市開発部、道路部、下水道部によるプロジェクトチームを設けて担当することになった。

倒壊家屋の解体、撤去はこの公費負担の措置によって進展することになったが、量の膨大さと、建物の関係者の権利関係の調整の困難な場合のあったことなどから、当初の一年程度の計画をこえて実施されていくことになった。その間、アスベスト問題、野焼きの問題、搬送トラックの渋滞問題、解体費用の各市間の格差問題などをもたらしながら、事業は進められていった[38]。そして、事業は地域防災計画になかったものの、各市で担当組織を定めて進められた。その場合、厚生省—兵庫県保健環境部という事業の制度的性格から担当組織を決めた場合と、事業の技術的性格を中心に担当組織を決めた場合とに分かれた。さきの応急危険度判定とは異なった動きであるが、この場合は国の決定による事業ではあるが、中央の省事務局の主導による決定ではなく、地元自治体の要望による、中央のとくに政治家レベルの判断が中心と

なった決定であった。また、技術を基礎とした一体性が、建築の場合ほど強くないこともうかがえるところである。そのような一体性が強ければ、特定の部局が主導性をもって事業を担う経緯が見られたであろうが、実際はそうではなかったのである。このようなことから、応急危険度判定とは異なって、各市でそれぞれに担当組織が定められていったのである。

(3) 避難所緊急パトロール

災害一般について、住民にもっとも身近な市町村長に避難の勧告あるいは指示の権限が与えられており（災害対策基本法第60条）、避難所の開設、運営は基本的に市町村の業務とされている。大震災においても、各市町が避難所を設けたり、把握したりしつつ、その運営に努めた。しかし、すでに見たように、避難住民及び避難所の数が想定をはるかに越える事態であり、本章で見ている各市とも、避難所の把握、運営を十分に担える状況ではなかった。

そこで、兵庫県では、各市の活動を補完する趣旨から、県職員と警察官とからなるパトロール隊を編成して、避難所を巡回し、そこでの情報を各市に伝達するという活動を始めた。1月20日から始められたこの「避難所緊急パトロール隊」は、県職員2名、警察官3名を1班とし、パトロールカーで神戸市、芦屋市、西宮市の避難所を巡回した。当初33班ではじめ、2日後の22日に100班となり、その体制で続けられ、3月頃から規模を縮小しつつ、7月26日まで続けられた[39]。この活動は、各市で避難所の把握が十分行えない中で、避難所の情報が伝えられるといった機能も果たしたが、むしろ各市との連携が乏しく、問題が指摘されている。すなわち、各市ではパトロール隊の情報が自らの市組織からの情報とは別に伝えられるので、両者の重複があったり、パトロール隊は情報提供だけであるので対応不要と思われる案件の処理に困るといった問題があったのである[40]。兵庫県自身も問題を認識していて、次のように述べている。すなわち、「……県は市との役割分担等を未調整のまま、市の役割を補完するために緊急にパトロール活動を実施したため、情報の提供、物資供給等において、同一避難所に県・市が個々別々に情報や物資を提供するなど、後に被災市が行う避難所対策と重複をきたし、その都度市と調整する必要が生じた。……住民の要望を的確に情報を災害対策に繋げるシステムが確立しておらず、避難住民からの様々な要望を適切に関係機関へつなぎ、迅速かつ的確に対応することができなかった」[41]。

兵庫県でのこの活動の所管は生活文化部であった。すでに見たように、避難所の管理、運営は各市で所管部局が異なっていた。平常にはない業務であり、福祉部門に親近性があるとはいえ、業務の性格から部局が一義的に明らかになるのではなかった。このため、兵庫県が避難所を巡回する活動を始めても、各市の担当部局との連携が明確かつ速やかに行えることにならなかったと思われる。縦に関係部局の連携がとられた建築部局の例と対比すると、とくに違いが浮かび上がってくるところである。事前の地域防災計画にない活動であったが、所管部局が一義的に明確にならない中で、緊急時において関係機関間の連絡調整が十分行えないことによる混乱あるいは問題といえよう。

6. 緊急時の組織対応

大震災は自治体にとって思わぬことであった。そして、緊急に多くのことに対処しなければならない状況におかれた。そのような緊急時における行政組織の行動はどのような特徴を示すか。本章で見てきたところを次の4点にまとめておきたい。

第1は、事前の防災計画の分掌による所掌事務に沿って行動する強い傾向がある。ただし、比較的規模の小さい組織では、臨機に業務を判断し、それに沿って組織を編成している。芦屋市及び神戸市各区がそうである。それらの規模から見て、組織成員が数百人から千人程度の組織では臨機の組織編成が行われると見られる。また、大震災の場合、地域防災計画があり、その組織に沿っていたが、そのような事前計画がない場合は、平常の組織の所掌事務に沿って行動すると推測できよう。規模が大きいと臨機の組織編成が困難なことが基盤にあるのであり、緊急時の組織行動は事前に計画されていたあるいは事前に活動していた組織分掌に基づいて行動する強い傾向をもつと一般化できるだろうからである。第2は、追加的な業務は立案され、実施される。事前の組織分掌に沿って行動が行われるが、事前の計画にない活動が行われないのではない。事態の認識に基づき、新しい業務は立案され、事前の組織分掌を基本にしたり、プロジェクトチームが設けられるなどして、新たな業務が実施される。救援物資の受け入れ、ボランティアへの対応、応急危険度判定、倒壊家屋等解体撤去、避難所緊急パトロールは、すべて、事前の

計画にはなかったものである。

　第3は、追加的な業務などによる臨機的な調整は、緊急時には一般に困難である。しかし、技術的一体性とか、事前の計画による体系あるいは事前に活動していた体系における権限関係による調整は、緊急時にも比較的機能する。避難所緊急パトロールは、臨機的調整の困難を示しており、応急危険度判定は技術的一体性及び事前の体系による調整が機能することを示している。ボランティア担当部局とか、倒壊家屋等解体撤去の担当部局などは、事前の体系の枠の中で、事前の体系による権限によって担当部局が定められており、それに基づいた調整は比較的機能したといえよう。

　第4は、緊急な業務は、その現場にいる人員を拘束する傾向がある。本章の中では、避難所の運営が学校教職員などに依存したのに対し、救援物資の受け入れが職員によって当初担われたところにこれが認められる。そのほか、大震災では、情報収集に回った警察官とか職員が、現場での救出などを要請されたことが報告されている[42]。組織全体の視点からは不適切なあるいは不均衡な業務遂行であっても、緊急事態下では、業務の現場にいる人員はそこに拘束される傾向が生じるのである。

　さて、最後に、これらの特徴を生み出す要因について分析しておきたい。

　まず、新規な状況が生じ、それに応じた組織を編成することを考えてみよう。そこでは、情報を収集し、それによって行うべき任務を設定し、それを複数の人員によって行うよう分業し、命令系統を定め、各職務に人員をあてるということが行われなければならない。大震災は防災計画の想定をこえる新規な事態であったが、このようにして新規な状況に適した組織編成を行う余裕はなかった。それは観念的な完全合理性によって瞬時に行われるというものではないからである[43]。危機とか緊急時は、一般にそうである。すなわち、新規の状況に合わせた組織編成を瞬時に作り出すことはできないのである。そこで、不十分ではあっても、既存の組織分掌及び命令系統を用いることになる。ただし、規模の小さい組織であれば、比較的短い時間で、情報収集から組織編成までを行うことができ、新規な状況であれば、それの方が適切な活動ができることになる。大震災の事例は、千人程度の規模が、両者を分ける境界であることを示唆しているといえよう。もっとも、これは緊急事態の内容（どの程度新規な性格をもっているかとか、対処するのにどのような技術体系が必要であるかなど）とか、情報収集の難易などによって異なる

であろう。

　しかし、既存の組織分掌は新規の状況に対処するのに、多かれ少なかれ、不適切である。そこで、情報が収集され、事態の新規性が認識されるにつれ、新たな任務が設定されたり、任務の変更が行われる。しかし、それは既存の組織などの枠の中で行われる傾向を持つ。それは単に新たな組織編成が瞬時に行えないからだけではなく、組織成員に新しい任務を緊急に受容させるには、強い正当性が必要だからであろう。本稿の考察からは、組織成員が緊急時に受容する正当性の基盤として3つのものが示唆されているように思われる。第1は、既存の所掌事務である。従来から自らの任務とされているものは任務として受容する。部をこえた組織の再編成が行われにくく、また機能しにくいのはこれに反するからではないだろうか。自らの任務でなかったものを受容するにはかなり強い正当性が必要なのである。それを提供するものの1つが、正当性の基盤の第2としてあげる、業務上の技術である。従来から保持している技術に基づいた新しい任務は受容されやすい。業務上の技術に対して、自らの任務を支えるものとして強い心理的関与があり、それを用いる任務は自己の使命として受容されやすいのである。第3は既存の権限系統である。つまり、従来から上司とされていた者の指示する任務は受容する。従って、1人の上司のもとでの任務変更、すなわち組織単位内での任務変更は受容されやすいが、それをこえる再編成はより高いレベルの上司によることになり、緊急時には誰の指示かがわかりにくく、受容されにくいのではないか。従って、ある程度の落ち着きと準備がないと、より大きな再編成は困難なのではないか。つまり、3つをあわせていうと、従来からの任務、自らの技術、上司からの明らかな指示、に関わる場合は、新しい任務とか任務の変更が受容されやすいのである。それは既存の枠の中で任務を設定していくのが受容されやすいことを意味しているといえよう。従来からの上司が、従来からの任務に近く、その任務の遂行における技術を用いた任務を設定するのが受け入れられ易いことになるのだから。

　一般的にいって、緊急時における対応は、臨機的に完全合理性によって、瞬時に適応するという過程ではなく、既存の組織構造及び技術体系によりつつ、新規の事態に対処するものである。既存の枠組みを用いながら、予期しない事態、新しい事態に対応した組織編成、任務を作り出していくのである[44]。

注

1) 中邨章編著『行政の危機管理システム』中央法規出版、2000 年、第 3 章参照。
2) 芦屋市の場合、地震当日（1 月 17 日）の職員の出勤率は 42 ％であったが、それが増えていって 90 ％をこえるようになるのが、約 1 週間後の 25 日である。兵庫県全体の避難者数が最大であったのは 1 月 23 日で 316,678 名であり、その後長く漸減あるいは横ばいを続けており、3 週間後の 2 月 7 日の 230,651 名は転換点ではない。しかし、おおよそこの時期あたりまでを発災直後の時期として考察の対象としたい。芦屋市役所企画財政部防災対策課編『阪神・淡路大震災──芦屋市の記録'95-'96』、1997 年 4 月、86 頁、兵庫県『阪神・淡路大震災──兵庫県の 1 年の記録』兵庫県知事公室消防防災課、1996 年 6 月（以降、『兵庫県 1 年記録』と略す）、419-20 頁。
3) 各市はそれぞれ大震災の記録を編纂している。
神戸市編『阪神・淡路大震災──神戸市の記録── 1995 年』、1996 年。
芦屋市役所企画財政部防災対策課編、前掲書。
西宮市総務局行政資料室編『1995・1・17 阪神・淡路大震災　西宮の記録』、1996 年 11 月。
宝塚市役所『阪神・淡路大震災──宝塚市の記録 1995 年──』、1997 年 3 月。
（それぞれ、『神戸市記録』あるいは各市の『記録』の様に略する）
また、各市の防災部局に発災直後のことなどについて、次のようにヒアリングを行った。
神戸市市民安全推進室市民防災課、1998 年 12 月 8 日。
芦屋市企画財政部防災対策課、1998 年 12 月 1 日。
西宮市土木局土木管理部防災対策課（あわせて、当時の関係者）、1998 年 12 月 22 日。
宝塚市消防本部警防防災課、1998 年 12 月 15 日。
4) 『兵庫県 1 年記録』。
5) 神戸市長田区役所記録誌編集委員会編『人・街・ながた　一九九五・一・一七』、1996 年 1 月 17 日（以降、『長田区記録』と略す）、5 頁。
6) 各市でのヒアリングによる。
7) 『芦屋市記録』78-84 頁。
8) 『神戸市記録』187-8 頁。長田区の場合について、『長田区記録』、3-5 頁。
9) 『西宮市記録』334 頁。
10) 神戸市でのヒアリングによる。

11) 前注と同じ。
12) 『西宮市記録』、292 頁。
13) 長田区の場合について、『長田区記録』、3 頁。
14) 各市の『記録』による。
15) 『芦屋市記録』、80 頁。
16) 『長田区記録』、37 頁。
17) 中央区役所地域福祉課編『阪神・淡路大震災——中央区の記録——』、1996年 3 月（以降、『中央区記録』と略す）、26 頁以下。
18) 『神戸市記録』、177 頁。
19) 『芦屋市記録』、164-5 頁。
20) 『宝塚市記録』、135 頁。
21) 神戸市でのヒアリングによる。
22) 『神戸市記録』、603 頁。早稲田大学社会科学研究所編『阪神・淡路大震災における災害ボランティア活動』、1996 年 9 月、303-4 頁、同書第Ⅱ部は、神戸市、同市長田区、西宮市、芦屋市でのボランティア活動について、行政組織の対応とともに報告、論述している。
23) 神戸市民生局『平成 7 年兵庫県南部地震——民生部の記録』、1996 年 2 月、において、「ボランティア活動の支援」との表題で記録がされている。
24) 神戸市中央区では、一般ボランティア自身による組織化、コーディネートがうまく行われたとされているが、その要因として、すぐれたリーダーに恵まれたこととともに、行政側からボランティアルーム、ファクシミリ・携帯電話・複写機、宿泊場所、食事の提供がされたことがあげられている。『中央区記録』、39-45 頁。
25) 応急危険度判定のアメリカ、日本での経緯については、建築行政協会兵庫県支部編『阪神・淡路大震災と建築行政等の記録』、1997 年 1 月（『建築行政の記録』と略す）、165 頁、191 頁によっている。
26) 『建築行政の記録』、28 頁。
27) 前注書、191-3 頁。
28) 前注書、141-53 頁の座談会参照。
29) 『建築行政の記録』、142 頁。
30) 『芦屋市記録』、228 頁。
31) 西宮市でのヒアリングによる。
32) 『建築行政の記録』、144 頁。
33) 前注書、33-4 頁、143 頁。『西宮市記録』、188-9 頁。
34) 国土庁編『防災白書（平成 8 年版）』大蔵省印刷局、1996 年 7 月、8 頁。
35) たとえば、『長田区記録』、19 頁。

36）小里貞利『震災大臣特命室』読売新聞社、1995年8月、55-6頁。
37）西宮市でのヒアリングによる。
38）倒壊家屋等解体撤去事業については、神戸市についてのものであるが、『都市政策』第93号、1998年10月、所収の各論文及び巻末の「災害廃棄物処理事業業務報告書」（神戸市環境局、平成10年3月）を参照。
39）『兵庫県1年記録』93-7頁。また、貝原俊民『大震災100日の記録』ぎょうせい、1995年12月、49-51頁参照。
40）避難所緊急パトロールの問題点を指摘したものとして、東京都編『阪神・淡路大震災調査報告書』東京都、1995年9月、181-2頁。
41）『兵庫県1年記録』、96-7頁。
42）たとえば、『芦屋市記録』、110頁。
43）完全合理性の批判について、Simon, 1947b [Simon, 1976a], chap. 5 参照。
44）組織における変化が、より安定的な要素に基づいて適応的に行われることについて、March and Simon, 1958, pp. 169-71。

第8章

大阪市行政と行政の革新性

1. はじめに

　大阪市は、明治以来、東京とならぶ大都市として、近代的な発展を遂げてきた。それと相伴って、大阪市行政も、日本の都市的施策を先進的、先駆的に担ってきた。水道、地下鉄、御堂筋の整備など、欧米をモデルとした先進的施策を実施してきたのである。

　しかし、戦後、高度経済成長の中で、東京一極集中が進み、大阪の相対的地位の低下が進行した。それとともに、大阪市行政が全国的あるいは世界的な視点から見て、新たな動きを先導するといった革新性を示すことが乏しくなったのではないだろうか。これは、戦後の諸施策が、全国均てん化を図り、大都市としての特性を生かしにくかったからかもしれない。

　他方、行政は一般に前例を踏襲し、新規な施策に積極的でないと見られている。市場における競争性がなく、非効率的な方法を続ける傾向があると考えられているのである。行政に市場的な手法を取り入れようとするNPM（New Public Management、新公共管理）の動向の背景にはそのような認識が見られる。「動かない官僚制から、革新的で（innovative）、柔軟で、応答的な組織へ」という主張がされ、「企業的政府（entrepreneurial government）」という用語が用いられるとき[1]、従来の行政が硬直的で革新性に乏しいことが強く問題にされているのである。

　大阪市の行政は果たして革新性が乏しくなっているのか、それは大阪の地盤沈下のためか、あるいは全国的な均てん政策の故か、またそれとも行政の通弊である保守性の現れか。このような関心から、大阪市の各局が自ら革新

的と考える施策にどのようなものがあるかをアンケートで尋ねることにした。それによって、大阪市の行政の革新性、さらには行政一般の革新性について検討してみようと考えたのである。

次節では、行政の定常的な状態のモデルを示し、それからの変化を革新性ととらえる視点を示したい。次いで、第3節では、アンケート調査の結果を分類することにする。そして、第4節で、それに基づき、行政の革新性の分析について検討したい。

2. 政策の循環と政策体系

(1) 政策の循環

政策を、政府あるいは自治体の諸活動及びそれらを方向づける方針、つまり、方向づけの方針だけでなく、それに沿った諸活動も含めて政策ととらえると、それを産出する過程を循環としてとらえることが出来る[2]。すなわち、諸活動の元になる資源の取得から政策の産出へ、そして、それを受けてフィードバックしてさらに資源の取得へという循環である。

自治体政府を念頭に検討を進めると、自治体は住民の要求、期待に応じて、多様な活動を行う。たとえば、生活保護の扶助費の交付といった給付的な活動、許認可の決定及び違反行為の監視といった規制的な活動、ごみの収集、処理といった事業的な活動などが挙げられるが、ここに見られるように類型的にも多彩な活動を行っている。そして、これらの諸活動が実施されるためには、活動を行う公務員、建物・車両といった設備、装置などの物的資源、それらの元になっている金銭、また、自治体の諸活動を受容させる権威といった、様々な資源が必要である。これらの資源を用い、法律、条例、規則、要綱、予算などに従って、さきのような諸活動が行われるのである。すなわち、様々な資源——これらをインプット（input）と呼ぶ——を用い、法律、条例、予算などに示される方針に従い、自治体の諸活動が行われるのである。

自治体の諸活動は、それ自体が、住民に対して向けられる産出物であることもあれば（許認可の決定など）、水道水のように自治体の活動によって産出物が生産されることもある。それらの産出物を成果あるいはアウトプット（output）と呼ぶと、社会に送り出されたアウトプットは、そこで社会における状況と相互作用し、社会に変化をもたらす。それを政策の効果あるいはア

ウトカムズ（outcomes）と呼ぶ。道路建設を例に取ると、建設された道路がアウトプットで、それによってもたらされた渋滞の解消さらにはそれによる経済効果などが効果（outcomes）である。

政策による効果は、住民によって様々に評価され、それは自治体に対する支持、要望、期待、批判となって、自治体にもどってくる。フィードバックである。フィードバックされた住民の支持によって、税収も確保され、自治体の権威も維持されるのであり、批判が強ければ、権威は低下していく。税収が確保され、権威が維持されていると、住民の要望、期待に添った諸活動が可能になる。自治体の諸活動の源である諸資源が確保されているからである。このように、政策の効果がフィードバックし、それが新たな政策を産出していくのであり、ここに政策の循環を見ることが出来る。

すなわち、諸資源（input）→ 政策（自治体の諸活動およびその方針）→ 成果（output）→ 効果（outcomes）→ 諸資源という循環である。当初の諸資源と一巡後の諸資源が等しければ、同じ政策の実施が可能であり、さらにそれが望まれていて、実際に同じ政策が行われることを想定すると、それは政策のいわば単純再生産のモデルである。再び産出されたアウトプットからの効果が、住民によってそれと等しい政策の要望としてあらためてフィードバックされれば、さらに単純再生産が続くのである。政策の革新を、この単純再生産からの発展的変化と位置づけることが出来るが、それに移る前に、政策自体の体系についてみておくことにする。

(2) 政策・施策・事務プログラム

政策は、自治体の諸活動およびそれらを方向づける方針であるとしたが、具体的には、自治体職員の諸活動および、法律、条例、規則、要綱、予算などに示されている方針の総体である。それらは多くの要素からなっているが、全体が少なくとも緩やかに体系づけられている。

全体が体系づけられているのは、自治体職員の諸活動が、全体を方向づける全体的計画を受容することによって行われているからである。すなわち、自治体職員の活動は組織メンバーの活動として行われており、組織における諸活動が体系だって行われるのは、全体的計画があり、それを各メンバーが受容しつつ、各自が個別的に決定を行って活動しているからである。全体的計画が具体的な1つの計画として定められているのではないが、全体的計画

の性格をもった諸決定があり、それらを受容して、組織メンバーが活動することにより、組織は体系だった活動を見せるのである。

　そこで、組織活動について、全体的計画から、それを受容して行われる個別決定へという階層性を考えることが出来るが、行政組織に関して、3段階の階層でモデル化することにしたい。すなわち、政策（狭義）―施策―事務プログラムという3レベルの階層である[3]。これらのうち、施策が中核的なレベルであり、それは、社会的に意味のある具体的な目的をもち、その実現に向けて諸活動が統合されたものである。

　政策―施策―事務プログラムと階層化されたものが、さきに定義した政策（広義）であり、体系づけられているので、政策体系と呼びたい。つまり、自治体の諸活動およびそれらを方向づける方針を政策体系と呼び、それは、政策（狭義）―施策―事務プログラムの3レベルで階層化され、体系化されている。もっとも、3つのレベルとしているのは、単純化したモデルとしてであり、実際には、階層が3つとは限らないし、体系化の様相も複雑である。しかし、このようにモデル化することにより、政策体系をより具体的に分析できるのである。

　政策（狭義）は、多くの施策を体系づける全体的計画にあたるもので、具体的には、複数の施策を方向づける方針、諸施策を横断的に制約する制度等（組織、会計等の手続き、人権についての規範など）、予算など資源の配分についての計画などからなる。形式としては、法律、条例、予算、規則、総合計画などによって定められている。

　施策はすでに触れたように、社会的に意味のある目的をもった諸活動のまとまりであるが、さらに内部が多くの部分に分かれる。それらの各部分を事務プログラムと呼ぶと、これによって、政策―施策―事務プログラムという階層をなした政策体系となる。たとえば、水道事業は1つの施策であるが、水源確保の事務、浄水業務、料金策定事務などは事務プログラムであり、それらが総合されて、水道の供給という社会的に意味のある目的が達成されるのである[4]。そして、水道事業の遂行にあたってとられる会計制度とか、一般会計から投入される資金量などに示される方針が政策（狭義）であり、政策（狭義）の下には水道事業のほかにも多くの施策がある。

　施策は社会的に意味のある具体的な目的をもっているが、そこには、目的を達成するであろうという期待と信頼が見られる。そして、施策に目的達成

の信頼があるとき、テクノロジー（technology）、つまり、何かを成し遂げる「わざ」という性格を見ることが出来る。そこで、施策はテクノロジーの性格をもったまとまりのある活動群ということができるだろう5)。

政策はこのように体系だっているので、循環しているのは、政策体系ということになる。すなわち、諸資源（input）→ 政策体系（自治体の諸活動およびその方針［政策—施策—事務プログラム］）→ 成果（output）→ 効果（outcomes）→ 諸資源という循環である。そして、これらの中で、施策はテクノロジーの性格をもっている。

(3) 政策の革新

政策体系は、単純再生産の循環においても変化がないのではない。事務プログラムは、反復的に生ずる状況に対して、標準的な手順を定めた標準作業手順（standard operating procedures）6) から構成されている。そして、標準作業手順は、予測可能な環境変化についてはそれぞれの場合の手順をあらかじめ定めていることもある。従って、環境の変化があれば、それに応じて手順を変え、それによって目指すべき目的を従来通りに達成しようとするのである。

しかし、予期できなかった変化とか、大きな変化に対しては、事務プログラムを新たに開発するなどの対処が行われる。あるいは、内発的に従来の事務プログラムを改革していくことも行われる。これらの変化によって、産出される成果（output）が異なってくるならば、そこには単純再生産ではなく、政策体系の発展を見ることが出来るだろう。政策、施策あるいは行政について革新といわれるときは、このような発展を指そうとしていることが多いのではないだろうか。そこで、政策の循環の単純再生産からの発展的変化を政策の革新と呼ぶことにしたい。

これについてはシュムペーターから示唆を得ているが、シュムペーターは、経済発展を引き起こす現象として、革新（innovation）［あるいは新結合（生産にあたって利用するものや力の結合の新しい形）］を指摘した。そして、革新とは新しい生産関数の設定であるとし、まだ知られていない新しい財の生産、とか、まだ知られていない新しい生産方法の導入などを具体的な内容としてあげている7)。すなわち、生産要素の新しい組み合わせを革新と呼び、それには、新しい生産物の産出の場合も、新しい生産方法の導入もあるとし

ているのである。政策の革新についても、同様に、新しい産出物（output）がつくり出される場合と、新しい過程で政策が行われる場合とを考えることができる。前者は、新しい施策の導入がそれにあたるだろうし、後者は、施策を実施する過程が新しくなる場合があたるだろう。新しい施策は、社会問題への対処とか、新施策の要求への対応として行われるし、施策実施方法の変化は、同じ資源の投入（input）からより高いレベルの成果を上げるためなどから行われるだろう。いずれも、それらによって、政策体系の単純再生産からの発展的変化が生じ、政策の革新が見られるのである。

　政策の革新については、さらに、その深さについて考えておきたい。政策体系は、政策―施策―事務プログラムという階層をなしている。この階層におおよそ対応しつつ、政策体系には、変化の容易な浅い層（事務プログラムから施策）から、変化の起こりにくい深い層（施策から政策［狭義］）が見られる。環境の変化に応じて頻繁に変化するところと、そのような適応的変化を支える基礎となっている深い層とがあるのである[8]。事務プログラムの状況適応的部分は頻繁に変化するが、その変化は施策の目的とか、方針に沿って行われるのであり、その施策の目的はさらに高次の政策（狭義）の方針によって、より低い頻度で改められる。高次の政策の方針が変化するのはより稀であり、政策体系の深度の深い層にあるより安定した価値を構成しているといえよう。政策体系の革新は、一時には、その一部が変化し、単純再生産からの発展的変化が見られるのであるが、政策体系の浅い層の変化の場合もあれば、深い層の変化（それは、浅い層の変化へと影響を及ぼしていく）の場合もあるのである[9]。

3. 革新的施策の分類

(1) 大阪市の革新的施策

　大阪市の革新的施策について、大阪市各局に、革新的施策と考えるものを5つから8つ挙げるようアンケートを行った。対象はおおむね戦後の施策とし、自局における施策の中でとくに革新的であるというものを挙げてもらったのである。2001年秋にアンケートを行ったが、市長室、オリンピック招致局、財政局、収入役室、選挙管理委員会事務局、監査・人事制度事務総括局、市会事務局からは、とくに挙げるものはないとのことであった。他の各局か

ら挙げられたものを整理したのが表である。

表　大阪市各局の革新的施策（各局へのアンケートによる）

部局	施策・事業名	開始等の時期	technology（テクノロジー）	innovation（革新）
総務局	阪神都市協議会	1955	組織	組織
	大阪市隣接都市協議会	1956	組織	組織
	大阪市市政研究所	1951	組織	組織
	大阪・八尾両市行政協力協議会	1961	組織	組織
市民局	大阪市地域振興会の設立	1975	組織	組織
	公聴課設置	1947	組織	組織
	消費者センターの休日開所	2000	サービス	product
	防災中枢拠点施設の整備	2001	物	process
	大阪市都市防災情報システムの整備	2001	サービス	process
	大阪市立男女共同参画センターの整備	1991	物	process
計画調整局	人口回復策の立案	1992	サービス	product
	近畿開発促進協議会	1960	組織	組織
	「大阪市総合計画21」の策定	1990	サービス	process
	「テクノポート大阪」計画	1983	サービス	product
	「大阪市総合計画基本構想1990」の策定	1967	サービス	process
	「大阪市総合計画1990」の策定	1977	サービス	process
	関西広域連携協議会	1999	組織	組織
	セットバック誘導型地区計画制度	1994	規制	product
	立体道路制度	1991	規制	product
	築港深江線「船場地区」建設事業	1970	物	product
	阪神高速道路池田線と朝日新聞社ビル	1964	物	product
健康福祉局	大阪バイオサイエンス研究所の設置	1987	組織	組織
	給付券方式による福祉用具購入、住宅改修費の支給	2000	サービス	product
	生活困窮者に対する介護保険料減額制度	2000	サービス	product
	苦情・相談に対応する第三者機関の設置補助	2000	サービス	product
	健康大阪計画推進事業	1989	サービス	process
	救急急病医療事業	1975	サービス	process
ゆとりみどり振興局	建設残土等による公園整備	1965	物	product
	緑のリサイクル事業	1992	物	product
	グリーナリー大阪2005事業	1991	サービス	process
	緑化100年宣言	1964	サービス	process
	天王寺動物園ZOO21計画事業	1993	物	product

	芸術創造館の運営	2000	物	product
	芸術アクションプランの推進	2001	サービス	product
経済局	海外事務所の設置	1958	組織	組織
	ビジネスパートナー都市経済交流事業	1988	サービス	product
	(株)大阪マーチャンダイズマート出資	1966	物	product
	大阪産業創造館事業	2001	物	product
	大阪市信用保証協会設立	1942	組織	組織
	小口簡易融資	1962	サービス	product
	特別小企業融資	1965	サービス	product
	大阪市立工業研究所受託研究制度	1921	サービス	product
	中央卸売市場本場整備事業	1988	物	product
	中央卸売市場南港市場開設	1984	物	product
	中央卸売市場食肉市場開設	1958	物	product
都市環境局	仮設トイレ汚水受入施設	1996	物	product
	下水道科学館	1995	物	product
	降雨情報提供サービス	1999	情報	product
	なにわ大放水路	1984	物	product
	雨天時活性汚泥処理法導入	1999	物	process
	舞洲スラッジセンター建設	1997	物	process
	大気環境管理基準等に関する大阪市公害対策審議会答申及び、これに基づく西淀川区大気汚染緊急対策	1965	サービス	product
	「町を静かにする運動」の推進	1955	情報	product
	地盤沈下対策	1950年代	規制	product
	環境学習センターの開設	1997	物	product
	環境分野の国際協力	1985	サービス	product
環境事業局	小学生社会科副読本「ごみと社会」作成(3,4年生を対象)	1978	物	product
	ごみの持ち出しサービス	1996	サービス	product
	泉南メモリアルパーク(霊園)設置	1977	物	product
	市立斎場整備計画	1991	物	product
	市立葬祭場整備	1999	物	product
	住之江工場建設	1961	物	product
	西淀工場建設	1962	物	product
	八尾工場建設	1965	物	product
	森之宮工場建設	1966	物	product
	ごみ管路輸送システムの建設	1976	物	product
	舞洲工場建設	1997	物	product
	資源集団回収団体に対する支援制度	1999	サービス	product
	特定非営利活動法人「ごみゼロネット大阪」への参画	2000	サービス	product

	大阪市版アダプト「まち美化パートナー制度」	2000	サービス	product
住宅局	都心居住容積ボーナス制度	1979	規制	product
	住まい情報センター	1999	物	product
	マンション管理支援事業	2000	情報	product
	生野区南部地区整備事業	1994	物	product
	民間老朽住宅建替支援事業	1992	複合	product
	HOPE ゾーン事業	1996	複合	product
	毛馬・大東地区住環境整備事業	1975	物	product
	淀川リバーサイド地区整備事業	1979	物	product
	中間所得者層向け賃貸住宅の建設	1977	物	product
	新婚世帯向け家賃補助制度	1991	サービス	product
建設局	先駆的橋梁形式の採用（神崎橋ほか）	1953	物	process
	平野川調節池建設事業	1981	物	product
	道頓堀川水辺整備事業	1995	物	product
	平野川分水路改修事業（ゴアイラス工法）	1964	物	process
	道頓堀川水門（サブマージラジアルゲート）	2000	物	process
	市街地改造事業（大阪駅前、谷町地区）	1961	複合	product
	阿倍野地区第2種市街地再開発事業	1976	複合	product
港湾局	港地区復興土地区画整理事業	1946	物	product
	南港ポートタウン建設	1975	物	product
	天保山地区再開発	1988	物	product
	ユニバーサル・スタジオ・ジャパンの誘致	1994	物	product
消防局	消防艇就航	1956	物	process
	消防ヘリコプター配置	1970	物	process
	指令業務の自動化	1978	サービス	process
	生野防災センター開設	1981	物	product
	予防業務電算処理システム完成	1986	サービス	process
	遠距離大量送水システムの開発	1995	物	product
	特別救助隊創設	1996	サービス	product
	消防情報システム「ANSIN」の開発（消防車両動態管理・情報伝送システム）	1998	サービス	process
交通局	新交通システムニュートラム	1981	物	product
	リニアモーター中量規模地下鉄整備	1990	物	product
	リニアモーター駆動車両の開発	1988	物	product
	ワンマンカー（バス）	1951	物	process
	バスロケーションシステム・都市新バスシステム	1981	物	product
	リフト付き路線バス	1991	物	product
	VVVF制御車両の導入	1981	物	process
	3連型マルチフェースシールド工法	1991	物	process

第8章 大阪市行政と行政の革新性 183

水道局	コンビニエンスストアでの料金収納	1993	サービス	process
	工業用水道自動検針システム	1994	物	process
	給水装置整備事業	1993	物	process
	直結給水範囲の拡大	1995	物	process
	高度浄水施設整備事業	1992	物	process
	浄水施設整備事業	1979	物	process
	配水管整備事業	1965	物	process
	水質試験所設置	1949	組織	組織
市立大学	教養部運営委員会方式	1957	組織	組織
	同和問題研究室設置	1973	組織	組織
	家政学部から生活科学部への名称変更	1975	組織	組織
教育委員会事務局	特色化への取り組み（「国語科」設置など）	1991	サービス	product
	小・中学校へのエレベータ設置事業	1991	サービス	product
	児童いきいき放課後事業	1992	サービス	product

1. 開始等の時期は、企画の時期、完成時期など、まちまちであり、おおよその時期を知るためのものである。
2. technology の分類欄は、物的生産・設置→物、規制→規制、給付・補助・サービス→サービス、情報→情報、複合過程→複合とした。
3. technology において「組織」と分類したものは、innovation においても「組織」と分類した。
4. product と process の区別は、市民にとって、新しい output がある場合は product、市民にとって、従来とほぼ同じ output の場合（output をつくり出す過程に変化がある場合）は、process とした。

　従って、筆者が基準を設けて、革新的施策を列挙したものではなく、大阪市各局が自ら革新的と考える施策をそのまま挙げているのである。そして、現在の担当者へ向けてのアンケートであるので、比較的近年のものが多くなっている可能性がある。このような限界のあるものだが、その性格に注意するならば、大阪市行政の革新性について検討する1つの資料として十分用いることができるデータと考える。すなわち、大阪市行政の革新性の程度、内容を客観的に示すものではないとしても、その傾向を探っていくデータとして用いることができると考えるのである。

　開始等の時期は、アンケートの回答に付せられたものに基づいているが、企画の時期、完成時期など、まちまちであり、おおよその時期を知るためのものとしてあげてある。

　これらの諸施策に関して、2つの視点からの分類を試みた。1つは、テクノロジーについてであり、いま1つは、アウトプットにおける革新か、産出のプロセスにおける革新かである。

(2) テクノロジー

　施策に対しては、その目的を達成するであろうとの期待と信頼が見られると指摘した。たとえば、水道事業は、「清浄にして豊富低廉な水の供給」（水道法第1条）が目的とされているが、事業によってきれいな水が供給されるとの信頼が見られ、それ故に施策として実施されていっているのである。そして、その信頼は、きれいな水を供給する「わざ」への信頼であり、そこに「テクノロジー」があるといえるのである。「テクノロジー」への信頼の程度は施策によって違うが、資金等のインプットを投入して何らかの成果があり得るとの信頼があって、施策は採用され、実施されていくのである。

　そのテクノロジーにはどのようなものがあるか。自治体の施策に見られるテクノロジーを、大きく5つに分けることにしたい。すなわち、①物的生産・設置（製品、建造物）、②規制（規則、許可、処罰など）、③給付、補助、サービス、④情報、⑤複合過程である。それぞれは、次のようなものである。

①物的生産・設置（製品・建造物）

　企業活動では、有形の財を産出するというのは、市場へのアウトプットして典型的なものである。自治体の施策においても、道路建設、水道水の供給、会館の建造など、物的な生産とか、物的な設置に関するテクノロジーを用いて、施策目的を達成しようとするものがある。アウトプットとしての物的製品とか建造物をつくり出す技術がテクノロジーの中心である。

②規制（規則、許可、処罰など）

　行政法学では、規制行政と給付行政の区別がある[10]が、個人の権利を制限することによって、施策目的を達成しようとするものが規制行政である。建物の建坪率とか高さを制限することによって、地域の環境等を整備しようとするものなど、命令、禁止、許可などを主要な手法とする施策がそれにあたる。規制、許可、処罰などを実施する事務プログラムが、テクノロジーの内容となる。

③給付、補助、サービス

　規制行政と対比される給付行政は、何らかの利益供与を行うことによって、目的を達成しようとする施策である。生活保護の扶助費の給付のように、個人などに金銭給付をするもの、特定の活動を奨励するために補助金、融資などの助成をするもの、ごみの収集、処理など、事業活動によって無形のサービスを提供するものなど、広範な範囲のものを含んでいる。従っ

て、テクノロジーの内容も多様であるが、テクノロジーの構成要素として、財政的資金を主要な資源とする点で共通する性格をもっている。

④情報

　政府が活動を行うに際してもっている主要な資源として、法的権限（規制行政はこれををもちいる）、財政力（給付行政はこれを用いる）、組織（自ら行う事業などはこれを用いる）とともに、情報集結性が挙げられることがある。政府あるいは自治体には、それとして存在するだけで、他では得られない情報の流入があり、それを資源として活動を展開できるというものである[11]。そこで、自治体のもつテクノロジーとして、情報を挙げておきたい。自治体に流入する情報を用いることによって、特定の目的を達成できるとの信頼のあるとき、テクノロジーの主要な構成要素が情報である施策が成立するだろうと考えるものである。

⑤複合過程

　自治体が施策の実施に際して示すテクノロジーには、以上のほかに、それらのいずれかに偏ることなく、多様な方法を複合的に用いて、施策目的を達成しようとしているものが見られる。規制的手段とともに、給付的手段も用い、さらに行政指導といった手段も用いるなど、複合的な過程を通じて、施策を実施していくものである。これを、複合過程的な内容をもったテクノロジーとして、5番目に挙げておきたい。

　大阪市各局が挙げた革新的施策について、これらのうちどのテクノロジーを主に用いているかを検討した結果が、表のtechnology（テクノロジー）の欄である。各施策を、これらの5つのテクノロジーのどれかに分類したのであるが、この分類には、かなりの困難を感じた。

　まず、ここに挙げられている各施策が、前節で検討した、政策―施策―事務プログラムのどのレベルにあたるかが区々であると考えられることである。おおよそは、「施策」であるよりは、「施策」を構成している「事務プログラム」と見るべきものであるが、事務プログラムの中にもさらに階層があり、より手段性が高いものから、それ自体である程度意味のある目的を達成するようなものまで、手段性の程度に幅が見られるのである。そのような中で、テクノロジーの種類を決めるのに、どのレベルに焦点を合わせるかの問題がある。つまり、ここで挙げられているレベルの事務プログラムに焦点を当てるのか、それともその事務プログラムを含んだ上位の施策に焦点を当てるか

といった問題である。

　たとえば、市民局の「防災中枢拠点施設の整備」は、大規模災害の時に、本庁舎が被災し、災害対策本部が設置できないような事態に際して、本庁舎に代わって拠点となりうる施設を整備するものである。従って、「施策」というより、災害応急施策といった「施策」を構成する「事務プログラム」と見る方が適切だろう。そうであると、「防災中枢拠点施設の整備」が用いている中心的テクノロジーは物的施設の設置であるが、それを包摂する「施策」である災害応急施策のレベルで見ると、その中心的テクノロジーは無形のサービス（災害応急対策）を提供するところにあるといえよう。どのレベルでテクノロジーを分類するかによって、結果が変わってくるのである。

　この問題に関しては、各局が具体的に挙げた施策名のレベルで、テクノロジーを分類することにした。さきの例では、「防災中枢拠点施設の整備」のレベルでテクノロジーを把握し、物的生産・設置に分類するものである。この方が、分類の困難性が低く、また、革新的施策の傾向を検討するには、それで十分であると考えたからである[12]。

　いまひとつの問題は、各局のあげた施策に、組織の設置が多いことである。表の最初の、総務局の「阪神都市協議会」をはじめ多数にのぼる。

　さきのテクノロジーの5分類では、「組織」を1つの種類としてあげなかったが、それは、組織は汎用性のある手段であり、他と区別できる1つのテクノロジーと考えなかったからである。「事務プログラム」のレベルに属する手段的なものと見たのである。しかし、各局のあげた施策は、組織以外にも、すでに触れたように、事務プログラムのレベルのものがある。そこで、ここでは、組織については、テクノロジーの欄において、「組織」と分類することにした。

　これらの問題からは、次のようなことがうかがえる。すなわち、社会的に意味のある目的をもった「施策」は、組織を設置し、物的設備を整備し、人員を配置し、「標準作業手順」を整えて、実際に成果を生み出すことができる。そして、このような場合には、組織の設置とか、物的設置などは事務プログラムとして位置づけられるが、行政実務においては「施策」と意識されており、それらが変化することは、革新的であると考えられるということである。

　そこで、テクノロジーの分類では、さきに述べたように、各局があげた施

策が、前節でいう「施策」か「事務プログラム」かに関わりなく、具体的にあげられた施策名のレベルで、主要なテクノロジーは何かを検討し、さきの5種類および組織のいずれかに分類した。その結果が、表の technology（テクノロジー）の欄である。

(3) product と process

いま1つ試みた分類は、アウトプットにおける革新か、プロセスにおける革新かである。シュムペーターは、生産関数の設定としての革新に、生産過程の革新とともに、新しい製品の産出も含めて考えた。そこで、製品における革新（product innovaton）と過程における革新（process innovation）の区別が行われている。しかし、この区別は必ずしも容易ではない。たとえば、産業ロボットによる革新は、それを製造した機械メーカーからすると product innovaton であり、それを用いた自動車メーカーからすると process innovation になる[13]。

政策に関しても、この区別は容易ではない。事務プログラムのレベルの革新は、施策のレベルから見ると、過程における革新になるだろう。しかし、施策と事務プログラムのレベルの区別が必ずしも容易ではなく、特定の革新が、新しい施策として、アウトプットレベルの革新なのか、施策実施の過程における革新なのか区別が難しいのである。さきにも取り上げた、「防災中枢拠点施設の整備」はどうであろうか。一見したところ、新しい施設ができるのであるから、アウトプットの革新、つまり、product innovation のように見えるが、災害応急施策の一手段の整備で、その施策のより有効な実施のための施設整備であると考えると、災害応急施策の過程の革新であり、process innovation であるということになろう。

これについては、政策のアウトプットが市民に達するところに視点を当て、アウトプットの性質に変化がない場合は process innovation、従来のアウトプット群にない、性質の新しいアウトプットがある場合は product innovation とすることにしたい。これでも、基準が明確にならない場合があるだろうが、さきの「防災中枢拠点施設の整備」は、市民が受ける災害応急活動の性質を変えるというのでなく、本庁舎の被災の程度に関わりなく、同じ災害応急活動が行われるための方策と考えられるので、process innovation と分類することになる。

この分類について、テクノロジーで「組織」と分類したものは、ここでも「組織」と分類することにした。組織は汎用性のある手段と考えているので、プロセスの革新と分類すべきところであろうが、テクノロジーにおいて「組織」と特別に分類したので、ここでも特別に分類することにした。
　この分類の結果が、表のinnovation（革新）の欄である。

4. テクノロジーと革新

(1) 分類結果の特徴

　表に示した分類結果からうかがえることを、4点に分けて指摘しておきたい。

　①　第1は、テクノロジーの分類において、物とサービスが大部分を占めていることである。そして、物と分類したものでは、公共的な建物、施設の建造が中心であり、市場におけるような、個別の市民に分割的に提供される物（財）の生産にあたるものはほとんど見られない。また、「規制」に分類されたものがごく少数にとどまっている。これらは、市行政における施策の活動の大部分が、公共的建造物の設置と、財政資金を用いた金銭あるいはサービスの給付を内容とするものであることを示唆しているように思われる。「規制」的活動は、個人の権利を制限するものであり、その性格上、重要な意味をもつが、市行政の活動の量的な面では、比較的小さなものにとどまっているようである。革新的施策としてあげられたものからの推定であるが、そのように考えられるのである。

　②　第2は、productとprocessの分類において、productの方が多数であることである。表にあげられている施策は、事務プログラムの性格のものが多く、「施策」の視点から見ると、過程の革新といってよいのであるが、市民にアウトプットが達するところで見て、新しいアウトプットが生じているのである。たとえば、市民局の「消費者センターの休日開所」は、休日の開所だけでは「施策」とは言い難く、消費者センターの運営を構成する「事務プログラム」であろう。そうすると、過程の革新、つまり、消費者サービスという施策に関して、休日も行うという過程の改革ということになるが、市民には休日のサービスという新たな、性質の異なるアウトプットが生じているのである。それ自体としては、大きな「施策」の中の一部であるが、市民に

対しては新しいアウトプットの提供をもたらしているという、このような例が多いのである。

　他方、processに分類されたものも少なくない。すでにある施策の改善的な革新であって、市民への新しいアウトプットが生じるのではないものである。さきに触れた「防災中枢拠点施設の整備」は、災害の規模が大きく、本庁舎が被災したときに、それに代わる施設として設けられたものである。従って、大規模災害が起こったとき、この施設が整備されているかどうかで市民へのアウトプットは変わることになるが、期待される災害応急対策の内容を変化させるためのものではない。そこでprocessと分類したのであるが、消防局の消防艇就航なども同様に考えたのである。従来から存在する施策に関して、新たなアウトプットが生じるのではなく、期待されるアウトプットの質を高めるといった性格なのである。これらをprocessと分類したのであるが、決して少なくないのである。行政においても、方法上の革新は行われているのである。

　③　第3は、施策の革新は、「施策」の一部の革新として行われることが多いことである。すでに触れたように、社会的に意味のある目的をもった「施策」は、組織を設け、物的施設を整備し、人員を配置するなどして、実際にアウトプットが産出される。「施策」の革新は、そのような新しい1つの施策が一時につくり出されるというよりも、組織が設けられたり、「施策」の一部である物的施設が整備されたり、一部の事務プログラムが作成されたり改められたり、というように、「施策」を構成する一部の部分のinnovationであることが多いようなのである。①で物が多いところにも、それを見ることができる。すなわち、物的施設を設置するのだが、それはより大きな施策を構成する一部ということが多いのである。すでに例として触れた、「防災中枢拠点施設の整備」はそのように見ることができるし、物的施設の整備以外では、すでに触れた「消費者センターの休日開所」も「施策」の一部であるし、表の最初の「阪神都市協議会」は、これによって、第2阪神国道（国道43号線）の建設促進などが図られたのである。それ自体、大きな施策のinnovationの一部ということである。

　④　第4は、「施策」の一部の革新として行われることが多いが、行政において、革新は少なくないということである。すでに述べたように、表は大阪市各局へのアンケートに基づいている。従って、各局自身が革新的と考えて

いるものであるが、政策―施策―事務プログラムのいずれのレベルかを問わなければ、従来とは異なる施策、事務プログラムが数多く行われてきたことを確認することができるだろう。もちろん、より多くの革新が行われるべきであると考えれば、相対的に少ないとの評価もできるが、革新が極めて稀であるということはできないだろう。実務的には、新規施策と認識されているのであろうが、新しい施策あるいは事務プログラムは、大阪市全体で見るならば、ほぼ恒常的に見られるところであり、政策の単純再生産が繰り返されていると見ることはできない。

（2）革新の重要性

　しかし、行政の革新に関しては、政策―施策―事務プログラムの政策あるいは施策レベルの革新性を対象とすべきであり、事務プログラムレベルを対象とすべきでないと考えることもできるだろう。政策レベルの深い層（政策から施策）は変化が起こりにくいのであり、この層における革新性が問題なのである、と。

　また、革新の重要性を見る1つの指標として、他の自治体への広がりをとることができるかもしれない。重要な革新は、他の自治体によって採用されていくのであり、それを調べてみるべきであるということである。先駆性という場合は、これを指していると考えられよう。他へと広がっていく施策の先駆をなしたということである。

　そして、行政における革新は、単に新規施策があったからといって存在すると見るべきではなく、その効果も見るべきということもできるだろう。施策の目的を達成したかということであるが、さらにコストとの関係も見るべきであり、新規施策が単に付け加わるのではなく、従来の施策がそれによって廃止されるなど、目的を達成するのに、より効率的な変化であったかどうかを検証すべきであるということである。

　これらを基準に加えるならば、表のデータによって、大阪市の行政が革新的であったかどうかを十分に評価することはできない。他市への広がりは検討していないし、施策の目的に照らして有効かどうかとか、従来の施策の中で代わって廃止されたものがあったかといったことは検討していないのである。

　ただ、地盤沈下対策、都市再開発（市街地改造事業など）、高度浄水処理な

ど、いくらかのものに関しては、政策体系において比較的高いレベルにあり、他市などとの関係でも先駆性が見られ、政策目的との関係においても、代替的に考えられる事態に比べ、目的をよく達成したであろうと見られる。そのほか、政策の深度の深さ、先駆性、効率性という諸基準のうち、その一部を満たしている、重要性の高い革新もあるように思われる。すなわち、表の中には、革新の重要性に関する基準を加えても、十分革新的と考えられるものが見られるということである。しかし、その数は、表全体から見れば、一部にとどまっている。

(3) 革新の分析

　大阪市各局のあげた施策を、テクノロジーと革新に関して分類したところから、革新は、「施策」の一部で起こることが多いことがうかがえた。そうであるとすると、革新の分析のためには、「施策」がどのように構成され、その中のどこにおいて革新が生ずるかを分析する概念枠組みが必要であろう。本書で示している、政策—施策—事務プログラムという階層構造をもった政策体系という概念は、その必要を満たす可能性をもっていると考える。政策体系は3層とは限らないし、政策（狭義）、施策、事務プログラムの区別も十分明確でないという問題はあるが、革新が政策体系の一部に生ずるということをよく把握することができる。

　政策体系が単純再生産から発展的に変化するとき、それは政策体系の全体が一時に変化するのでなく、その一部が変化するのである。しかし、その一部は、変化しやすい浅い層（事務プログラムなど）のこともあれば、変化が稀な深い層（施策から政策）のこともあるのである。そして、その重要性は、変化する層の深さなどによって異なるのであり、政策の革新を分析するには、政策体系のどこに位置するものが変化しているのかを見ておく必要がある。

　しかし、このような分析を実証的に行うことが必ずしも容易でないことは、本稿で試みた分類からもうかがわれる。政策—施策—事務プログラムは3層とは限らず、事務プログラムの中にもさらに層のあることが感じられた。また、各層間の関係も上位の層が下層を包摂的に統制しているという単純な階統制とは限らないこともうかがえた。

　このような困難はあるものの、政策体系の概念により、そして、施策レベル（あるいは事務プログラムのレベル）のテクノロジーを分類することに

よって、政策の革新の分析を深めていくことができると考えられるのである。本稿では、これを大阪市の行政に適用し、その革新性について分析を試みたのである。

5. おわりに

　行政の革新性について、本稿では、革新の過程、すなわち、どのような場合に、どのようにして革新が起こるかに関しては検討しなかった。革新性が望ましい属性であるとすると、革新が存在するかどうかもさることながら、どのような場合にそれが起こるかの解明が必要であるとの問題関心が生まれるだろう。

　しかし、革新の過程の研究は、本稿で行ったものよりもはるかに多くの調査を必要とする。大阪市各局からあげられた革新的施策だけでも、表にあるように多数にのぼる。それらがどのような過程によって生じたかを探求していく必要があるのである。本稿ではそれは試みなかったが、最後に、革新の過程の研究に向けた方向性を、本稿との関係で若干考えておきたい。

　革新が生ずる要因について、大きく、外部に関わる要因と、内部に関わる要因とに分けて検討していく方向が考えられる。外部に関わる要因として重要なのは、革新の必要性である。社会的問題が深刻化するとか、現行の政策に対する批判が強いなど、政策の転換が求められる状況が外部的に生じたとき、革新が起こりやすいとするものである。「期待」と「実績」の乖離が革新を生むのである。この乖離がわずかであると容易に「期待」に達し、革新への刺激は弱く、他方、乖離が巨大であると、絶望と無力感を導きやすく、やはり革新は起こりにくい。組織における革新についての、「革新は組織に対する『ストレス』が高過ぎることもなく、低過ぎることもないとき、もっとも速やかで力強い」[14]という命題は、外部環境の要因に関して提示された仮説である。

　内部に関わる要因で特に注目すべきなのは、革新者の動機である。シュムペーターは、革新を引き起こす企業者（entrepreneurs）の動機について、快楽を追求する利己主義では、それを十分とらえられないとしている。そして、征服欲とか、創造の喜びといった心理を指摘しているのである[15]。現在の状態を保守しようという利害とか惰性に基づく、時には激しい抵抗を排して、

新規なことを実現していく個人の動機は、他の日常的な活動の動機とは異なるということである。政策における革新に関しても、特異な動機が見られるかもしれない。革新への抵抗は広く見られるところであり、それを推し進める個人の動機は、革新の過程を検討する上で、注目すべきものであろう。

さて、大阪市の革新的施策の検討から、政策体系の概念の有用性及び、革新は政策体系の一部で起こることが見いだされた。ここからは、革新の過程の研究に向けて、次のことが導き出せるのではないだろうか。すなわち、革新の過程は、政策体系のどのレベルで起こるかによって相違があり、各レベルごとに分類して研究する必要があることである。政策体系を支える価値と関わる、深い層の政策（狭義）と、変化が容易な浅い層の事務プログラムとでは、それをもたらす外部的要因も、革新者の動機も、相当に異なり、それらを同一視した分析では不十分になると思われる。

そして、とくに深い層の革新に関心を寄せるならば、それは、より大きな抵抗とか惰性に抗して行われるものであり、政策の場合、広く深い利害と、固く安定的に保持されている価値と、争いつつ、達成されるものである。従って、それを行うには、特異な心理に基づいた強い政治的リーダーシップが必要かもしれない。とくに、欧米諸国をモデルとして、それに追いつくことを目標としていた時期には、その目標に向けての革新は支持が得られやすかったかもしれない。しかし、そのような目標が明確でなくなってきている今日、政策体系の深い層に及ぶ革新は、広い範囲の利害と価値を統合する政治的リーダーシップを必要としているのではないだろうか。

注

1) David Osborne and Ted Gaebler, Reinventing Government, Addison-Wesley Publishing Company, 1992, pp.xix, xxii.
2) 政策の循環の用語については、西尾勝『行政学［新版］』有斐閣、2001年、第14章。そこでは、イーストン（David Easton）に従って、政策を政治システムのアウトプットととらえているが、ここでは、より狭く、諸資源から政策を産出する循環を取り出してモデル化している。また、西尾は継続的業務に改変を加えるものを政策としているが、ここでは継続的業務も含め、政府の諸活動をすべて、政策としている。なお、イーストンのモデルについて

は、David Easton, *A Systems Analysis of Political Life*, John Wiley & Sons, 1965 参照。
3) 「行政機関が行う政策の評価に関する法律」（政策評価法）（2001年6月22日成立）にさきだって設定された「政策評価に関する標準的ガイドライン」（2001年1月15日政策評価各府省連絡会議了承）において、政策評価の対象としての政策について、「政策（狭義）」、「施策」及び「事務事業」の区別が行われている。政策を広く一般的なレベルから、狭く具体的なレベルへと3段階に分けているのは、本書で示してきている3階層モデルと同様といってよい。そして、各層の内容にも重なるところがあるが、本書は理論的な視点から区分しており、両者は同じものではない。
4) 水道事業における、施策と事務プログラムの関係について、第5章参照。
5) テクノロジーの概念については、James D. Thompson, *Organizations in action*, McGraw-Hill, 1967, pp. 14-5 を基にしている。
6) March and Simon, 1958, pp. 142, 145, Graham T. Allison, *Essence of Decision*, Scott, Foresman and Company, 1971, p. 83 参照。
7) シュムペーター（Joseph A. Schumpeter）著塩野谷祐一＝中山伊知郎＝東畑精一訳『経済発展の理論』（原著：*Theorie der wirtschaftlichen Entwicklung*）岩波書店、1980年（改訳）、151-2頁、Joseph A. Schumpeter, *Business Cycles*, McGraw-Hill, 1939, p. 87.
8) この部分については、March and Simon, 1958, pp. 169-71 から示唆を得ている。
9) 政策─施策─事務プログラムの順で、変化が起こりやすく、より浅い層であるというと、正確でないかもしれない。政策体系の中で、より安定的で、他の部分の適応的変化の基礎になっている価値的部分がより深い層にあるといえるのである。政策（狭義、全体的計画にあたるもの）の中でも、安定的な部分と適応的に変化しやすい部分とがあるだろう。
10) 今村成和『行政法入門（新版）』有斐閣、1975年、50-56頁。
11) Christopher C. Hood, The *Tools of Government*, The Macmillan Press, 1983, pp. 4-7.
12) 原理的には、各施策について、理論上の「施策」にあたるものを明らかにし、そのレベルのテクノロジーで分類するのが適切といえよう。社会的に意味のある目的を達成する活動の束のレベル（つまり、「施策」のレベル）で、とくにテクノロジーの概念が意味をもつと考えられるからである。しかし、「施策」概念も十分に操作的でなく、各施策について、理論上の「施策」にあたるものを明らかにするのは容易でない。そして、「施策」概念をより明確にするには、政策─施策─事務プログラムという3階層モデルでなく、より複

雑なモデルを構成する必要が感じられるのである。
13) Daniele Archibugi et al., "On the Definition and Mesurement of Product and Process Innovations" in Yuichi Shionoya and Mark Perlman (eds.), *Innovation in Technology, Industries, and Institutions*, The University of Michigan Press, 1994, pp. 9-10.
14) March and Simon, 1958, p. 184.
15) シュムペーター著、前掲書、189-199頁。

第3部

行政改革

第9章

省庁再編と縦割り行政

1. 橋本行革と縦割り行政

(1) 橋本行革と省庁再編

　2001年（平成13年）1月、戦後長く変化の少なかった中央省庁が再編され、内閣府と12省庁からなる体制が発足した。今回の再編はいうまでもなく、1996年から98年にかけて活動した行政改革会議での検討に基づくものである。

　行政をめぐる政策の失敗、不祥事の続発など、行政に対する厳しい世論のある中、1996年10月の総選挙で、各政党は行政改革を公約に掲げ、それを受けて、橋本龍太郎首相（当時）は自ら会長につくという異例の形で行政改革会議を設置した（1996年11月）。同会議は、集中審議というこれも異例の審議を経て、中間報告（1997年9月）、最終報告（1997年12月）をまとめ、そこで1府12省庁体制への再編を提示したのである。同会議の報告に基づく改革は「橋本行革」などと呼ばれたが、その内容は、①内閣機能の強化、②省庁再編、③独立行政法人の制度化、④公務員の削減など行政のスリム化、⑤政策の評価機能の充実強化など行政の「透明化」、と広い範囲に及ぶ改革を提起した。そして、それらは、中央省庁等改革基本法という法律にまとめられ、1998年の通常国会に提出され、同年6月成立した。それを受けて、その内容が内閣法改正とか各省設置法などの個別の法案に具体化され、翌1999年の通常国会に17の法案からなる中央省庁等改革関連法案として提出された。それらは同年7月成立し、その後施行日を定め、2001年1月に省庁再編が実施されることになったのである。なお、この間、自民党と自由党の連立協議

から、国会における政府委員の廃止、各省への副大臣、政務官の設置などの方針が定まり（1999年1月）、それらも法案化され、副大臣、大臣政務官として、それらの設置が省庁再編とともに実施されることになった。

「橋本行革」は、行政改革会議の審議の過程で、イギリスのエージェンシー制度から影響を受けた独立行政法人制度の導入などを重要な内容として加えることになったが、当初、具体的にもっとも強調されたのは、中央省庁の大括り再編による省庁数の半減であった。そして、それは、行政のスリム化を象徴するものととらえられたものの、ねらいとしては縦割り行政の排除があげられたのである。すなわち、橋本首相が述べたところを見てみると、「私が行政全体について最も今必要だと考えておりますのは、一言で申すなら、縦割行政の排除と、国民本位の行政というものを目指した、言わば霞ヶ関の改革です。……現在、総理という立場で国政全般に責任を持って行政を司ろうとする中で痛感しておりますのは、行政課題というものが日々、省庁の枠を超えて複雑化している。そして、現行の22省庁体制では省庁が細分化され過ぎているために、的確な業務の分担・連携が困難になりつつあるということであります。……この22省庁というものを、……半分程度にすべきではないのか」[1] また、今回の改革への動向の中で、大括り省庁再編が最初に提起されたのは、第3次行革審（臨時行政改革推進審議会）の最終答申（1993年10月27日）であったが、その理由としてあげられたのは縦割り行政の弊害であった。すなわち、「これらの課題に総合的に対応していくため、行政の細分化・複雑化に伴う縦割り行政の弊害が強く指摘されている現状を考慮し、中央省庁はできるだけ大くくりに再編成すべきである」[2]。このように述べ、対外関係省など6省体制のイメージを例示したのである。

橋本首相は、第1回の行政改革会議（1996年11月）の挨拶で、会議における検討を①21世紀における国家機能のあり方、②それを踏まえた中央省庁の再編の在り方、③官邸機能の強化のための具体的方策、の3点に絞る考えを示した[3]。この結果、橋本首相が会長を務める行政改革会議では、大括り省庁再編の是非とか、それと縦割り行政排除との関係について本格的に議論することはほとんどなく、省庁の数を半数程度に減らす再編を既定の前提として検討がなされていったのである。そして、中間報告で1府12省庁の案が示されると、最終報告に向けてはその1府12省庁の枠組みを固守することによって再編内容への抵抗を防ぎ、修正を最小限にとどめようとしの

であった。

　このような経緯をたどったこともあって、大括り省庁再編が縦割り行政の排除を目的として提起されたことにはほとんど注意が向けられなくなったように思われる。しかし、縦割り行政は日本の行政の特徴あるいは通弊として繰り返し指摘されてきたところであり、その排除あるいは克服に向けて大きな改革が試みられる事態は、縦割り行政が生ずる要因とか、どのような制度改革がそれにどのような影響を及ぼすかを分析し、考察するによい機会を与えるものといえよう。

　そこで、本稿では、次項で縦割り行政の原因およびそれが生ずる過程をモデル的に整理し、それに基づきつつ、節をあらためて、今回の行政改革が縦割り行政にどのような影響を及ぼすかについて検討したい。このような検討により、今後、改革後の行政を見る一つの視点を確かなものにするとともに、縦割り行政が生ずるメカニズムを解明していく基礎作業としたい。

(2) 縦割り行政とその原因

　縦割り行政というときの「縦」は、組織横断的に共通する業務（人事、財務など）をまとめて単位とする横割り組織とか、あるいは組織横断的な調整を、対比として意識したもので、省庁レベルで一般的な、目的別あるいは機能別の組織編成を形容しているといえよう[4]。そして、「縦割り」とは、そのように編成された各組織単位の間が割れ、その壁が厚いことを指している。このように「縦」には「横」との対比の意味があるが、「縦割り行政の弊害」というときには、「縦」という言葉はないが、従来から用いられている「割拠性」、「割拠主義」、「セクショナリズム」とほぼ同義といってよい。いずれも、組織を構成する下部の組織単位がそれ自身の利害に従って行動し、より高い視点からの統合がなされないことを意味しているのである。「明確な責任体制の下に国民のための行政を遂行するという本来の目的を離れ、組織を自己目的化するような事態となれば、縦割り行政の弊害が生じてくる」[5]という第3次行革審答申の表現はその一例である。

　そこで、縦割り行政の弊害を、割拠性などと同じ意味として、定義的に次のような現象を指すものとしておきたい。すなわち、(A) 複数の組織単位があり、政策、予算、組織編成などについて、それぞれの価値志向、利害をもつ、(B) 組織単位間に相互関係があり、一貫した整合性のある行動をとるた

めに、相互の間に調整が必要である、(C) 各組織単位が調整の必要に対して、各単位の価値志向、利害を優越させ、より高い視点から見たときの一貫性、整合性を損なう傾向がある。より具体的には、調整が遅延する、行き詰まって停滞する、紛争になる、調整されないままに組織単位間で矛盾する行動など整合性の欠けた行動が行われる、といった現象が起こる。

　このような現象は、日本の行政だけでなく、階統型の組織において広く見られるのであるが、なぜこのようなことが起こるのだろうか。階統型の組織では、組織単位間の調整の必要ができるだけ少ないように（調整コストを最小化する）組織編成を行うのがよいとされるが、それでも必要な調整については直近の共通の上司が整合性のある行動を双方に指示して、全体組織としての一貫性を確保するとされるのである[6]。縦割り行政の弊害＝割拠性は、何らかの原因から、このようにはならないところに生ずるのである。これについてはすでに多くの研究、指摘がなされてきている[7]。そこで、従来の研究を基にしつつ、割拠性が生ずる原因、過程を次のように、モデル的に整理しておきたい。すなわち、(a) 分業により、組織単位が設けられ、各単位はそれぞれの活動が目指す目的、活動を導く価値志向をもつ。組織単位の成員はそれを受容する。全体組織から見た、このいわば副目的が全体目的の下に統合されれば割拠化は起こらないが、(b) 成員は副目的を自らの活動の基礎とする。それは、人間が一時に注意を向けることができる現象、価値は限られるからである。成員は副目的の達成に注意の焦点を当て、ほかの諸価値を除外することにより、より的確にその達成を図ることができる。人間の認知的限界から生ずる組織目的への一体化であり、認知的一体化である[8]。全体組織が対処すべきすべての現象、すべての価値を的確にとらえて、全体目的を達成できるならば、分業は不要なのであり、副目的に焦点を当てて、その達成を図るのは、全体組織にとっても合理的なのである。とくに副目的の方が、全体目的よりも具体的で、測定可能性が高いと、この一体化は進みやすい。そして、一体化がこのレベルにとどまっているならば、より高次の目的を引照することによって、副目的下の諸活動は統合される可能性をもつ。

　しかし、(c) 成員は、副目的を内面化していき、それ自体に価値を認めるようになる。さらに、副目的達成を任務とする単位組織自体に価値を注入し、その存続、拡大、発展を目指す。組織との感情的一体化である。同じ集団に長く属していると、集団の繁栄を自らの繁栄と思い、集団の利害を自らの利

害と考える心情が醸成される。集団が社会において広く知られ、高い権威と地位をもつならば、それへの一体化はいっそう進み、自らを犠牲にしても集団に尽くす気持ちをもつようになる。日本は従来、集団主義が強いといわれたが、社会において、帰属集団への忠誠が高く評価されるならば、さらに集団への帰属意識は強められる。

　感情的一体化が進むと、全体組織の視点からの統合は困難になっていく。副目的あるいは組織単位への愛着が強く、全体組織の目的達成が妨げられても、帰属意識を感じる組織単位への忠誠が優先されるからである。そして、組織単位の目的（副目的）よりも組織単位自体への一体化が強まると、全体組織の立場からの乖離はさらに広がりやすい。活動目的から離れた、組織の存続、拡大、発展に資することが追求されるからである。行政組織であれば、組織目的をよりよく達成するかどうかと無関係に、権限、予算の維持、拡大が求められるような現象である。

　割拠性はさらに、(d) 成員の利害が組織単位に依存することによって強められる。成員が必要とするもの、価値づけているものが、所属する組織単位から得られ、他方、他から得られにくくなるほど、成員はその組織に結びつけられ一体化を強める。成員の所得、社会的地位、キャリアの展望などである。日本の行政において、省庁別の縦割り行政の原因として、省庁単位の人事運営があげられているのは、この点に関わる。行政改革会議でも次のような認識が一委員によって示されている。すなわち、「公務員は各省庁別に採用され、他省や民間との交流はあるにしても、基本的には退職後も含めて生涯その生活を所属する省庁によって支えられる。従って各省庁の団結力は極めて強く一種の利益共同体を形成している」[9]。成員がその利害から所属組織に一体化するのを、利害的一体化と呼びたい。

　行政組織の割拠性はここにとどまらず、さらに、(e) 政策の対象集団、さらには関連する政治家集団と結びついて、組織単位の外部を含めて一体化し、政治的影響力を強める。自民党単独政権時代の「自民党＝官庁＝利益団体の「鉄の三角同盟」」[10]とか、「省庁共同体」[11]とか、「担当官庁（「原局原課」）とそれに対応する業界・業界団体との間に築き上げられた「共生関係」」[12]などと呼ばれているものである[13]。今回の省庁再編に当たっても、この省庁＝利益集団＝政治家（族議員）の三者の結合による圧力活動は顕著に見られたところである。一委員の述べているところを見ておくと、「中央省庁を一府十

二省庁に再編するという中間報告を受けて湧き起こった族議員と官僚の抵抗はものすごいものでした。まず、いろんな人から毎日ものすごい数の陳情や抗議の手紙が私の自宅に舞い込みました。郵政関係はもちろん、建設を始めとするいくつかの省庁の関係者と思われる人たちです」[14]。この局面を政治的一体化と呼ぶことにしたいが、(a)-(d) と違って、外部と結びつき、それによって、政治的影響力を強めていることが重要である。組織単位は、その技術などの専門性を基盤に自らの価値志向を実現していく影響力をもちうるが、その影響力を外部との結合により高めているのである。このレベルに達すると、階統制の上司は、制度上の権限ではなく、政治的な影響力をもたないと、割拠している組織単位を調整できない状況におかれうる。

さて、縦割り行政＝割拠性の原因あるいは過程について、(a) 分業、副目的の受容、を受け、(b) 認知的一体化、(c) 感情的一体化、(d) 利害的一体化、(e) 政治的一体化、とモデル的に整理したが、(b)-(e) は時間的にこの順に継起するということではなく、並行的に相互に影響を及ぼしながら生じ得るものである。ただ、(a) から (e) の順に、割拠性は強まるのである。

2. 制度改革と縦割り行政

最初に述べたように、橋本行革は縦割り行政の排除を目指すとしてはじめられた。その後の経緯の中で、その目的の重要性は低下していったように見えるが、そのために行いたいとしていた省庁数の半減は形式的にはほぼ実現した。そこで、前節で行ったモデル的整理を基にして、今回の省庁再編を中心とした改革が縦割り行政＝割拠性にどのような影響を与えるかを検討してみたい。5つの項目に分けて見ていくことにする。すなわち、(1) 大括り再編と省庁間調整、(2) 内閣機能の強化、(3) 公務員制度、(4) 政治的一体化と制度、(5) 再編自体による意識変化、である。

(1) 大括り再編と省庁間調整

大括り再編による省庁数の半減が縦割り行政を排除することになる理由については、すでにふれたように、行政改革会議において本格的な分析、検討はなされていない。しかし、おおよそ、次のように考えられていたといえよう[15]。すなわち、(i) 省庁数が減ることにより、省庁間の必要調整数が減る。

内閣あるいは内閣総理大臣による省庁間調整の負担が減り、総合的で迅速な政策展開が容易になる。(ii) 各省内において、任務の幅が広がるので、視野が広がり、それが省庁間の調整を容易にする。(iii) 省庁の任務とか性格が変化するので、省庁への一体感が少なくとも一時的に弱まる。これにより、省庁間の調整が容易になる。3点から構成されているように分けたが、(iii) については、大括り再編の直接的効果としてではなく、後の (4)（政治的一体化と制度）、(5)（再編自体による意識変化）の関連でとらえることにしたい。そこで、(i)、(ii) について順に見てみたい。

(i) は、前節の縦割り行政の定義の (B)、つまり、組織単位間の調整の必要と関わる点である。組織単位間の調整の必要数が減ると、定義の (C) であげた遅延、停滞、紛争といった縦割り行政の弊害は減ると考えるものである。そこで、省庁数が減ると調整必要数はどのように減るかであるが、それが省庁間関係の組み合わせの数に比例して減るとすると、省庁数の減少よりも大幅に減ることになる。例示的に、2省庁間の関係数を考えると、省庁数が n あると、省庁間関係数は $nC_2=n(n-1)/2$ で、n が増えるにつれ、幾何級数的に増大する。そして、22省庁から1府12省庁に減ると、$_{22}C_2=231$ から $_{13}C_2=78$ へと約4分の1に減るのである。さらに、3省庁以上の組み合わせ（つまり、3省庁間以上の調整）をすべて考慮すると、その合計は22省庁のときの 4,194,281 に対して、1府12省庁では 8,178 と、約500分の1へと激減する[16]。省庁間の調整数が激減すると、内閣あるいは内閣総理大臣の調整負担も激減し、それだけ、総合的で迅速な決定が出来ると考えるのである。

単純に見えるが、これに関して当然考慮されなければならず、実際検討されたことが2つある。調整必要数は、省庁間の関係数が同じでも、省庁間の相互依存関係が密であるほど増える。従って、各省庁の業務を他から独立して行えるようにすることにより、調整必要数は減る。行政改革会議はこの点を十分に認識し、省の編成の基本的な方針の第一として「目的別省編成」をあげ、事務の共通性、類似性に配慮するとしたのである[17]。しかし、結果的には、省庁間の調整必要数をさらに減らすような所掌事務の再編成はほとんど行われず、既存の省庁をまとめ、いわば合併によって省庁数を減らすことになった。いま一つの考慮は、省庁間の調整数は減らせても、その分、省庁内の調整が増えるのではないかということである。縦割りの原因になる単位が既存の省庁とか、その内部の局あるいはその下部にあるならば、当然そう

なる。今回、局（官房を含む）数も128から96に減らしているが、それぞれ22と13で割って局の平均数を出すと、6弱から、7強へと増えている。さきと同じ計算をすると、省内の2局間関係数は、15から21といった程度に増え、3局以上もすべて含めると、57から120と2倍以上に増加する。それにも関わらず、省庁の数を減らすのがよいとしたのは、内閣あるいは内閣総理大臣レベルでの調整負担を減らすことを重視したからであろう。

　このように省庁数が半減すると、調整必要数は激減する。しかし、調整の量的減少はあっても、質的にはどうだろうか。大省間の調整の方が質的に困難にならないかということである。これに関してどのように考えられたかは明らかではないが、(ii)のように、省の任務が広がることにより、視野が拡大し、省内の調整も、省間の調整もより総合的な視点から、容易に行われると考えたのではないだろうか。大省化により、省内、省間の調整が質的により困難になるとの意見はほとんど見られなかったのである。実際にどうであるかは実証的に検討されなければならないと考えるが、前節のモデルでいうと、(b)の認知的一体化に関わるところである。すなわち、各省職員はその任務を引き受けるにつき、より幅広くなった省の目的に焦点を当てるようになるということである。このような認知的一体化の対象の拡大により、省内、省間の調整が容易になると考えたのではないか。

　さて、省庁数の半減により、調整の必要数は減少しても、調整の必要がなくなるのではない。行政改革会議は、この点に大きな関心を払い、省庁間調整について改革を試みた。すなわち、各省庁間の調整システムとして、①内閣官房による総合調整、②内閣府（担当大臣）による総合調整、③省庁間の相互調整、という3類型の組み合わせによる機能強化を提案したのである。このうち、①、②は次項に回し、③について見ておきたい。

　③の省庁間の相互調整は、国家行政組織法第15条に具体化したが、それは、各省庁相互に、資料提出・説明の要請と意見提出を行いうるとするものである。縦割り行政との関連で見ると、コミュニケーションの改善によって調整を容易化しようとするものといえよう。つまり、前節の定義の（B）の調整の必要性をふまえ、それが（C）の弊害に至るには、コミュニケーションの劣悪さが関わっている場合があると考え、それを改善しようとするものである。

　大括り再編と省庁間調整（③）について見てみたが、いずれも、前節の整

理では定義の部分と割拠化の原因の (a)-(b) に関わり、(c)-(e) に直接関わるものではなかった。すなわち、調整数を減らし、認知的一体化の対象を広げ、コミュニケーションを改善するというのが、その基本的性格であり、組織拡大に伴う認知的一体化の細分化による調整の困難化に対し、これらの改善によって対処するというものである。そして、各組織単位において感情的一体化、利害的一体化、政治的一体化が進展し、これらによって相互の調整が困難になるという、より重要な点には直接ふれるものではないのである。しかし、行政改革会議が、各省庁における組織への一体化の問題を見逃していたということではない。次の内閣機能の強化は、そこに関わってくる。

(2) 内閣機能の強化

割拠化の傾向をもつ中央省庁に対して、内閣の統合機能を強化する改革の提言には、すでに長い歴史がある。代表的なものに1964年の臨時行政調査会（第1次）の改革意見があり、内閣の運営の改善、内閣府（今回のものとは内容が異なる）の設置などが勧告された。その勧告はほとんど実施されなかったが、その後も内閣機能の強化についての提言はなされてきており、総務庁が設置される（1984年）などして、今日に至っている。この歴史の中で、今回は、①内閣総理大臣の権限強化（閣議への発議権の明記）、②閣議での多数決採用の提起、③内閣および内閣総理大臣の補佐機構の強化再編として、内閣官房の強化、内閣府の設置、④内閣官房、内閣府による総合調整、と広範な改革が提言され、多くが実施に移された。これらによって、「トップダウン的な政策の形成・遂行」（行政改革会議「最終報告」、Ⅱ-1-(2)）を行い、「行政の総合性、戦略性、機動性」（同前、はじめに）を実現しようというのである。

これらの改革は、縦割り行政の弊害＝割拠性の排除の視点から見ると、各省庁への一体化による割拠がすでにあり、自らの価値志向を実現する影響力を備えているとの認識に立ち、それらに対して、いわば上司に当たる内閣あるいは内閣総理大臣の力を強化して、割拠性を克服しようとするものということができる。各省のもつ影響力の源泉としては、一般的に、①外部集団との結合、②各省官僚制のもつ専門能力があげられる[18]のであり、それらを上回る力が、内閣あるいは内閣総理大臣に求められるのである。ここで求められる影響力は広義の政治的影響力であり、それは制度によって十分に得られ

るとは限らない。しかし、制度によって強めることができるとして、内閣をめぐる制度の改革が試みられたといえよう。

　それは2つに分けてみることができるだろう。1つは、権限強化によって、影響力を強めようとするものである。内閣総理大臣は各省大臣の任免権をもち、内閣は各省の上位機関であり、いずれも各省の上位者としての権限をもっている。しかし、内閣総理大臣は各省を単独で直接指揮監督することはできないとされる（憲法72条の解釈に基づく内閣法6条）[19]。また、内閣は各省大臣からなる合議体であり全会一致で決定がなされるので、内閣を各省の上司と見ると、各省に拒否権を認めた上司という性格である。このような権限をめぐる状況についてかなりの議論が行われ、内閣総理大臣が重要政策に関する基本的方針を閣議に発議できることを内閣法上明記するとか、閣議における多数決の採用を提起するといったことが行われたのである。また、内閣府に経済財政諮問会議を設け予算編成の基本方針を扱うようにしたのも、元々内閣の権限である予算の作成について、それを実質化する権限を規定するようなものである。そして、前項でふれた、各省庁間の調整システムの①内閣官房による総合調整、②内閣府に設置できることにした特命担当大臣による総合調整は、それぞれに各省庁調整について特別の権限を与える性格をもつ。これらの権限強化によって、各省のもつ影響力に優越する力をもち得るようにしようというのである。

　いま1つは、各省の影響力の大きな源が専門能力であるので、それに対処するため、内閣あるいは内閣総理大臣を専門能力において補佐するスタッフ機構を強化するものである。内閣官房の強化、内閣府の設置は、権限強化の面もあるが、専門能力の面において補佐するスタッフを組織的に整備強化する面にかなりの力点がある。内閣府には、各省横断的な重要政策について合議体を設ける（経済財政諮問会議、総合科学技術会議など）とともに、その事務局を内部部局としておくことになった。そして、内閣官房、内閣府には行政組織の内外から人材を登用することができるようにすることになった。

　今回の改革で内閣機能の強化としてまとめられているものを見たが、それらは、権限強化と、スタッフ機構の整備による専門性の向上によって、内閣あるいは内閣総理大臣の影響力を強化しようとするものである。これは、割拠化の原因のモデルの (a)-(e)（とくに (c)-(e)）に直接働きかけるものではなく、それらによる割拠化を前提として、階統制の頂点の影響力強化に

よってそれを克服しようとする性格である。割拠化がなぜ起こり、強まっていくかの原因に直接ふれようとするものではないのである。しかし、今回の改革で、感情的一体化から政治的一体化に至る割拠化の原因に直接働きかける方策が検討されなかったのではない。次にそれらを見ることにする。

(3) 公務員制度

省庁単位の人事運営が省庁単位の割拠化の重要な要因との指摘は従来からなされていたが、行政改革会議においても、1997年7月の第23回会議で一委員から文書による意見が出され、問題提起された[20]。そこでは、採用から退職後の処遇までが省庁別に行われていることから、各省庁が一種の利益共同体となり、省庁間での異常なシェアー競争が繰り返されているとされた。そして、それへの対処として、とくに、人事院による一括採用と、定年までの在職および退官後の処遇を各省に任せず官庁組織全体として処理することが提案されたのである。この問題提起を契機に、その後、同会議で議論がなされたが、公務員制度については、それより先、1997年5月に公務員制度調査会が設置され、公務員制度全般について総理大臣から諮問されていた。そこで、行政改革会議では、課題を指摘して、同調査会での専門的な検討を依頼することになった。1997年9月の「中間報告」にその旨が記述され、それを受けて、公務員制度調査会は、①中央人事行政機関の機能分担の見直し、②新たな人材の一括管理システム、③内閣官房等の人材確保システム、の3点について優先的に審議し、同年11月に「意見」を提出した。行政改革会議の「最終報告」(1997年12月) はそれを受けたものとなったが、公務員制度調査会はその後も審議を続け、翌々年 (1999年) 3月、「公務員制度改革の基本方向に関する答申」を提出した[21]。

これらの過程で、割拠化に関わるところでは、次のような対比が議論の第1の焦点となった。すなわち、対極的に示すと、現行では、各省大臣の任命権を基礎に、省庁単位の採用、省庁内での閉鎖的な人事運営、各省庁ごとの退職後の再就職管理が行われ、それが各省割拠の重要な要因になっているのに対し、全政府を単位に一括採用、一括管理、一括運営、再就職の処理を含めた退職の一括管理を行うことによって、省庁の枠を越えた一体化を醸成し、視野の広い人材を生み出すという主張を対置するものである。各省管理と包括的一括管理の対比と呼ぶことにすると、これについては、行政改革会議に

おいても、公務員制度調査会においても、意見が分かれた。包括的一括管理に対しては、専門的能力をもった人材が確保しがたいこと、対象者数が膨大なことから適切な管理、運営が極めて困難なことなどの問題点が指摘されたのである。

その結果、一括採用を含めた包括的一括管理は具体的な案の検討にいたらず、それに代わって、現行の各省管理を基礎としつつ、各省ごとの閉鎖性を克服する方策が提案されることになった。すなわち、①大括りされた府省の中において一括的な管理をする、②本府省課長級以上の一括的な「人材情報データベース」を構築する、③府省間の人事交流を積極的に推進する、④府省間の移籍（転籍）を可能にする仕組みを整備する、⑤事務次官、局長などの幹部職員の任免について閣議の承認を要するものとする、⑥早期退職慣行の是正を図り、再就職の透明化のため、再就職支援の「人材バンク」の導入を図る、といったことである[22]。

省庁単位の人事運営が割拠化の原因であるとする認識は、前節のモデルの感情的一体化、利害的一体化と強く関わる。終身雇用的に、1つの省で勤務することになると、長い時間の経過の中で、その省への帰属意識が強まり、感情的な一体化が醸成される可能性が高まる。そして、昇進が省内に限られ、退職後の再就職が省に依存することから、省の拡大、発展が自らのキャリアの展望を確率的に改善することになり、利害的一体化を促すのである。このようなことから、省ではなく、政府全体の目的に一体化するような広い視野と見識を備えた人材を得るため、包括的一括管理が主張されたのである。しかし、採用を含めた包括的一括管理は大きな改革であるが、問題点もあり、異論も強いところであった。

今回の改革は、割拠化の視点から見ると、抜本的な改革の方向への問題提起がなされたものの、それは採用されず、従来の制度を基本としつつ、種々の改善を組み合わせて、省への感情的一体化、利害的一体化の傾向を弱化させようとしたものといえよう。

(4) 政治的一体化と制度

これまで見てきた (1)-(3) は、省庁、利益集団、政治家の三者の結合による政治的一体化を直接対象とするものではなかった。大括り再編は調整数の減少と認知的一体化対象の拡大、公務員制度は感情的一体化と利害的一体

化を直接の対象とするものであり、内閣機能の強化は、政治的一体化も含めて深化した割拠化に対して、内閣あるいは内閣総理大臣の力を強めて統合を図ろうとするものであった。しかし、縦割り行政の弊害＝割拠化が進行し、コントロールが難しいときには、省庁とその外部との結びつきによる政治的一体化が見られるのである。従って、割拠化を前提として、内閣あるいは内閣総理大臣の力を強めてそれを克服しようとするのと反対に、省庁、利益集団、政治家の三者の結合を弱め、割拠化の力を減殺することによって、統合を図るという改革も考えられるところである。

　従来から、このような政治的一体化によって結合している3者の結びつきを弱化させる改革が本格的に提起されることはなかったが、今回の「橋本行革」でも、これが直接取り上げられることはなかった。これは行政改革会議の委員といった人たちが、この3者の結びつきを知らないとか、それが割拠化の重要な要因であることを感じていないということではない。すでにふれたように、1997年9月の「中間報告」以降、これら3者の力が強く感じられたことは委員によっても述べられているとおりである。むしろ、政治的一体化の局面は、政治的影響力と関わるので、制度改革によって変革できる程度が限られることが、これを直接の対象とする改革が本格的に取り上げられない一因かもしれない。政治的影響力は、制度からその力を得るところがあるが、その源泉は制度だけではないし、また、制度改革自体に対してその政治的影響力が行使されるからである。

　しかし、政治的一体化は割拠化の重要な基盤であり、改革の中には、それへの影響を意識しているものもあり得るし、少なくとも、それへの影響を検討しておくべきものがある。今回の改革に関して、そのようなものとして、4点を見ておきたい。すなわち、(ⅰ) 省庁再編の3者結合への影響、(ⅱ) 審議会の整理、(ⅲ) 独立行政法人による企画と実施の分離、(ⅳ) 副大臣、大臣政務官の設置、である。

　(ⅰ) の省庁再編であるが、これによって、従来一体化の対象としていた省の性格が変化したり、省と関連する業界とか政治家の構成が変化することになると、さしあたりは、3者の結合はかきまぜられ、弱化する可能性がある。しばらくすると、新しい省に沿って、新たな結合が生まれ、それに沿った割拠が生じるとしても、過渡期は結合が弱まり、その時期の経緯によっては、割拠化が改善される可能性もあるかもしれない。しかし、今回の再編では、

変化のない省といわば合併とが多く、3者の結合の一時的弱化も限られたものにとどまるのではないか。

また、利益集団との結合は、その組織が、政策の対象集団に沿って編成される（たとえば、退役軍人についての政策を所管するアメリカの退役軍人省［The Department of Veterans Affairs］など）とき、強まりやすい[23]のであり、省庁再編の影響を見るときの1つの視点を提供する。これに関して、従来の北海道開発庁は対象集団に沿った組織と似た性格をもっており、他の省と統合されることにより、省庁レベルでの政治的一体化は解消されることになるだろう。

（ii）の審議会の整理では、行政改革会議の「最終報告」において、「審議会…は、…縦割り行政を助長する」[24]との文言が見られる。その意味は明らかでないが、行政改革会議では、審議会が各省庁主導で運営されている点が批判されており、そこから大幅な整理が合意されたように見える[25]。そうであるならば、「縦割り行政を助長する」というのは、省庁が審議会を通じて利益集団との結びつきを強めていることを指していて、審議会の整理によって、政治的一体化による割拠化を弱めることができると考えたのかもしれない。審議会は、利益集団の意見、利害を反映する経路として、民主的な意味をもっているが、縦割り行政の視点から、今回の整理の影響を見る必要もあるかもしれない。

（iii）の独立行政法人の制度導入は、企画と実施を分離することにより、とくに本省部分のスリム化を行い、企画立案能力の充実強化を進めるとともに、実施部分の効率化を図るといったねらいをもって行われたといってよいだろう。しかし、これが、省庁と業界との共生関係を融解させる効果をもつと、行政改革会議事務局官僚によって考えられていたのではないか、との指摘がある[26]。すなわち、企画と実施が分化していないことから、実施過程において影響力をもちうる業界の力が企画部分へ浸透し、それが省庁と業界の共生をもたらしていると考えるのである。興味深い指摘であり、独立行政法人制度が省庁の割拠性に与える影響について注意を向ける必要を感じさせる。ただ、今回の改革で独立行政法人化するものの大部分は試験研究機関、美術館、病院・療養所などであり、省庁と業界の関係を変えるような影響は、あっても限られたもののように思われる。

（iv）の副大臣、大臣政務官の設置は、自民党と自由党との連立協議の中で

自由党の主張が取り入れられたもので、イギリスをモデルとして、与党による行政府への影響力の強化と、若手（＝議員歴の短い）議員による行政経験の増大を目指すものである。これにより、各省の幹部に就く政治家の数が総数で増える（府省の数は減るが、従来の国務大臣と政務次官の総数より、再編後の国務大臣、副大臣、大臣政務官の総数の方が5割程度多い）とともに、各省内で顕著に増える（おおよそ1.5倍から3倍）。この改革の割拠化への影響はほとんど考慮されていないが、むしろ割拠化を強める可能性があるのではないか。政治家は各省の幹部に就けばその役割を受容するであろうし、省庁＝利益集団＝政治家の結合体は自らに親近的な政治家（族議員あるいはその候補）をこれらの役職に就かせようとするだろうからである。これは、政治的一体化を強めることになる。もちろん、各省幹部に就く政治家が、官僚を中心とする割拠的な力に対して、総理大臣を中核にした統合的な力に加われば、反対に割拠化を克服する方向となるだろう。

　以上、今回の改革の中で、政治的一体化に影響を与えそうなところをとくに4点取り上げて、見てみた。縦割り行政＝割拠性に政治的一体化が重要な要因をなしていることは広く認識されたり、感じられてきているところであるが、それを本格的に検討して改革を試みるということはなされなかった。それについては、今回は「行政改革」であるということもあるだろうが、政治的一体化を制度改革によってどの程度変えられるのかという問題もあるだろう。しかし、制度改革が意識に及ぼす影響を通じて、政治的一体化にも変化を与えるという可能性がある。次にそれと関わる点を取り上げたい。

(5) 再編自体による意識変化

　日本の行政組織は、省レベルでは、1960年の自治省設置以来変化がなかった。総理府外局の大臣庁として、環境庁（1971年）、国土庁（1974年）、総務庁（1984年）の設置があるが、省レベルでは、農林省の農林水産省への名称変更（1978年）のほか、40年にわたって全く変化がなかったのである。これは、その間の日本の経済、社会などの変化の中において、強い安定性を示していたといえる。この安定性は、各省への一体化、とくに感情的一体化、政治的一体化にとって、それを促し、強化する環境をつくった。感情的一体化は、その組織に長く帰属することにより強まりやすいが、組織自体が長く存続しなければ、長い帰属も見られないのである。また、政治的一体化は、

省庁、利益集団、政治家の結合によるが、結合の焦点が必要であり、省庁が長く存続すると、それを中心に結合体が形成されやすいといえよう。そして、このような一体化で結ばれた結合体は、政治的影響力を獲得し、それによって省の存続を図り、それが省の安定性を強めることにもなる。このため、省庁を再編して、感情的一体化の対象であり、政治的一体化の結合点である省庁の構成とか性格を変えること自体に意味が生じてくる。不変のように見られ、外部から他律的に変えられることがないと思われた省庁が、再編の内容はともかく、とにかく変化するということが重要かもしれないのである。「(中間報告は)わずか一年前には誰にも想像できなかった内容が盛り込まれていることは事実です。行革は既得権益を崩すことにつながりますから、さまざまな思惑が交錯する。行革がいかに困難を極めるかということを知る身には、この報告ができたことに霞ヶ関の意識が変わりつつある手応えを実感するのです」[27]というのは、今回の改革が意識の変化を伴う大きな改革であることを主張するものだろう。そして、「変わらないと思われてきたものを政治が変えることが出来たというのは画期的なことでして、その結果出来たものの評価はともかくとして、その『ゆさぶり効果』というものの大きさは、よく認識しておく必要があると思います」[28]というように、変化自体の重要性の指摘が見られることになったのである。

　つまり、今回の省庁再編では、第1に、一体化の対象(省庁)が変化することにより、一体化が弱められる。その利害を自らの利害と考え、その発展を自らの発展と思う対象が大きな変化をこうむれば、新たな一体化の対象を求めるようになったりして、従来の一体化の力は低下するだろう。そして、これは、新しい一体化の対象を得るまでの一時的なものとしても、第2に、従来他律的には変えられないと思っていたもの(省庁)が変化することを経験した結果、同様の対象(新しい府省)との関係について、従来とは異なる、やや距離を置いた態度をもつようになるかもしれない。このような変化が生ずれば、意識の変化を通じて省レベルでの一体化が減退し、府省よりも高いレベルでの総合化、統合化が受け入れ易くなり、縦割り行政＝割拠性は弱まるかもしれないのである。

　確かに、40年に及ぶ安定の後の大規模な省庁再編であるだけに、従来の意識へのいわば衝撃的な影響には注目しておく必要があるだろう。しかし、その影響は限られたものにとどまるのではないかと考えられる要素も多い。4

点をあげておきたい。(i) 省庁再編によって、大臣庁を含めた省庁の数は約半分に減ったが、従来との同一性を維持した省も多く、そのほかでは、合併的な統合が中心的で、省を越えての任務の再編成は一部にとどまったことである。一体性の対象の性格が変化した省庁は一部に限られ、大部分は新しい府省体制の中で、省あるいはその一部としてほぼ同一の性格を維持することになった。(ii)「中間報告」(1997年9月)から「最終報告」(1997年12月)にいたる間の政治的な経過により、「中間報告」で大きく分割する案が出された建設省、郵政省が、他省と統合はされるものの、基本的に一体性を維持することになったことである。これが、従来の省の一体性の強さをむしろ印象づけることになると、再編自体による意識変化の大きさも限られたものになるだろう。

(iii) 行政組織の省レベルの再編は設置法の改廃によって行われるが、省レベルの再編について、総理大臣の発案権を認めるような慣行をつくるといった、再編を容易にする変革はとくに行われなかった。今回の再編は、橋本首相の、行政改革の経験が豊かであるといった個人的な属性による、例外的な事象という性格があり[29]、今後、省を越えた再編が従来より容易になるとは必ずしもいえない。(iv) 省レベルでは大きな変化があったとしても、省以下のレベルで、施策の一体化が見られる場合に、それらに影響を与えるとは限らない。たとえば、海上保安庁は、治安という視点から、警察、麻薬取締と一体とする案が「中間報告」では示されたが、「最終報告」に至る過程で、従来通りとする案に戻った。これは、海上保安庁が警察と統合されることにより、自らの同一性が脅かされると考えたからのようであり[30]、省より下のレベルに一体化の対象がある一例である。今後、新たな府省体制の中で、省より下部のレベルでの一体化が従来より弱まるとは限らず、むしろ、省が大きくなったために強まる可能性もあるのである。

このように省庁再編の意識変化への影響は限られたものになるかもしれないが、今後を見る上で留意すべき点であることに変わりはない。

3. おわりに

2001年1月に実施に移された省庁再編を中心とする改革について、縦割り行政の弊害＝割拠性の視点から検討してきた。大括り再編はとくに、調整数

の減少と認知的一体化に関わるものであった。内閣機能の強化は割拠化を前提としつつ、内閣あるいは内閣総理大臣の力を強めることによってそれを克服するものであった。公務員制度については抜本的改革ではなく、感情的一体化、利害的一体化を弱める改善を図ることになった。政治的一体化に対しては本格的な改革の検討はされなかったが、それに影響が及ぶ可能性は見られた。長期にわたって安定してきた省レベルの再編が実現するについて、それが意識に影響を及ぼすことが考えられた。このような考察を通じ、改革が実施されていく中での現象を観察、分析する1つの視点を明確にしたいと考えたのである。同時に、改革後の事象の考察により、行政組織における割拠性の生成、動態、その影響を明らかにしていくことに資することを目指したのである。

　最後に、本稿が行っていないことを明らかにしておきたい。2つに分けて述べたいが、第1は、本稿は今回の改革の評価を行っているものではない。今回の改革は、縦割り行政の排除だけを目的としているのではないし、改革の諸項目の効果は縦割り行政への影響にとどまるものでもない。行政のスリム化とか「透明化」を目指した改革もあるし、改革全体のねらいとしても、「この国のかたち」のあり方を問うとされた。また、実際上としても、政治家と官僚を対比して、いわゆる「政治主導」を目指す点が目立っている。改革の評価を行うとすると、このような目的、ねらいを整理し、改革が及ぼす影響について広く検討する必要がある。本稿は、今回の改革を割拠性の現象を明らかにする1つの機会ととらえて、それに関わる面に焦点を当てて検討したものである。

　第2は、縦割り行政あるいは割拠性自体の評価も行っていない。縦割り行政の弊害＝割拠性としたので、マイナス評価を前提においていることは確かである。しかし、縦割り行政の弊害と見られている現象について、あるいは少なくともそのある局面については、積極的に評価する見解もあるのである。1つは、省庁間の競争とか多元性を、活力を高める点から評価するものである。割拠性を批判する中での文言ではあるが、第2臨調の「最終答申」の次のような認識がそれである。すなわち、「（各省庁が行政事務を分担し、人事管理もその責任と権限において実施していることが）職員がそれぞれの省庁に対する帰属感を強め、所管行政の遂行に熱意を持つとともに、各省庁が相互に競い合うことにより行政の活力を高めるという効果を持つ」[31]。積極的

評価のいま1つは、行政府内における多元性が権力の集中を防ぐことを指摘するものである。次のような主張は、縦割り行政の弊害の排除の必要を認める中で述べられたものであるが、これに当たる。「(総理大臣は閣議で決定したことについてしか各省大臣を指揮監督できないという制度は)やはり総理大臣というものの独断専行からくる国政全体の不測の混乱、あるいは国家の運営についての危険性というものに対して、どこかで抑制の働く仕組みを作る必要があるのではないかという、先人が考えられた上での制度ではないかなと思う。だから、そこはよほど慎重に考えて、いきなり指揮監督をなんでもやれる、というようなことをやってはいけない。むしろ総合調整にとどめるべきであると思います」[32]。縦割り行政についてはこのように、限定された範囲であれ、積極的評価も見られるのである。本稿は、縦割り行政の評価を試みたものではなく、マイナス評価されている現象を定義的に明らかにした上で、その現象と制度改革との関係について考察したものである。

注

1) 日本記者クラブにおける講演(1996年9月11日)。行政改革会議事務局OB会編『21世紀の日本の行政』行政管理研究センター、1998年、1021頁。
2) 『季刊行政管理研究』64号、1993年12月、27頁。
3) 『21世紀の日本の行政』、前掲、1026頁。
4) 西尾勝『行政学』有斐閣、1993年、148-50頁参照。
5) 『季刊行政管理研究』、前掲、26頁。
6) 階統型組織の編成の理論として、古典的なものに次がある。Luther Gulick, "Notes on the Theory of Organization" in Luther Gulick and L. Urwick (eds.), *Papers on the Science of Administration*, Institute of Public Administration, 1937.
7) 日本の行政の割拠性に関して、今村都南雄「省庁間の政治手続き」(日本政治学会編『現代日本の政治手続き』[年報政治学1985]岩波書店、1986年)参照。
8) 一体化のこの面を指摘してきたのは、サイモンである。Simon, 1947b [Simon, 1976a], pp. 210-11など。
9) 諸井虔委員の文書による意見。『21世紀の日本の行政』、前掲、412頁。
10) 佐藤誠三郎・松崎哲久『自民党政権』中央公論社、1986年、171頁。
11) 森田朗『改訂版現代の行政』放送大学教育振興会、2000年、104頁。

12) 伊藤大一「改革過程に表われた官僚制の変容」『季刊行政管理研究』88号、1999年12月、9頁。
13) 日本の行政組織の割拠性の原因について、従来の代表的な見解は重要な要因をここに求めてきているとの指摘がある。すなわち、「中央省庁のセクショナリズムに関する代表的な見解は、その主たる原因や基因を探る際、行政組織の編成それ自体よりも、政党、顧客集団、あるいは地方自治体等の関連集団との結びつきに重点を置き、それらの制度的環境要因によって中央省庁のセクショナリズムがますます助長・促進されていることを強調してきたように思われる」（今村都南雄、前掲、127頁）。
14) 藤田宙靖「行革会議委員　全内幕を語る」『文芸春秋』1998年2月、390頁。
15) 第7回行政改革会議（1997年3月5日）の「主要論点項目（案）」及び第11回同会議（1997年5月1日）の「中間整理」参照（『21世紀の日本の行政』、前掲、195頁、256-7頁）。また、第3次行革審最終答申参照（『季刊行政管理研究』64号、前掲、27-8頁）。
16) それぞれ、$_{22}C_2 + {}_{22}C_3 + ... + {}_{22}C_{21} + {}_{22}C_{22}$、$_{13}C_2 + {}_{13}C_3 + ... + {}_{13}C_{12} + {}_{13}C_{13}$で計算した。
17) 行政改革会議「最終報告」Ⅲ-2-（1）-①。
18) Francis E. Rourke, *Bureaucracy, Politics, and Public Policy, Third Edition*, Little, Brown and Company, 1984, p. 2（今村都南雄訳『官僚制の権力と政策過程［第二版］』中央大学出版部、1981年）。
19) 行政改革会議に提出された佐藤幸治委員の資料「内閣機能の強化策について」参照（『21世紀の日本の行政』、前掲、359-64頁）。
20) 諸井虔委員の意見。『21世紀の日本の行政』、前掲、412-4頁。
21) 公務員制度調査会およびその「意見」、「答申」の記録については、総務庁人事局監修『新たな時代の公務員制度を目指して』ぎょうせい、1999年。
22) 中央省庁等改革推進本部「中央省庁等改革の推進に関する方針」（1999年4月27日）参照。これらのうち、⑤の幹部人事の閣議承認化は、他のものより早く、1997年5月の行政改革会議の「中間整理」に際して、会議で合意され、同月中に閣議で方向付けがされた。『21世紀の日本の行政』、前掲、8頁、244頁、1042頁。
23) 古典的な指摘として、Luther Gulick, op. cit., p. 26.
24) 行政改革会議「最終報告」Ⅲ-6-（1）。
25) 第23回行政改革会議（1997年7月23日）議事概要参照（『21世紀の日本の行政』、前掲、409-10頁）。
26) 伊藤大一、前掲、とくに9-10頁。
27) 水野清「「行革会議」官僚との攻防」『文藝春秋』1997年10月、104頁。

28) 座談会における森田朗の発言。「〔座談会〕行政改革の理念とこれから」『ジュリスト』No. 1161、1999.8.1-15、15頁。
29) 今回の改革における橋本首相のリーダーシップについては、真渕勝「省庁再編――橋本行革の終わり」『中央公論』1997年12月、45-54頁、増島俊之「中央省庁等改革基本法行革の特色と問題点」『レヴァイアサン』24号、1999年4月、30-2頁。
30) 『21世紀の日本の行政』、前掲、729頁，865頁，895頁参照。
31) 臨時行政調査会（第2次）「行政改革に関する第5次答申――最終答申――」（1983年3月14日）第6章-2-(1)（これに関して、今村都南雄、前掲、125-6頁参照）。また、経済成長期についての認識であるが、村松岐夫『日本の行政』中央公論社、1994年、26頁など。
32) 後藤田正晴『情と理（下）』講談社、1998年、166頁。

第10章

権限の分権と現象の分権
―その測定について―

1. はじめに

　1999年（平成11年）7月のいわゆる地方分権一括法による分権改革は、機関委任事務を廃止し、自治体の事務を自治事務と法定受託事務に再構成することを中心としている。自治体の事務に対する国の関与を減らすなどして、自治体の自律性を高めることにより分権化するものである。機関委任事務は主務大臣による包括的な指揮監督権があったのに対し、改革後は国の関与は法律、政令に根拠をおき、基本的には次のような形式によることとされる。すなわち、自治事務の場合は、助言及び勧告、資料の提出の要求、是正措置要求、協議に限るようにし、法定受託事務の場合は、助言及び勧告、資料の提出の要求、同意、許可、認可及び承認、指示、代執行、協議に限るようにするのである。そして、このような改革により、地域住民の自治への参画が促され、自主的な選択による個性的な行政サービスが迅速かつ総合的に行われるようになるといった効果が期待されるのである[1]。
　ところで、一般に、集権・分権とは、階統型組織の上層とか中央政府に権限あるいは権力が集中すること（集権）と、その対称として、それらの権限あるいは権力が組織の下層とか地方政府に分散すること（分権）を指している。しかし、中央政府と地方政府との間の政治的な集権・分権の場合にとくにそうであるが、その概念は必ずしも明確でなく、集権・分権を測定する精度の高い尺度の開発は困難である[2]。これについては、とくに次の2点を指摘しておきたい。
　第1は、集権・分権は制度上の権限の配分に関する概念として用いられる

221

のが伝統的であり、一般的であるが、実際上の権力とか影響力の関係に関する概念として用いられることもある。権限的には集権的だが、実際上は上層あるいは中央政府の意思は軽視され、下層あるいは地方政府の自律性が高い場合に分権的であるとする用語法である。現代の政府間関係について、中央政府と地方政府が相互に影響力を及ぼす資源（法的権限、財政力、政策実施能力、政治的ネットワークなど）をもっていて相互依存関係にあるとする分析の場合には、集権・分権は実際上の影響力関係でとらえられているといえよう[3]。本稿では、制度上の分権を「権限の分権」、実際上の分権を「現象の分権」と呼び、それぞれの測定法を検討する。

　第2は、集権・分権は統合して単一概念化するのが困難な、異なる次元あるいは局面から構成されていることである。戦後のとくに最近のイギリスに見られるように、地方政府の種類とか数を中央政府が決めて地方制度を改変する一方で、個別の施策について地方政府が抵抗したり自律的に決定する場合、一元的な単一概念で集権・分権をとらえることはかなり困難を感じるのではないだろうか。そこで、さしあたりは、集権・分権には異なる次元とか局面があるとして概念の検討を進めるのがよいと思われる。すなわち、異なる次元とか局面を総合した一元的な精度の高い尺度を構成するのはきわめて困難であるので、次元とか局面を明らかにしつつ、特定の次元あるいは局面についての尺度の構成から進めていくのである。

　集権・分権にはこのような概念上の問題があり、今回の分権改革の分析とか評価に当たっても、まず、概念上の整理をして、どのような意味で分権化されたのかを測定できるのが望ましい。そこで、本稿では、とくに今回の改革が焦点を当てた次元についての測定尺度を構成することを試みたい。すなわち、今回の改革は、個別の施策に関する国と地方の権限関係を変えることに焦点を当てている。

　次節では、まず、階統型組織の場合も含めた中で集権・分権の概念をとらえるところからはじめ、次いで、政治的集権・分権について、権限と現象の区別、そして集権・分権の次元あるいは局面について検討する。そして、第3節以降で、特定の次元について、「権限の分権」、「現象の分権」の測定尺度を構成し、権限面と現象面の乖離などの関係について考察することにしたい。

2. 集権と分権

　集権・分権は権限あるいは権力の集中と分散を指すが、その対象のシステムとして２つのものを区別する必要がある。１つは、階統型組織であり、いま１つは政治社会である。前者では、企業組織、行政組織、政党組織など特定の組織目的をもった組織内での、上層への集権と構成単位への分権が対比される。構成単位が地理的に設定されていれば地域的分権であるが、地域を単位としない分権もある。今回の分権改革はいうまでもなく、後者の政治社会における分権に関するものである。すなわち、１つの政治社会における全国政府（中央政府）とその政治社会の一部を構成する地方政府等との間での集権・分権を指している。前者を組織内集権・分権、後者を政治的集権・分権（あるいは中央集権・地方分権）と呼びたいが、後者を対象とする際に前者が言及されることはほとんどない。両者が関連することはないと考えられているのと、両者は明らかに性格が違うと見られているからと思われるが、両者の区別について検討しておく必要があると思う。

　というのは、中央集権・地方分権は、中央政府がその出先機関を設置して地域的な分権をすることとは関連があり、これについて論じられることは多いからである。中央政府がその出先機関に分権するのは、政治的な地方分権でないので、用語法としても集中・分散を用いるよう提言されたりしている[4]が、両者が代替的にとらえられることもある。すなわち、中央政府の政策の実施を、その出先機関に行わせるか、地方政府に行わせるかという視点であり、この場合は集権・分権と集中・分散というように用語を区別するだけでなく、両者に性格の違いがあるかどうかが問われなければならない。これは一般的にいって、組織内集権・分権と政治的集権・分権の違いであるが、その違いは次の２点にあると考える。第１は、組織内集権・分権は階統型組織内部での集権・分権であるのに対し、政治的集権・分権は全国の政治社会と地域的な政治社会との関係である。中央政府の出先機関への分権は、地域住民の意思が反映される制度などが設けられていても、出先機関そのものへの分権であって、地域社会への分権ではない。それに対して、政治的分権では、地域社会への分権を少なくとも含意しているのである。第２は、そのため、集権・分権と関わる論点が異なる。組織内集権・分権では組織目的の適切な

達成という視点が支配的であり、それによって集権・分権のいずれがよいかなどが課題となる。それに対して、政治的集権・分権では、中央政府より地方政府の方が参加が容易であり、地方政府への政治参加が民主主義の基盤を支えるといった、地方自治の価値として論じられる論点が中心となる[5]。

このように組織内集権・分権と政治的集権・分権は異なる性格をもっており、区別する必要があるが、政治的集権・分権を対象とするときも中央政府の出先機関への分権が関連することがあり、この区別は重要である。本稿は政治的集権・分権が対象であるので、今後、これを単に集権・分権と呼ぶこともある。

さて、すでに述べたように、集権・分権には、制度上の権限の配分を指す「権限の集権・分権」と、実際上の影響力関係を指す「現象の集権・分権」がある。

まず、権限の集権・分権であるが、これについては、西尾勝により、集権度・分権度を測定することは至難であるとしつつ、地方自治を構成する諸要素に分解して接近することがなされている。すなわち、(1) 廃置分合、(2) 民意代表機関の性格、(3) 自主財源の徴収権、(4) 人事権、(5) 授権方式と中央統制方式、(6) 区域の規模、(7) 政府体系の構造、(8) 国の事務・権限の委任、(9) 依存財源の比重と性格、(10) 政党政治、の諸要素である[6]。この中には (10) のように、権限よりは現象に関わる要素も含まれているが、これらの要素を包摂しつつ、関連する諸権限を次の2つの次元に分けることにしたい。すなわち、第1は、地方政府の種類・層（都道府県、市町村など）、各地域の規模、地方政府の数、地方政府の職能、を決定する権限である。これらはいわば地方制度の基本構造を決めるものである。従って、究極的には主権者、つまりその政治社会の最高決定権者（国民主権であれば集合体としての国民）の権限に属すといえようが、より実際的には憲法によって、中央政府の権限がどのように制約されているかが問題であろう。日本の場合、憲法第92条の「地方自治の本旨」の解釈などが焦点であり、府県を廃止できるかどうか、合併を強制できるかどうかといったことが関わる[7]。組織内集権・分権との違いも、この次元においてよく現れる。企業などの組織内における場合、これらに相当する権限は組織を編成する権限であり、それらが組織の上層にあることは明らかであろう。それに対して、政治的集権・分権では、中央政府の権限が、地方政府の地位を保障する憲法によって制約され

るのである。

　第2の次元は、第1の次元の権限によって定められた地方政府の職能、財政権、人事権に関わる権限である。すなわち、第1の次元により、特定の領域をもった特定の地方政府が、特定の範囲の職能をもって存立することになる。その地方政府のもつ職能についての権限、財政権、人事権が、質・量において、中央との間でどのように配分されているかである。ここで職能とは、施策の管轄であり、事務・事業と呼ばれているものの集合体を指している。それらが、法制度上国の事務か、自治体の事務かはさしあたり問わず、それについての決定権限、許認可権などを権限という用語で指している。財政権は徴税権などであり、人事権は地方政府の人事についての権限で、今日の日本では今回の改革で対象となった必置規制など、一部を除いてはほぼ地方政府の権限となっている。

　このように整理すると、集権・分権を総合的に判断するには、より基盤的な第1の次元と、より特定的な第2の次元を合わせて考察する必要のあることがわかる。しかし、各次元がそれぞれさらに多くの要素あるいは局面からなっており、総合的な判断は、全体が同じ傾向を示しているといった場合でないと、容易ではない。しかし、各要素を全体の中で位置づけるとともに、それぞれの要素について集権・分権を検討することによって、集権・分権の総合的判断に接近することができるのではないか。とくに、改革の場合は、改革はある要素に焦点を合わせて行われる。今回の改革であれば、その中心の機関委任事務の廃止は、ここでいう第2の次元の、職能についての権限の分権化である。そこで、本稿はこの位置づけをふまえつつ、それに焦点を当てる。

　次に、現象の集権・分権に移ろう。実際上の影響力関係である現象の集権・分権も、権限の場合に対応して、2つの次元に分けることができる。第1の次元は、地方政府の種類・層、規模、数、職能といった地方制度の基本構造の決定について、中央政府、地方政府はそれぞれどの程度の影響力をもっているかである。この次元では、権限が憲法の解釈といったことに依存するところがあり、その場合、集権・分権は権限としてよりも、現象として把握される傾向がある。例えば、府県を廃止するといったことが提起された場合、それが中央政府の権限であると「権限において集権」であるが、権限が明確でないと、実際に廃止されたかどうかで集権度が判断される。そして、

一般的にいって、地方制度の基本構造については、次の第2の次元よりも権限関係の明示性が弱く、現象の集権・分権が注目されることが多いといえよう。第2の次元は、地方政府のもつ職能権限、財政権、人事権である。これらの権限は、法律などによって、中央政府、地方政府に配分されている。この次元での現象の集権・分権は、これらの諸決定に中央政府、地方政府の意思がそれぞれどの程度、影響を及ぼしているかである。例えば、中央官僚の自治体への派遣人事、いわゆる天下りの場合、権限的には自治体の権限であり、国の関与も権限的にはない。しかし、実際の人事決定について、中央政府の意思が何らか影響を及ぼしていると、現象面では、権限面より集権的である。本稿では、権限の場合に対応して、職能遂行について、現象の集権・分権を取り上げる。すなわち、機関委任事務といった事務の遂行に関して、実際の決定に中央政府、地方政府はどの程度の影響力をもっているかである。
　ところで、現象の集権・分権については、中央政府と地方政府の意思に相違がないならば、集権・分権を問うことは意味がないかもしれない。ある決定は集権であり（中央政府の意思通り）、かつ分権である（地方政府の意思通り）ことになるから。両者の意思が完全に一致するのは仮想的であるが、中央政府と地方政府の意思の乖離が小さい場合は、大きい場合に比べて、現象の集権・分権を問う意味は乏しいかもしれない。そこで、両者が乖離する可能性について若干検討しておきたい。
　中央政府と地方政府の意思が乖離する可能性があるのは、第1に、地域社会が独自の歴史、文化、価値意識などをもっている場合である。各地域が共同体の性格を強くもち、全国が多様な共同体の連合であるとき、各地方政府は中央政府と異なる意思を多様にもつことになろう。このような場合は、現象として分権であると、各地方政府の施策は相互に異なり多彩となる。ところが、第2次大戦後の先進工業国に顕著に見られた都市化と産業化は、農村的な共同体を衰退させ、都市地域において独自の地域性をもった共同体を十分生み出していないともいわれる。他方、福祉国家を特徴づける社会保障、社会福祉、教育といった諸施策については、全国的な整備が求められた。これらのため、各地域の歴史的な共同体的性格による意思の相違は縮小したかもしれない。しかし、そうであっても、中央政府と地方政府の意思はやはり乖離していく可能性があるといえよう。すなわち、第2に、各地域は地理的、風土的に異なり、住民の意思の分布において異なる。これらが地域社会の意

思の形成に反映し、意思が構成されていくとすると、それが全国的に均一化することはないだろう。ところが、中央政府はそれらの非均一的な意思をそれぞれ把握して、全国的に一体的な施策を形成していくことが、情報、時間の制約から十分にできないといわざるを得ない。比喩的に表現すると、各地域の平均と全国平均が乖離するだけでなく、全国平均の算出が情報・時間の制約から不十分となり、両者の乖離は縮小よりも拡大の傾向をもつのである。2つに分けて理由を挙げたが、中央政府と地方政府の意思は乖離する可能性があり、両者の影響力関係を測定する意義はあるといえよう。例えば、各地方政府間の施策に相違が乏しいならば、それは、地域間の意思の違いが小さいからではなく、中央政府の影響力が強く、それによって画一化していると考えて検討してみる必要があるのである。

さて、以上で、今回の改革が焦点を当てた次元あるいは局面の位置づけと、「権限の分権」と「現象の分権」の違い及び両者を取り上げる意義についての検討を終わりたい。そして、次節以降では、今回の改革が焦点を当てた、地方政府の職能についての「権限の分権」及びその遂行における「現象の分権」に関して、それらを測定する尺度を構成してみたい。

3. 権限の分権

今回の改革は、機関委任事務を廃止し、自治体の事務を法定受託事務と自治事務にするものである。法定受託事務と自治事務については、国の関与を類型化し、それに限ることを基本とすることになった。そして、国の関与は、機関委任事務、法定受託事務、自治事務の順で弱くなり、より分権的であるとされる。そこで、この3つの事務の分権度（集権度）を一元的な尺度においてとらえることを試みてみたい。

そのためには、まず、施策に関する諸決定の構造を見ておく必要がある。すなわち、自治体の職能とされる諸施策は、一般的な制度を定め、それに基づいて計画とか基準を策定し、それらによりつつ特定の諸決定を行って実施をしていくという構造をもっている。具体的な決定がいきなり行われるのでもないし、あらゆる決定が一括して行われるのでもない。このことを明らかにしておくのは、そのような層を成している諸決定について、分権度が異なることがあるからである。基準は国が定める権限をもち、それに基づいた決

定は自治体が行う権限をもっているといった具合である。この諸決定の構造は一般的にいって、①施策の一般的な目的、制度、②計画、基準、③個別的な決定、の3段階に分かれているということができる。例えば、都市計画であると、都市計画法によって都市計画の一般的な目的及び制度が定められる。それを受けて、例えば、市街化区域と市街化調整区域のいわゆる線引きの基準が同法及び関係諸法、都市計画法施行令、都市計画法施行規則、関係諸通達で定められてきている。そして、それらによりつつ、具体的な線引きが決定されるのである。この3段階では、都市計画の例からもうかがえるように、①、②を国が決定し、③を自治体が決定するというのが、従来、一般的であったといえよう。そして、権限的にも、①、②が国の権限で、③が自治体の権限であるとすると、③について自治体の権限が十分分権的であっても、3段階を総合的に見ると、①、②の及ぼす枠組み的な役割から、③だけで見るより集権側に寄ることになる。すなわち、施策の形成、遂行の集権・分権度は、①、②、③を総合して測定する必要があるのである。そこで、①、②、③のそれぞれについて集権・分権度を測り、それらを総合して施策の権限の集権・分権度を取り出すという方法を採ることにしたい（ただし、後に述べるように、①は除外することにする）。

　さて、①、②、③のそれぞれについて、権限の分権度を測定する一元的な尺度を次のように構成したい。すなわち、A、B2者（さしあたり、対等の2個人を念頭におく）が、共通に関心をもつ事柄について決定するとき、それぞれがもつ権限として、提案権、決定権、拒否権の3つがとくに重要であると考え、これらによって、両者の権限関係を測定する尺度を作成することにする。この3つは、アメリカの大統領制における大統領と議会の間の権限関係から示唆を得ているが、提案権は、決定しようとするあるいは決定を求める、いわば審議案を提出する権限である。決定権は、文字通り正当に決定する権限である。拒否権は決定を無効にする権限である。決定権と拒否権が重要で決定的な権限であるのはとくに確認するまでもないだろう。提案権をとくに加えたのは、これを厳密に否定されると、かなり大きな権限制限だからである。例えば、日本の内閣と国会の関係における予算の場合がこれに関連するものである。国会は予算を決定する権限をもっているが、提案権は内閣にのみあって国会にはない（憲法第73条、第86条）。ただし、国会に予算修正権があり、これに制限がないという説を採れば[8]、国会に提案権がある

のにかなり近接する。もし、修正権も認められないとすると、国会は内閣の提案を待たなければならないだけでなく、提出された予算案を可決するか、否決するかしかない。従って、提出された予算案より望ましい案をもっていても、否決してその予算が一切行われないより、不満であっても可決してその予算を実現する方がよいならば可決した方がよいことになる。つまり、提案権がないと、「否決するよりはましな案」をいわば押しつけられることになるのである。これは大きな権限制限である。そこで、この３つの権限の有無を、A、B双方について対称的に並べたのが、図１である。

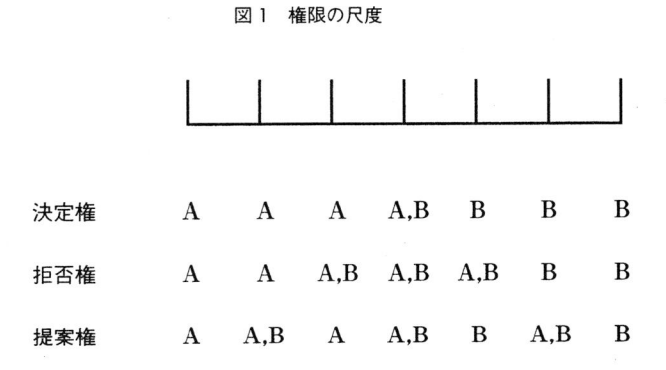

図１　権限の尺度

決定権	A	A	A	A,B	B	B	B
拒否権	A	A	A,B	A,B	A,B	B	B
提案権	A	A,B	A	A,B	B	A,B	B

　一番左は、Aだけが決定権、拒否権、提案権をもっていて、Bは何も権限がない場合であり、その右は、提案権についてのみ、Bももっている場合である。その右は、拒否権についてのみ、Bももっている場合であり、中央は３権限とも、A、B両方とももっている場合で、完全に対等な共同決定になる。右の３つの場合は、左と対称でBが優位の場合である。このように並べると、左から右へいくにつれてBの権限が強くなり、Aの権限が弱くなる。各場合間の距離（目盛）が等しいとはいえないだろうが、簡便化のため等しいとしておきたい。

　この尺度を中央政府と地方政府の権限関係に用いるのである。Aを地方政府、Bを中央政府とすると、一番左が最も分権的で、右へ行くにつれて集権的になり、一番右にいたって最も集権的となる。

　さて、先の①、②、③の３段階について見ていこう。まず、①であるが、

一般的目的、制度を法律、政令で定めることができるならば、国に決定権があり、当然、拒否権、提案権もあるのに対して、自治体には拒否権も提案権もない。ただ、法律、政令に反しなければ、条例で一般的な目的、制度を定めることができる（情報公開条例などがその例になるだろう）。すなわち、原則的にあらゆる施策について法律、政令で一般的な制度が定められるのに対して、法律、政令による制度化を排除して条例でのみ定めることのできる施策はないとし、他方、法律、政令で否定されない限り、条例で決定できるとすると、①の段階は、自治体には提案権のみあるという右から2番目のところに位置するといえるかもしれない。しかし、①の段階は集権・分権の測定についてとくに必要でない限り、除外しておくことにしたい。それは、今回の改革でこれが重要な論点にならなかったこと及び、一般的制度については、それが明細に定められて、②、③の諸決定の裁量を厳しく制約するのでないならば、一つの政治社会の統一性を保つものとして、集権・分権の議論の外におかれることが少なくないと考えるからである。また、測定上、①、②、③の3段階を総合するのは複雑なので、②、③の総合を第一次的に考えたいというのも1つの理由である。

　②と③が今回の国の関与の改革の対象となったところである。機関委任事務は国が包括的な指揮監督権をもっているが、その内容については、職務執行の方針、基準、手続き等の命令を含め、監視権、認可権、訓令権、取り消しまたは停止の命令、主管権限の争議を決定する権限といったものがあげられている[9]。そのほか、技術的な助言または勧告、資料提出要求、職務執行命令訴訟を通じた代執行もできる。それに対して、新しく規定された法定受託事務、自治事務における国の関与は、それぞれ、助言及び勧告、資料提出要求、同意、許可、認可及び承認、指示、代執行、協議（法定受託事務）と、助言及び勧告、資料提出要求、是正措置要求、協議（自治事務）の諸形式に限ることを基本とすることになった。これらのうち、同意、許可、認可、承認、指示、取り消し、停止といったものは拒否権を認めていると見てよいだろう。また、助言、勧告、是正措置要求、協議は、提案権を認めているといってよいだろう。そして、代執行は、他方の主体に拒否権だけでなく、決定権も認めているということだろう。このように見ていくと、これらの多様な関与の制度を、決定権、拒否権、提案権の3つの権限で集約して尺度化することが可能であることがうかがえよう。すなわち、上の一元的な尺度に

よって権限の集権・分権度を測定し、位置づけることを試みることができるのである。

そこで、ある施策について、②、③のそれぞれについてさきの尺度で権限の分権度を測定し、次いで、それらを合成して、その施策についての権限の分権度を測定することにしたい。このように測定すると、②、つまり、計画、基準について集権的であり、かつ、③、つまり、個別的な決定について集権的である場合が最も集権的であり、反対に、②も③も分権的な場合が最も分権的であり、一方が集権的で他方が分権的といった場合がその間に入ることになる。5節で、この測定を試みてみたいが、その前に次節で、現象の分権の測定法について検討したい。

4. 現象の分権

本節では、前節に対応して、施策に関する諸決定について、それらが中央政府と地方政府の意思を実際に、それぞれどの程度反映しているかを測定する方法を検討したい。

これについては、意思決定はそれ以上分解できない最小の単位ではなく、それは多くの決定前提から合成されて導き出されるものであるとの命題[10]に基づいて考えたい。これは組織理論において、組織における諸決定は一人の個人が孤立して行っているのではなく、多くの影響を組織の内外から受けており、それらの影響を「決定前提（decision premise）」の受容というように概念化できるとするものである。しかし、これは組織における決定だけでなく、意思決定一般にも適用できる。すなわち、ある意思決定を観察、分析するならば、それは、意思決定者の記憶から引き出される多くの要素、外部からの助言、命令、情報などの受容、自ら感知したり、収集した情報など多くの要素から、いわば合成して引き出されていると考えることができる。これらの諸要素を「決定前提」と概念化すると、意思決定を諸決定前提に分解し、各決定前提の源を明らかにし、それらの質・量を測定することにより、その決定に対する各源の影響度を測定できる。これを集権・分権に適用すると、ある決定を導いた諸決定前提のうち、どれだけが中央政府の与えたものであり、どれだけが地方政府の与えたものであるかを測定することにより、その決定の現象の集権・分権が測定できることになる。

以上のことは、概念的には明らかでも、実際の決定を実証的に分析するについては、なおかなりの困難がある。例えば、都市計画の市街化区域と市街化調整区域の線引きの決定について、地元の市が与えた決定前提、県が与えた決定前提、国の与えた決定前提をそれぞれ識別し、その比重を測定するのは困難であり、とくに定量的に行うのはほとんど不可能だろう。これはとくに、決定前提という概念が均質的な単位のように想定され、各決定前提の重要性の程度をとらえることが困難であることに由来しているのではないか。そこで、施策の意思決定についてさらに分析し、この困難を緩和し、現象の集権・分権の測定をより的確に行えるよう検討したい。
　一般に、意思決定は、選択肢の作成を行い、その評価をして決定に至る。そして、選択肢の作成に当たっては、目指すべき目的を実現しそうな手段（一群の行為の体系など）を探り（目的手段分析などによる）、あるいはすでに明らかになっている手段の候補からそれらを組み合わせる、などして選択肢を作成していくのである。そのようにして作成された選択肢について、目的を実現するかどうかの評価とともに、同時に満たさなければならない副次的目的とか制約条件とかを満たしているかどうかが検討される。このような過程を経て、意思決定がなされるのであるが、その過程では、何が問題でなぜその問題が生じているか、それを解決するには何を目指すべきか、同時に満たさなければならない条件は何かといった認識に基づいて、選択肢の作成及びその評価が行われる。施策における、計画、基準、個別的な決定といった意思決定の場合も同様である。すなわち、施策の対象となる分野の事象について、問題は何か、目的は何か、制約条件は何かといったことに関する認識の構造を、問題認識の構造、問題対処法の構造と呼ぶことにすると、これらによりつつ、施策についての基準案、個別的決定案が作成され、評価されていくのである。従って、問題認識の構造、問題対処法の構造、それらによりつつ明確化される目的価値（選択肢を作成したり、それを評価するのに用いる価値）、制約価値（選択肢を評価するのに用いる制約条件に関する価値）、そしてそれらのいわば値の相違によって、なされる意思決定は異なってくる。
　このような意思決定過程の構造を、決定前提の概念と関連づけると、問題認識の構造、問題対処法の構造を特徴づける重要変数及びそれらの相互関係、目的価値・制約価値及びそれらの値が、意思決定の内容を規定する重要な決定前提であるといえよう。従って、それらが中央政府によって与えられてい

るか、地方政府によって与えられているかを分析することによって、現象の集権・分権を測定することができよう。

　都市計画の市街化区域と市街化調整区域の線引きを例に検討してみたい。この制度は、1969年に施行された都市計画法によって導入されたが、「無秩序な市街化を防止し、計画的な市街化を図るため」（都市計画法第7条第1項）のものとされる。すなわち、高度経済成長下で著しくなった市街地の無秩序な拡散（いわゆるスプロール化）がもたらす様々な問題に対処するため、計画的な規制と整備の基本となる面的な区分を行おうとするものである。市街化区域は市街化している区域と「計画的に市街化を図るべき区域」（同法第7条第2項）であり、市街化調整区域は「市街化を抑制すべき区域」（同第3項）であり、それぞれに応じた規制、整備などが行われるとされた。両区域を分けることを線引きと呼んでいるが、線引きの基準が関係の政令、省令、通達などによって規定されてきている。それらに基づいて線引きを行う決定権限は、都道府県知事にあり、機関委任事務であった（今回の改革で自治事務となった）。そこで、1969年の法施行以後、各地で線引きが行われたが、実際の線引きは地元の市町村によって行われたりした（その後、1982年の通達により、市町村による原案作成が原則となった）。その線引きの過程を見ると、さらに線引きの対象となる地元の意見が大きな影響を及ぼしていたことが報告されたりしている。すなわち、農業を続けていく意欲から市街化調整区域とすることを望む者、（市街化区域における）宅地並課税の予測から、課税の低い市街化調整区域を望む者、（市街化区域における）地価上昇の予測から市街化区域を望む者、というように、地域により、また地域内でも望むところは一様でないが、これらの地元の要望、要求によって実際の線引きは決められていったというのである[11]。

　この線引きの例の場合、制度の目的である「無秩序な市街化の防止」のほか、優良農地の保全とか、環境の保持といった価値が決定過程において考慮されたり、考慮が期待されたりしている。また、地元の要望、要求として指摘されているものをあえて一般的に表現すると、地域の経済の安定とか、地域の政治的安定といった価値と呼ぶことができるかもしれない。これらの諸価値が、目的価値、副次的目的の価値、制約条件あるいは制約価値であり、これらによって原案（選択肢）が作成され、評価されるという過程を繰り返して、決定がなされていったのである。これらの諸価値を生み出したり、規

定したりするのが、中央政府、地方政府、地元住民などの諸主体の問題認識の構造、問題対処法の構造である。そこで、決定された線引きに含まれたこれらの諸価値の値は誰によって与えられたかを見るのである。地元の要望、要求が決定的であったとすると、地元の経済的安定とか政治的安定という制約価値がきわめて厳しく作用して原案の範囲が狭められ、決定がなされたということになり、その決定前提を与えた地元の影響が大きかったということになろう。しかし、集権・分権を測定するには、「無秩序な市街化の防止」という目的価値とか、それによりつつ作成され、通達などで示されている基準が決定内容にどの程度影響を及ぼしているかも見る必要があるのである。

このように、現象の集権・分権を測定するには、施策の決定の過程及び決定内容を分析することが必要であるが、決定前提の概念によって、集権・分権の測定という視点からの分析を明確化することができるのである。

次節では、権限の集権・分権と現象の集権・分権をあわせて測定し、分析することに向かおう。

5. 権限と現象

権限の集権・分権の尺度を横軸に、現象の集権・分権の尺度を縦軸におくと、図2のような図ができる。

特定の施策を取り上げ、前2節に述べたところに従って、集権・分権度を測定できれば、その位置を図2の中に表示することができる。図の中心（O点）は、権限においても、現象においても、集権・分権の中間点であり、上方へ行くと、現象において集権が進み、右方へいくと、権限において集権が進むのである。45度の斜線は、権限通りの度合いの集権・分権度を現象において示す場合、この線上に来る。権限より実際は集権的に決定されている場合は45度線の上方に位置することになり、権限より実際は分権的に決定されている場合は45度線の下方に位置することになる。両者の間の乖離を示すことができるのである。

では、権限と現象の乖離はなぜ生ずるのだろうか。中央地方関係を相互依存関係と見る分析では、中央政府及び地方政府がそれぞれ他方に対して影響力を及ぼす基盤となる資源（resouces）を有しているとする。そのような資源として、次の3つがあげられる。(1) 財政資源、(2) 政策実施能力、(3)

図2 権限、現象の尺度

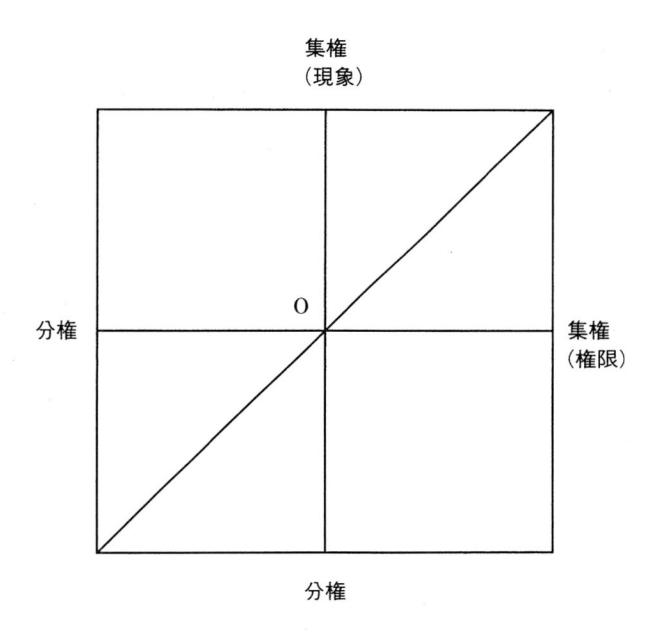

集権
（現象）

分権　　　　　　　　　O　　　　　　　　　集権
　　　　　　　　　　　　　　　　　　　　　　（権限）

分権

「政治的」資源である。このほか、法的資源もあげられるが、ここでは、法的資源のうちの施策上の権限を基準にしてそれからの乖離の要因を探っているので、これら3つをとくにあげておくことにしたい[12]。(1) 財政資源とは、徴税権などにより得られる財政資金など、財政上の資源であるが、今日の中央地方関係では、中央が優位に保持しているとされる。「3割自治」といった表現で繰り返し述べられてきているように、日本では集権化の重要な要因と見られており、このため、施策の権限上は分権的でも、現象では集権の方へ乖離する基盤となると考えられる。(2) 政策実施能力とは、政策実施のために必要な物的施設・設備、人的な要員及び組織、それらの要員のもっている専門能力、政策実施上必要な情報の収集、蓄積、利用の能力といったものを総合したものである。政策は、法令上などで定められても、実施能力を有する組織によってはじめて現実に実施される。従って、実施能力を備えた主体は、権限は十分でなくとも、権限以上の影響力をもつ可能性がある。中央地方関係では、地方が実施能力をもっており、このため、現象では、権限より

も分権の方へ乖離する可能性がある。(3)「政治的」資源とは、選挙で選出されている政治家及び政党のもっている正当性に由来するものなどである。日本の場合にとくに指摘されているのは、地元選出国会議員が中央に働きかけることによる地方の影響力である[13]。知事などの地方の選挙職もそれ自体の正当性をもっており、それによる中央への影響力がある。この「政治的」資源は、中央も有しており（国会議員が中央政府の立場で活動する）、集権的に働くこともあるといえよう。

さて、このような諸資源の分布及びその活用などによって、権限と現象の乖離が生ずると考えられるが、日本の従来の中央地方関係ではどうであっただろうか。機関委任事務による施策を例として、図2のどこに位置するか推定してみよう。

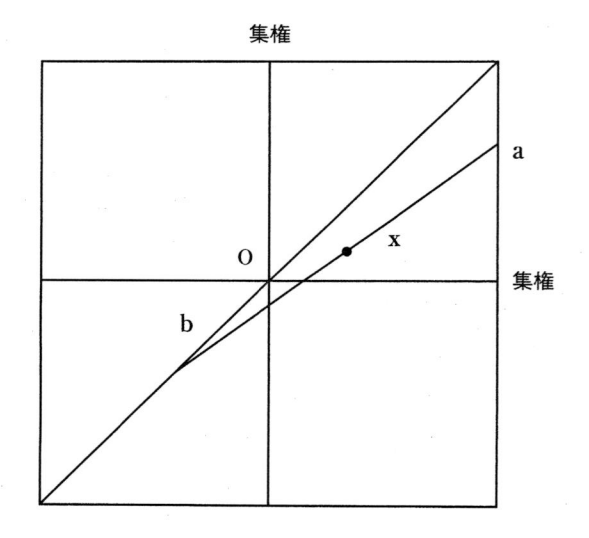

図3　機関委任事務の権限、現象

まず、第3節で述べた①施策の一般的な目的、制度、②計画、基準、③個別的な決定、の3段階のうちの②についてである（①はすでに述べたように除外する）。機関委任事務は国が包括的な指揮監督権をもっている。その中には、職務執行の方針、基準、手続き等の命令権も含まれているので、②の基

準の決定権を国がもっていることになる。実際、通達で定められたりしている。この通達による基準の決定について、自治体は拒否権はなく、提案権もないといってよいだろう。そうすると、横軸（権限）では最も集権的な右端に位置することになる。現象面では、通達の決定に対して、国は地方からの情報、意見等をもとにしたり、考慮したりしているとすると、分権側にずれることになる。自治体が実施するので、その情報、意見を無視することはできず、自治体が影響力をもっていると考えるのである。これらから、図3のaが機関委任事務の②の位置としよう。次いで、③の個別的な決定では、知事（あるいは市町村長）に機関委任されているのであり、それらに決定権がある。知事の決定権に対して、国は拒否権はあるだろうか。指揮監督権の内容として、あらかじめ許認可を要することを指定することができるとされ、取り消しまたは停止の命令が含まれるかどうかについては学説上必ずしも一致していないという[14]。完全な拒否権はないと見るべきかもしれないが、許認可を要するように指定できるところからは、権限的には拒否権があるに近いといってよいのではないか。国は訓令権があるとされるので、知事の決定権に対して提案権はあると見てよいだろう。しかし、国には拒否権があるに近く、それの方が強い権限なので、横軸（権限）では、中間点から3分の1ほど分権に寄ったところとしよう。現象では、一方で、財政資源により国の影響力が働くが、他方で国が執行を地方に依存し、地方の影響力が働く。両者は拮抗していると想定して、権限通りの現象、つまり45度線上にあるとしよう。すなわち、図3のbが③の位置である。

そこで、②と③を総合するのだが、ここでも単純化のために、②と③を同じ重みで平均することにする。図ではxがその位置になり、これが機関委任事務の集権・分権度の推定値である。

かなりの単純化をしたり、推定を加えているが、集権・分権の測定方法を例示できたのではないかと思う。

次に、今回の改革後の法定受託事務と自治事務について、権限の集権・分権度を検討してみる。現象については、これから実施されていくので、測定の試みは控えておきたい。

第10章　権限の分権と現象の分権　　237

図4 法定受託事務、自治事務の権限

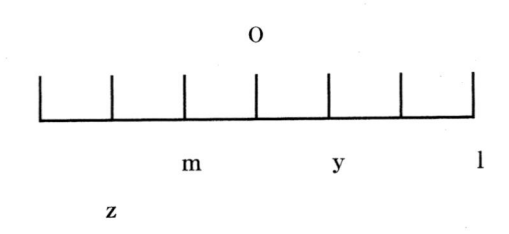

```
            O
  |___|___|___|___|___|___|
          m       y       l
      z
```

　法定受託事務では、国が処理基準を定めることができるとされており（地方自治法245条の9）、②基準の段階について、国に決定権があり、それに対して、自治体に提案権、拒否権はないと見てよいのではないか。つまり、図4の l の位置である。③個別的な決定の段階では、自治体に決定権があり、国の関与は助言及び勧告、資料提出要求、同意、許可及び承認、指示、代執行、協議に限ることを基本とする。これは、国に提案権も拒否権も認めるものといってよいだろう。図4の m の位置である。両者を合成したのが y である。ここからは、権限に関して、機関委任事務と法定受託事務の間にほとんど違いのないことがうかがわれる。ただし、国の関与は必要最小限にするといった基本原則がある（地方自治法245条の3）ので、国の権限はやや制約されたと見ることができるかもしれない。

　自治事務では、処理基準については法律または政令によるとし、通達で定めないこととしており（地方分権推進計画、第2、4）、自治体に処理基準を定める権限があると見てよいかもしれない。ただし、法律、政令で詳細に定めると、自治体に基準制定の権限はないと見ることになるだろう。これについて、自治体に基準の決定権があり、国の関与は、助言及び勧告、資料提出要求、是正措置要求、協議に限ることを基本とすると見よう。是正措置要求からは提案権があると見てよいが、自治体の決定に対する国の拒否権はない。従って、図4の z になる。個別的な決定の段階でも同様で、自治体に決定権があり、国の関与はさきの4つに限られる。図の z と同じになり、両者を合成しても同様に z の位置である。それは、機関委任事務と比べても、法定受託事務と比べても、大きく分権化された権限となっていることがわかる。とくに法律、政令で基準を詳細に定めず、自治体に基準決定権が認められてい

238　第3部　行政改革

るとするならば、それが顕著なのである。

　以上、機関委任事務、法定受託事務、自治事務のそれぞれについて、本稿で構成した尺度によって集権・分権度の測定を試みた。しかし、この測定法は、基本的には個々の施策について行うべきものである。なぜなら、権限についてみると、許認可といった重要なものは、施策によって、またその中の個々の事務によって異なるのである。また、現象については、特定の施策から他を正確に類推できるとは限らない。従って、この測定法によって一国の諸施策全体についての総合的な集権・分権度を測るには、個別の施策についての測定を積み上げるなどして、全体の集権・分権度に至る必要がある。すなわち、数多くの施策の平均とか、傾向を測定していくことをさらに試みなければならない。

　その場合に最後に検討すべき点は、施策の量的な面である。ある種類の施策群（例えば、自治事務）の集権・分権度が測定できたとして、その施策群が国全体の施策群全体の中で占める割合が、総合的な集権・分権度を決める要因になっているのではないかということである。ある施策群が分権的でもその割合が低いとか、あるいはさらに、中央政府の出先機関で実施されている施策群が多いといった場合、総合的には分権度は高くないのではないかという問題である。本稿では、この論点について十分検討を行っていないが、個々の施策のいわば質的な集権・分権度だけでなく、量的な面も重要であると考えておきたい。すなわち、総合的な集権・分権度は量的な要素を含むとしておくことにする。そうすると、今回の改革で、機関委任事務から自治事務にかわった事務の割合の大きいことが、今回の改革の分権化の度合いを大きくしたといえよう。また、それが、地方分権推進委員会が意図したほどの割合でなかったとすると、それだけ分権化の度合いが意図したより小さくなったということになろう。

6. おわりに

　本稿では、中央政府と地方政府の間の集権・分権の度合いについて尺度を構成し、測定することを試みた。主要な点は次の通りである。
　　(1) 集権、分権の概念には、「権限」に関するものと、「現象」に関するものがあり、両者を区別する必要がある。両者をともに測定すると、

それらを2次元（平面）上に位置づけ、両者の乖離を示すことができる。
(2) 集権、分権には異なる次元あるいは局面があり、それらを2つの次元にまとめることで単純化できる。すなわち、地方制度の基本構造の次元と、地方政府の職能に関する次元である。
(3) 職能の権限及びその遂行の局面の集権・分権の尺度を構成する。それには、施策が、①施策の一般的な目的、制度②計画、基準③個別的な決定、の3段階によって決定され実施されていることに基づく必要がある。これら3段階を総合することが考えられるが、ここでは②③の2段階の総合で測定する。
(4) 職能の権限の測定尺度は、提案権、決定権、拒否権の3つによって一元化する。
(5) 職能遂行の現象の測定は、意思決定過程を分析し、決定前提の概念で尺度を構成する。

このようにして構成した尺度によって、機関委任事務、法定受託事務、自治事務について測定を試みた。そこからうかがえた主要な点は次の通りである。

(1) 自治事務は権限的には分権的である。とくに、自治体に基準決定の権限があるとすると顕著にそうである。
(2) 集権・分権の総合的な度合いは、施策の量的な要素も含めて測定されるべきとすると、機関委任事務から自治事務に転化した事務の割合が度合いを決める上で重要である。
(3) 今回の改革は「権限」を改革したものであり、「現象」は「権限」から乖離する可能性がある。今後については、新しい制度下における「現象」を観察する必要がある。

注

1) 地方分権推進委員会中間報告（1996年3月29日）第1章、2参照。
2) 集権・分権の概念及びその測定尺度をめぐる論点については、西尾勝「集権と分権」（同『行政学の基礎概念』東京大学出版会、1990年、第12章）、同「地方分権の推進」（日本行政学会編『分権改革—その特質と課題—』〔年報行政研究31〕、ぎょうせい、1996年）。
3) 中央、地方の相互依存関係の分析と、そこにおける集権と分権あるいは自律性など関連する概念については、村松岐夫『地方自治』東京大学出版会、1988年、とくに第5章、R. A. W. Rhodes, "Intergovernmental Relations in the United Kingdom" in Yves Mény and Vincent Wright (eds.), *Centre-Periphery Relations in Western Europe*, George Allen & Unwin, 1985 など参照。西尾勝、前掲、428-36頁も参照。
4) 西尾勝、前掲、1990年、426-8頁。なお、とくにフランスでは、この両者を décentralisation（分権）, déconcentration（分散）と用語を区別している。James W. Fesler, "Centralization and Decentralization" in David L. Sills (ed.), *International Encyclopedia of the Social Sciences*, The Macmillan Company & The Free Press, 1968, Jean-Louis Quermonne, *Le Gouvernement de la France sous la Ve République*, Dalloz, 1980, pp. 527-37.
5) 地方自治の価値については、曽我謙悟「地方政府の政治学・行政学」（『自治研究』第74巻6号-12号、1998年）第1章地方政府の基底価値、L. J. Sharpe, "Theories and Values of Local Government", *Political Studies*, Vol. 18, No. 2, 1970 など参照。
6) 西尾勝、前掲、1990年、409-20頁。
7) 府県制論について、塩野宏「府県制論」（同『国と地方公共団体』有斐閣、1990年）参照。
8) 国会の予算修正権について、簡単には、芦部信喜『憲法』岩波書店、1993年、279-80頁。
9) 長野士郎『逐条地方自治法』学陽書房、1993年、417-20頁。
10) Simon, 1947b [Simon, 1976a]、とくに、chap. 11。
11) 行政管理研究センター編『政策実施過程における負担と関与の在り方に関する調査研究結果報告書』、行政管理研究センター、1985年、274-6頁。
12) R. A. W. Rhodes, op. cit.は、(1) 法的資源、(2) 財政資源、(3) 政治的資源、(4) 情報的資源、(5) 組織的資源の5つをあげている (pp. 42-51)。(4) と (5) はあわせて政策実施能力とした。なお、(1) 法的権限には、第2節

で第1の次元とした地方制度の基本構造についての法的権限も含まれる。村松岐夫、前掲は、戦後の日本について、法的、財政的な制度においては集権的であったが、中央が執行を地方に依存すること、地元選出国会議員の中央への働きかけなど政治ルートのあること、を地方が活用することにより、地方の自律性は拡大したとする。すなわち、法的資源、財政資源において集権的であったが、政策実施能力、「政治的」資源により、実際には（少なくとも制度上より）分権的であったとするのである。

13) 村松岐夫、前掲、例えば、70-1頁など。
14) 長野士郎、前掲、419頁。

第11章

NPMと日本の行政改革

1. はじめに

　1980年代頃以降、日本でも世界でも、行政改革の動きが顕著であった。そして、その中で、NPM（New Public Management、新公共管理）と呼ばれる新しい潮流が現れ、その内容の急進性と世界への影響の広がりから注目されるところとなった。

　日本では、80年代初頭の第2次臨時行政調査会の設置以降、3次にわたって臨時行政改革推進審議会が設けられた。そして、90年代に入ると、連立政権の下で、地方分権改革、中央省庁の再編といった大きな改革が検討され、2000年から2001年にかけて実施された。それらの過程において、NPMの影響はほとんど見られなかった[1]のであるが、90年代の末にいたって、状況が変化してきた。国、地方の両者において、NPMの影響と見られる動向が現れてきたのである。

　NPMは、イギリス、ニュージーランドなどにおいて導入された、市場的手法を行政に取り入れる制度及び運営を総称するものである。90年代に地方で広がり、2001年（平成13年）に国においても制度化された政策評価、国における独立行政法人制度、国、地方で提案が見られる公務員給与における業績給制度などにその影響が見られるのである。それらは、従来の伝統的な行政の制度、運営に対して、基本的な考え方の転換を迫るものであり、これまでとは違う新しい潮流である。

　そこで、日本と世界における行政改革の動向を整理し、NPMの意味を検討してみたい。

2. 日本の行政改革

　日本では、第2次大戦後、戦後改革、行政整理を特徴とする行政改革がなされた後、高度経済成長期には、池田内閣の下で、臨時行政調査会（第1次、1961-64年）が設置された。その答申に基づく改革は限られたものにとどまったが、答申の方向を受けた活動はその後も永く続けられた。そして、80年代に入り、第2次臨時行政調査会（第2臨調、1981-83年）が設置され、3公社の民営化などが行われることになった。

　第2臨調の後、3次にわたって臨時行政改革推進審議会（1983—93年）が設けられたが、90年代には、行政改革は選挙において注目される政治課題に浮上した。すなわち、96年の総選挙において、各党は行政改革を公約に掲げたのである。その選挙を受けて、橋本龍太郎内閣は、首相自らが会長となる異例の形で、行政改革会議を設置し、行政改革の検討を行った。そして、同会議の最終報告（1997年）、それを受けた中央省庁等改革基本法（1998年）、それに基づく内閣法改正などの中央省庁等改革関連法（1999年）によって、2001年1月、省庁再編などからなる行政改革が実施されたのである[2]。

　この改革では、①内閣府の設置などの内閣機能の強化、②1府22省庁を1府12省庁に大括りにする省庁再編、③独立行政法人制度の創設、④政策評価機能の充実、などが行われ、政策評価については、その後、2001年6月、政策評価法（行政機関が行う政策の評価に関する法律）が成立した。それらでは、永く固定的であった国の省庁レベルの組織再編が行われるなど、注目すべき内容が見られた。また、90年代には、ほかに、機関委任事務を廃止する地方分権改革（1999年地方分権一括法成立、2000年施行）、行政手続法（1993年）、情報公開法（1999年成立、2001年施行）、国家公務員倫理法（1999年）などが、実施されており、それ以前に比べ、行政改革に著しい展開があったといえよう。

　90年代における日本の行政改革の展開の背景は何であったのだろうか。大きく目に付くのは、いわゆる「官」への批判、不信である。政治家に対する政治不信には根深いものがあるが、この時期には、政治家とは異なり、また、「民間」でもない、「地方」でもない、高級官僚を中心とする「官」への批判、不信が高まったのである。1つは、政策能力に対する批判あるいは信頼の揺

らぎである。1995年の住宅専門金融機関の破綻に始まる金融機関の破綻、そして長く続く日本経済の低迷は、官僚の政策能力への信頼を掘り崩したのである。いま1つは、高級官僚のスキャンダルの続発である。1996年の厚生事務次官による収賄など、公務員の倫理観への信頼を失墜させる事件が続いた。これらによる「官」への批判は、政治主導を1つの柱とする中央省庁再編を進め、地方分権改革を含め、ほかの改革を推し進める力となったのである。

「官」への批判はこの時期の日本の行政改革に独特の背景である。しかし、同時に、世界の行政改革の動向も、日本の行政改革の背景になっていた。NPMの影響である。3つあげておこう。(1) 2001年に設けられた独立行政法人制度は、イギリスのエージェンシー（agency）制度の導入を意図したところから生まれたものである。(2) 三重県の事務事業評価システム（1996年）などから始まり、地方で広く行われている政策評価は、国レベルでは、行政改革会議の報告で提起され、2001年には政策評価法の制定に至った。これらは、従来から指摘されてきた、いわゆるplan-do-seeのサイクルにおけるseeの軽視をあらためるという性格をもっているが、成果の評価に基づいた管理というNPMの潮流の紹介[3]が、政策評価への関心を高めることにもなったのである。(3) 公務員給与における業績給制度は、一部の自治体で見られるようになっている[4]ほか、2001年末に閣議決定された国の「公務員制度改革大綱」（2001年12月25日）では、新しい評価制度の導入とそれを給与制度と結びつけることが提起された。公務員の動機づけに注目するのはNPMの1つの重要な特徴であり、業績給制度はその一つの方法である。これら3つはNPMの影響が見られる代表的な例であるが、日本の行政改革の進展には、世界の行政改革の動きも影響を及ぼしてきているのである。

3. 世界の行政改革とNPM

1980年代以降の世界の行政改革で注目されたのは、とくにイギリスとニュージーランドなどで行われた市場的手法に基づく管理の制度、運用であり、それがNPMと呼ばれるようになったのである。

イギリスでは、1979年に労働党に代わって政権についたサッチャー（Thatcher, M.）政権、1990年にそれを引き継いだメイジャー（Major, J.）政権において、行政をめぐる多くの改革が積み重ねられていった。その中で、新

しい潮流をよく示すものとして初期の2つをあげておきたい。いずれも1980年代のサッチャー政権下で導入されたものである。(1) 1つは、特定の業務の実施にあたり、地方政府に強制的に入札を義務づける強制競争入札制度（CCT, Compulsory Competitive Tendering）である[5]。この制度では、従来その業務を担っていた行政部局も業務を続けるには、競争入札でそれを獲得しなければならない。(2) いま1つは、政策の立案と政策実施の管理を分離し、政策実施をエージェンシー（executive agencies or Next Steps agencies）で行う制度である[6]。各省大臣とエージェンシーとの間では事業目標などを取り決めた文書を作成し、エージェンシーの長には運営上の裁量権が与えられ、それを用いて業務を遂行する責任を負う。

これらにおいては、市場を含めた競争を導入するとの考えとか、成果目標を明らかにし、その実現への責任を明らかにする、といった観念が示されている。従来の競争のない行政運営、その非効率性に対する批判が根底にあるのである。

ニュージーランドでは、1980年代後半のロンギ（Lange, D.）政権で経済の規制緩和を始めとする急進的な改革が行われた。そして、行政改革の面では、各省の管理は大臣（Minister）とは別の執行管理者（Chief Executive）に広範な裁量が与えられ、大臣は各省からそのサービス（output）を購入するという関係に立つことになった。執行管理者は資金面、人事面を中心として制約がほとんどないような管理上の裁量をもつが、その業務についてあらかじめ定められた目標に責任をもち、その達成については厳しく監視される。執行管理者は任期をつけて契約的に任用されており、業績によって、再任打ち切りを含め、契約条件の交渉が行われることになるのである。そして、業務目標については、活動の産出物（output）を設定された価格によって提供することに焦点が置かれる。そこでは、資金などの資源を効率的に用いることが重視され、費用計算を適切にするため、現金主義会計に換えて、発生主義会計が導入された。このような改革により、従来の財務省及び人事委員会（State Services Commission）による統一的な統制は大幅に緩和され、権限が分権的に委譲された。

ニュージーランドの改革は、イギリスと違って、包括的に行われたこと、契約的制度（contract-type arrangemnts）[7]によって管理者の動機づけの刺激を重視したことに特徴があった。しかし、イギリスにせよ、ニュージーランド

にせよ、その改革は市場的手法の行政への導入と特徴づけられている。そして、その内容は広範にわたっており、それらを簡潔に要約するのは困難であるが、あえて、その特徴を2点によって示すことにしておきたい[8]。なお、これらの行政改革は民営化（privatization）、民間委託（contracting out）、民間への規制緩和（deregurateon）といった改革とともに行われており、市場化的志向ということでは共通するが、ここでは行政組織及びその運営に関わる行政改革に焦点を当てている。

（1）特徴の第1は、分権化された管理である。政府が行っている業務を、省とかエージェンシーといった単位に分け、それらの管理者に広範な裁量権を与えて、分権的に管理させるのである。資金とか人事など、inputにあたる資源の利用について裁量を与え、それらの効率的な運用を促し、他方、業務の目標を明確に定め、その達成を点検する。目標の明確化、資源の効率的使用、裁量と業績評価を内容とした、分権的管理である。（2）第2は、業績評価と報償の結合である。第1の分権的管理による業務の効率化が精力的に達成されるよう、管理者及び職員の報償（給与など）を業務の達成度の評価と結びつけることである。ニュージーランドの場合のように、業績によって任用を打ちきることができる制度とか、強制競争入札のように市場を含めた競争原理を取り入れ、すぐれたものだけが業務を担える制度などが、徹底した形態といえよう。

このような特徴をもった行政組織及びその運営は、従来の伝統的な行政運営とは、基本的な前提とか理念が異なっており、急進的な改革として注目された。そして、それは従来の行政運営を官僚制的な非効率性として厳しく批判し、行政の効率化を図る根本的な改革として提起されたのである。それだけに、政府の財政悪化に悩む世界の諸国に広範な影響を与えることになった。しかし、どこの国でも、イギリスやニュージーランドのような急進的改革が行われたのではない。

1980年代以降の世界の行政改革について、オーストラリア、カナダ、フィンランド、フランス、ドイツ、オランダ、ニュージーランド、スウェーデン、イギリス、アメリカの10カ国について比較した研究によれば、いずれの国でもこの時期、行政改革は顕著に行われているが、NPMを特徴づける市場的手法の導入の程度には違いがあるのである。これらの国の中では、オーストラリア、ニュージーランド、イギリスが市場的手法への志向が強く、次い

で、アメリカが続き、カナダ、フィンランド、フランス、オランダ、スウェーデンの諸国では、行政のかなり根本的な改革が必要と認められているものの、さきの諸国ほどの市場志向性は見られないのである。そして、ドイツはこれらの諸国の中ではもっとも穏健な改革にとどまっている[9]。

　これらの諸国の間で行政改革の内容、程度に違いがあるのは何に由来するのだろうか。十分な分析は困難なようであるが、次のような要因が示唆されているのが関心を引く。すなわち、中央地方関係で集権的な方が、そして、連立政権でなく単独政権であるように行政部の構成が集権的である方が、急進的改革をもたらしやすい。また、行政文化において、国家が中心的でなく、企業、ビジネスの価値が高く評価されている国において、急進的な改革が行われやすい。イギリス及びニュージーランドは、連邦制でなく集権的な国であり、単独政権の下で急進的な改革が行われた。また、アメリカ、イギリスなどアングロサクソン諸国は、ドイツ、フランスといったヨーロッパ大陸の諸国に比べ、国家の観念が弱く、ビジネスの価値を受け入れやすい素地があるようである[10]。

　このような違いはあるものの、これらの諸国では、いずれにおいても80年代以降、行政改革がさかんに行われており、その背景として、経済のグローバル化による財政政策の自由度の減少とか、社会の高齢化などによる財政負担の増大などが指摘されている。すなわち、財政状況の悪化が非効率的な行政運営に厳しい目を向けさせ、国によっては、NPMによる急進的な改革をもたらし、そうでない諸国でも、行政に関する大きな改革が必要と考えられてきているのである[11]。

　世界の行政改革の動向の中で、日本の行政改革に目を戻してみると、1990年代の末にいたってNPMの影響が見られるようになってきたのは、経済不況を背景とした財政の悪化に対する危機感の浸透が基盤にあることを感じさせる。そして、従来、「官尊民卑」と批判されるような官中心の文化が、「官」の失敗とスキャンダルによって弱まり、ビジネスの価値が受け入れられやすくなったことも作用しているかもしれない。そうであるならば、今後、さらにNPMの影響は強まるのであろうか。

4. 改革の深度と NPM

　行政の非効率性に対する批判は最近に始まったものではない。「パーキンソンの法則」はかつて広く評判になった行政批判である。公務員は仕事に応じて人員を増やすのではなく、人員に応じて仕事を作り出す、と皮肉混じりに指摘し、公務員数の自然増加現象を批判したのである[12]。そして、公務には市場的競争がなく、コスト意識が希薄で、人員増、資源の非効率的使用などによって、業務の効率性は低いとの指摘は広く知られていた。このような批判に対して、改善、改革もなされてきている。戦後日本の行政改革の目標は、効率性の実現であると指摘されており[13]、たとえば、国家公務員の定員についていえば、1969 年の総定員法の下で、総定員は抑えられてきた。

　すなわち、一般的にいって、行政組織及びその運営に問題があるとき、改革が試みられる。その改革について、日常的な改善から、深度の深い制度、構造の改革まで、3 つの段階を考えてみたい。(1) 第 1 は、現在の制度、構造を前提として、個別的な領域で問題点を改善していくものである。(2) 第 2 は、より広い視点に立って、相互に関連のある諸問題に対して、体系的、戦略的に改革を試みるものである。(3) 第 3 は、従来の活動の前提になっている制度、構造の改革を試みるものである。第 1 から、第 3 まで、図式的に示したが、次第に改革の深度が深まる。比喩的に言って、深いところにあって、安定的なものをあらためようとするほど、改革の深度は深くなるのである[14]。

　このような視点から NPM を見てみると、それは深度の深い制度、構造の改革ということができる。従来の行政組織及びその運営の基本的な前提と異なる原理がそこには見られるのであり、今日の行政の基本的なモデルから異なるモデルへの移行として分析されてもいる[15]。そこで、従来の行政の前提との違いについて、さきの 2 つの特徴のそれぞれについて考えてみよう。

　(1) 第 1 の、分権化された管理はどこが新規なのだろうか。これは従来、政府は統一された一体的な組織体であるという前提があり、それと関わる。すなわち、1 人の長を頂点にピラミッド型にイメージされる階統制的な官僚制組織は、上司による命令によって分業化された仕事を調整し、統一的な業務遂行を行う。これによって、1 つには、体系的でない場合に比べて有効で能率的な組織的業務遂行がなされ、いま 1 つ、頂点へ向かうラインによって

責任が確保され、議会及び国民による民主的統制が可能になる。このように前提されてきているのである。もちろん、従来の階統型組織においても分権化はなされる。しかし、NPMを特徴づける分権化された管理は、上司の命令による個別的な調整を排除する方向であり、それがなくとも、業務目標の設定による管理などによって、調整と責任の確保がなされると前提しているといえよう。これは、階統型組織を構成して能率的な業務遂行を民主的に統制して行うという、従来の行政運営の前提及び理念と大きく異なるのである。

　(2) 第2の、業績評価と報償の結合は何が新規なのだろうか。これは、政府の官僚制組織では、公共目的への献身が求められ、それは私的な利害関心（利己心）の刺激によっては十分に得られるものではないと前提されていることと関わる。すなわち、階統型組織では上司の命令を部下が受容することによって統一的な活動が得られる。従って、そこでは組織への忠誠あるいは献身が求められ、政府の場合は公共目的への献身が求められる。そのため、報償体系は単に個別の業務目標の達成を促すだけでなく、組織あるいは公共目的への献身が確保されるものでなければならない。もちろん、従来の行政運営においても、広い意味での「評価」はなされており、それと報償とが無関係であったわけではない。いわゆる年功序列により、経験年数が報償を決めるにあたって重要な要因であったとしても、業績に対する評価が報償に影響を与えないというのではない。しかし、それらは、組織あるいは公共目的への献身が得られていることを前提にしたものなのである。

　ところが、NPMにおける業績評価と報償の結合は、利己心を刺激して、業務の成果達成を図るよう報償体系を構成しようとするのである。これは、公共目的への献身を求め、それは利己心に依拠して得られるものではないとする従来の前提とは大きく異なり、それと矛盾する要素をもつものである。

　NPMの2つの特徴に分けて考えてきたが、両者を併せて、次のようにいうことができるだろう。すなわち、従来の階統制的な官僚制組織では、上司から部下への個別的命令によって、統一的で能率的な業務遂行が行われ、階統制のラインを通じて責任を確保し、民主的な統制が保持される。そして、その組織活動のためには、組織あるいは公共目的への献身の調達が必要だが、それは利己心を十分に刺激しなくとも可能である。従来はこのように前提されていたが、それに対して、それらの前提は成り立たず、階統制的な官僚制組織は、統一的で能率的な業務遂行をもたらすとは限らず、非効率性を生み

出す傾向をもつとされた。そして、利己心を刺激し、それに依拠しつつ、分権化した管理を行うことによって、業務遂行の能率性が向上するとの前提が対置されたのである。そして、この新しい前提は、市場が機能する前提から導かれたものである。すなわち、市場は自律的に決定する企業と消費者の利己心に依拠して、機能しているという前提である。

このように市場的手法を行政に導入するというNPMは、従来の行政組織及びその運営の制度、構造の基本的前提にまで達する、深度の深い改革である。それだけに、その影響は広く、長期的な幅をもつと想定されるとともに、効果は不確実性が高い。実際、イギリス、ニュージーランドの改革は、大きな衝撃を与えるとともに、その結果に関しては、行政サービス提供の分散化、割拠化（fragmentation）が見られたり、目指した効率化の実現も確かなものではない[16]。すなわち、その効果をあらかじめ確実に予測することは困難なのである。従って、深度の深い改革には、それを抑制する力が働き、その頻度は低く、改革が行われる場合も、より深度の浅いもの、部分的なもの、となる可能性がある。

あらためて、日本の行政改革を見てみよう。90年代の末までNPMの影響はほとんどなく、その後影響が見られるようになった。しかし、その影響も急進的で包括的な導入を図るというものではない。NPMの考え方が少しずつ浸透し、それに沿った改革が提起されてきているといった状況だろう。このような経緯は、NPMが深度の深い改革であり、その結果の大きさ、幅を測りかねる性格のものであることを反映している面があるだろう。問題が大きくなければ、小さな改革で十分と考えられるからである。

しかし、財政状況の悪化、「官」への批判が深化し、より深度の深い改革が求められ、NPMへの注目が高まってきたのではないだろうか。そうであるとすると、財政状況などがさらに悪化するならば、NPMの影響、その急進的で包括的な方向へ向けての影響が強まる可能性があるといえよう。

5. おわりに

NPMは、従来の階統制的な官僚制組織による行政運営に対して、その基本的前提に触れるような深度の深い改革である。伝統的な行政組織及びその運営を根本から問いただすものといってよいだろう。

日本へのその影響は、今のところ、部分的で緩やかなものである。今後も、その影響は限られたものにとどまるかもしれない。しかし、財政状況のさらなる悪化など、行政運営に対する問題意識が深刻化するならば、NPMの影響はより大きなものとなっていくだろう。その場合、行政改革は、市場的手法の導入というNPMの影響の中で検討されていき、日本の行政は大きく変化していくことになるのではないだろうか。

注

1) 90年代前半までの、NPMの日本への影響の乏しさについて、稲継裕昭『人事・給与と地方自治』東洋経済新報社、2000年、270頁。
2) 戦後から最近までの日本の行政改革を整理、分析したものとして、増島俊之「20世紀後半50年間の行政改革の動向と21世紀における展望」『公共政策研究』新装創刊号、2001年。
3) 上山信一『「行政評価」の時代』NTT出版、1998年など。
4) 稲継裕昭、前掲書、283-7頁。
5) 前注、265頁。
6) 君村昌『現代の行政改革とエージェンシー』行政管理研究センター、1998年。
7) Allen Schick, *The Spirit of Reform — Managing the New Zealand State Sector in a Time of Change —*, State Services Commission, 1996, p. 17.
8) *Ibid.*, chap. 2 などから示唆を得ている。
9) Christopher Pollitt and Greert Bouckaert, *Public Management Reform — A Comparative Analysis —*, Oxford University Press, 2000, pp.93-4.
10) *Ibid.*, chap. 3.
11) *Ibid.*, chap.2.
12) C. Northcote Parkinson, *Parkinson's Law*, 1957 (Penguin Books, 1965) (森永晴彦訳『パーキンソンの法則』至誠堂、1961年)。
13) 増島俊之、前掲、115頁。
14) 組織構造についての次の分析を参照。March and Simon, 1958, pp. 169-71.
15) Patrick Dunleavy and Christopher Hood, From Old Public Administration to New Public Management, *Public Money & Management*, Vol. 14, No. 3, 1994, pp. 9-10.
16) Peter M. Jackson, Public Sector Added Value: Can Bureaucracy Deliver?,

Public Administration, Vol. 79, No. 1, 2001, pp. 11-14.

H・A・サイモンの参照文献

　本書で参照したサイモンの著作（共著を含む）は次の通りである。論文集などに収録された論文については、初出の雑誌、本からではなく、このリストにも示してあるように、論文集などから参照し、頁数は参照した論文集などのものである。注記ではまず論文を記し、括弧書きで収録されている論文集などを記した。しかし、*Administrative Behavior* は second edition (1957), third edition (1976), fourth edition (1997), *The New Science of Management Decision* は revised edition (1977), *The Sciences of the Artificial* は second edition (1981)をそれぞれ参照した。そして、注記では初版からの部分については初版を記し、適宜、括弧書きで参照した版を示した。

　注記の記述は、初出の年を明らかにすることと、参照の便とを考慮したのである。ただ、*Administrative Behavior* は第4版が最新版であり、初版が再録されているが、初版の各章のあとに Commentary を配する編集をしている。そこで、初版の部分の参照については、それらををまとめて再録し、頁数もそれと一致する第3版を用いた。翻訳については、邦訳書を参考にした場合もあるが、すべて原著から訳出した。

　なお、サイモンの業績の完全なリストは、http://kungfu.psy.cmu.edu/psy/faculty/hsimon/hsimon.html で得ることができる。その中の主要なものについては、Peter E. Earl(ed.), *The Legacy of Herbert Simon in Economic Analysis* 2vols., 2001 の Volume II の巻末にある。

Simon, 1947a: A Comment on "The Science of Public Administration", *Public Administration Review*, Vol. 7, No. 3, 1947.

Simon, 1947b: *Administrative Behavior*, 1947.

Simon, et al., 1950: Herbert. A. Simon, Donald W. Smithburg and Victor A. Thompson, *Public Administration*, Alfred A. Knopf, 1950.
　　岡本康雄ほか訳『組織と管理の基礎理論』、ダイヤモンド社、1977年。

Simon, 1953: The Birth of an Organization in Simon 1997a（収録にあたり、加筆されている）。

Simon, 1955: A Behavioral Model of Rational Choice in Simon, 1957b.

Simon, 1956: Rational Choice and the Structure of the Environment in Simon, 1957b.
Simon, 1957a: *Administrative Behavior, second ed.*, 1957.
Simon, 1957b: *Models of Man*, John Wiley & Son, 1957.
　　宮沢光一監訳『人間行動のモデル』、同文館、1970 年。
March and Simon, 1958: James G. March and Herbert A. Simon, *Organizations*, John Wiley & Sons, 1958.
　　土屋守章訳『オーガニゼーションズ』、ダイヤモンド社、1977 年。
Simon, 1958: "The Decision-Making Schema": A Reply, *Public Administration Review*, Vol. 18, No. 1, 1958.
Simon, 1959: Theories of Decision-Making in Economics and Behavioral Sciences in Simon, 1982b.
Simon, 1960: *The New Sciences of Management Decision*, 1960.
Simon, 1962: The Architecture of Complexity in Simon, 1981.
Simon, 1964a: On the Concept of Organizational Goal in Simon, 1976a.
Simon, 1964b: Rationality (in *A Dictionary of Social Sciences*) in Simon, 1982b.
Simon, 1965a: Administrative Decision Making, *Public Administration Review*, Vol. 25, 1965.
Simon, 1965b: The Logic of Rational Decision in Simon, 1977a.
Simon, 1966: Political Research: The Decision-Making Framework in David Easton (ed.), *Varieties of Political Theory*, Prentice-Hall, 1966.
Simon, 1967a: Motivational and Emotional Controls of Cognition in Simon, 1979b.
Simon, 1967b: The Logic of Heuristic Decision Making in Simon, 1977a.
Simon, 1967c: The Changing Theory and Changing Practice of Public Administration in Ithiel de Sola Pool (ed.), *Contemporary Political Science: toward empirical theory*, McGraw-Hill Book Company, 1967.
Simon, 1968: Administration (Ⅲ. Administrative Behavior) in David L.Sills (ed.), *International Encyclopedia of the Social Sciences*, The Macmillan Company & The Free Press, 1968.
Simon, 1969: *The Sciences of the Artificial*, The MIT Press, 1969.
　　高宮晋監修倉井武夫ほか訳『システムの科学』、ダイヤモンド社、1969 年。
Newell and Simon, 1972: Allen Newell and Herbert A. Simon, *Human Problem*

Solving, Prentice-Hall, 1972.

Simon, 1972: Theories of Bounded Rationality in Simon, 1982b.

Simon, 1973a: Organization Man:Rational or Self-Actualizing?, *Public Administration Review*, Vol. 33, No. 4, 1973.

Simon, 1973b: Rational and/or Self-Actualizing Man, *Public Administration Review*, Vol.33, No. 5, 1973.

Simon, 1976a: *Administrative Behavior, third ed.*, The Free Press, 1976.
松田武彦ほか訳『経営行動（新版）』、ダイヤモンド社、1989 年。

Simon, 1976b: From Substantive to Procedural Rationality in Simon, 1982b.

Newell and Simon, 1976: Computer Science as Empirical Inquiry: Symbols and Search, *Communications of the ACM*, Vol. 19, No. 3, 1976.

Simon, 1977a: *Models of Discovery*, D. Reidel Publishing Company, 1977.

Simon, 1977b: *The New Science of Management Decision, revised edition*, Prentice-Hall, 1977.
稲葉元吉・倉井武夫訳『意思決定の科学』、産業能率大学出版部、1979 年。

Simon, 1978a:Rationality as Process and as Product of Thought in Simon, 1982b.

Simon, 1978b: On How to Decide What to Do in Simon, 1982b.

Simon, 1979a: Rational Decision Making in Business Organizations in Simon, 1982b.

Simon, 1979b: *Models of Thought*,Yale University Press, 1979.

Simon, 1981: *The Sciences of the Artificial, 2nd ed.*, The MIT Press, 1981.

Simon, 1982a: *Models of Bounded Rationality (Vol. 1): Economic Analysis and Public Policy*, The MIT Press, 1982.

Simon, 1982b: *Models of Bounded Rationality (Vol. 2): Behavioral Economics and Business Organization*, The MIT Press, 1982.

Simon, 1983: *Reason in Human Affairs*, Stanford University Press, 1983.
佐々木恒男・吉原正彦訳『人間の理性と行動』、文眞堂、1984 年。

Simon, 1985: Human Nature in Politics: The Dialogue of Psychology with Political Science, *American Political Science Review*, Vol. 79, No. 2, 1985.

Simon, 1986: Rationality in Psychology and Economics in Simon, 1997b.

Simon, 1987: Satisficing in Simon, 1997b.

Simon, 1991a: Organizations and markets in Simon, 1997b.

Simon, 1991b: *Models of My Life*, Basic Books, 1991.

安西祐一郎・安西徳子訳『学者人生のモデル』、岩波書店、1998 年。

Simon, 1993a: The State of American Political Science:Professor Lowi's View of Our Discipline, *PS:Political Science and Politics*, Vol.26, No.1, 1993.

Simon, 1993b: Reply to the Letter Professor Lowi Kindly Wrote Me, *PS:Political Science and Politics*, Vol.26, No.3, 1993.

Simon, 1995: Rationality in Political Behavior, *Political Psychology*, Vol.16, No. 1, 1995.

Simon, 1997a: *Administrative Behavior, fourth ed.*, 1997.

Simon, 1997b: *Models of Bounded Rationality (Vol. 3): Empirically Grounded Economic Reason*, The MIT Press, 1997.

Simon, 2000: Public Administration in Today's World of Organizations and Markets, *PS: Political Science and Politics*, Vol. 33, No. 4, 2000.

◆ 索 引 ◆

あ

アウトカムズ（outcomes）　109, 176-177
アウトプット（output）　32, 89, 109, 176-177, 179, 184-185, 188-190, 194
アリソン（Graham T. Allison）　47-48, 52, 55, 67, 71, 80, 83-84, 195
今村都南雄　34, 217-219
NPM　v, 175, 243, 245, 247-252
オペレーションズ・リサーチ（Operations Research）　14, 24-25, 47, 50, 56, 100

か

階統制（階統型組織）　73, 90, 95, 97, 100, 102, 123, 192, 204, 208, 217, 221-223, 249-251
課題の設定（agenda-setting）　63, 81, 84
割拠性　201-204, 207, 212-218
完全合理性（→包括的合理性も参照）　iv, 15, 23-24, 29-30, 41, 46, 69-70, 85, 91, 121, 127, 169-170, 173
企業理論　18, 47, 54
記述理論　11, 15-21, 45, 47-48, 52-53, 55-57, 59, 64, 69-71, 73, 75, 79, 81-83, 262
規範理論　iv, 11-13, 15-21, 45, 47, 52, 55-57, 64, 66, 69-71, 73, 75-77, 79, 82-83, 262
ギューリック（Luther. Gulick）　87-90
行政改革　v, 197, 199-201, 203-207, 209, 211-213, 215, 217-219, 243-249, 251-252, 263

さ

決定前提　30-32, 41-42, 62, 86-87, 231-232, 234, 240
限界のある合理性　ii-vi, 3, 6-13, 15, 21-23, 25-26, 28-33, 35, 38, 41-42, 46, 55-57, 59-60, 62-65, 69-70, 72-73, 78, 82, 85-87, 89, 91, 95-99, 101, 127, 262
効果（outcomes）　107, 109-110, 131, 140, 144-145, 176-177, 179, 191, 205, 212, 214, 216, 221, 251
合成的決定　30-31, 87
合理的意思決定　v, 46-48, 64, 69-71, 76, 79, 82, 93

さ

最大化（モデル）　11-12, 18, 36-38, 46, 48-49, 52, 54-57, 59-61, 65, 70-72, 76-82
最適化（モデル）　11-15, 18-19, 21, 24-27, 30, 36-38, 40, 52, 56-57, 66, 70, 72-73, 77, 100
サイモン（Herbert A. Simon）　iii-vi, 3-19, 21-25, 28-29, 31-40, 43, 46, 48, 53-54, 56, 59-63, 66-67, 72, 77, 82, 85-88, 90, 95, 97-99, 101-102, 127, 217, 254, 259-260
施策　v, 74-75, 77, 80, 83, 100-101, 106-110, 113, 116-117, 120-125, 130-145, 148-149, 163, 165, 175-181, 184-195, 215, 222, 225-228, 230-232, 234-236, 239-240
事務プログラム　74-75, 83, 100, 121, 123-125, 127, 177-180, 185-192, 194-195

259

集権　　　　　v, 86, 221-237, 239-242, 248
充足化（モデル）　　　　9, 11-15, 19-
　　　21, 24-27, 30, 36-38, 40, 46,
　　　53-54, 56-57, 67, 72, 77
シュムペーター（Joseph A. Schumpeter）
　　　179, 188, 193, 195-196
準分割性　　　　　　87, 94-97, 100
　　　-102, 122-123, 145
消費者行動の理論　　　　　47-48, 54
人工知能　　　　　　　　　iii, 24, 100
スコット（W. Richard Scott）　67, 83, 88,
　　　101, 195
成果（output）　　　89, 109, 177, 179
政策過程　　　　v, 32, 81, 83-84, 218
政策決定　　　　47, 52-53, 69-72, 75-84
政策体系　　　　　　69-70, 73, 75-77,
　　　79-83, 100-101, 176, 178-180,
　　　192, 194-195, 262
政策の革新　　　177, 179-180, 192-193
政策の循環　　　　　　176-177, 179, 194
線形計画法　　　　　　14, 50, 52, 56, 77
全体的計画　　　　　　62, 74, 91-92, 94-95,
　　　97, 100, 102, 177-178, 195
組織単位　　　　　　　　v, 142-145,
　　　170, 201-205, 207

た

縦割り行政　　　　　　　v, 199-207,
　　　211-217, 262
短期記憶　　　　　　　　29-30, 53, 72
探索　　　　　　　　　11, 13, 15, 19-20,
　　　25-28, 30, 36, 40, 53-54, 59, 72
逐次性　　　　　　　　　30, 53, 63, 72
長期記憶　　　　　　　　　29, 53, 72
調整　　　　　　　　v, 31, 48, 62,
　　　72, 87-91, 93-97, 99-101,
　　　106, 110, 112, 122-126, 128, 132, 143,
　　　145, 157, 162, 164-169, 201-202,
　　　204-208, 210, 217, 249-250
調整コスト　　　　94-96, 143, 145, 202
直列性　　　　　　　　　30, 53, 63, 72
辻清明　　　　　　　　　4, 33-34, 261
テクノロジー　　　　　　143-145, 179,
　　　181, 184-189, 192, 195
トンプソン（James D. Thompson）
　　　93-94, 102, 195

な

西尾勝　　　　　　　　34, 37, 66, 101,
　　　194, 217, 224, 241, 261

は

バーナード（Chester A. Barnard）
　　　86-90, 95, 101
発見的探索　　　　　　　　　27, 54
フッド（Christopher C. Hood）　195, 252
標準作業手順　　　　92, 95-96, 100,
　　　179, 187
プログラム　　　　　9-10, 32, 92,
　　　95-96, 99-100, 123, 133-134
プログラム化された　　　　　　99
分権　　　　　　v, 86, 221-241, 262
包括的合理性　　　　iv-v, 15, 23-
　　　24, 46-50, 52-66, 69-73,
　　　77, 79, 82, 93, 98, 262

ま

マーチ（James G. March）　7-8, 34-
　　　36, 40, 83, 102, 126-127,
　　　173, 195-196, 252, 255
満足水準　　　　　　　26-27, 72-73
村松岐夫　　　　　　　33-34, 219,
　　　241-242, 261-262

や

要求水準　　　　　11, 13, 16, 27, 38, 54

あ と が き

　「巨人の肩に乗って遠くを見る」。最近に本の書名にもなった、ニュートンが言ったことでよく知られている言葉である。この言葉を最初に知ったのがいつであったか、今ははっきりしない。しかし、サイモンの研究を進めながら、時々、脳裏に浮かび、自らを励ますことがあった。ただ、ニュートンが言った趣旨とされる、偉大な業績を上げた者が謙虚さを示す言葉としてではなく（ニュートンが実際に謙虚な人であったかについては議論があるが）、成果が上がらなくとも、巨人の肩に上れば少しは遠くを見ることができるのではないかとの気持ちであった。

　このように自らを励ましながら、研究を続けてはいたものの、本書のような形で単行本として出版する計画はなかった。それが、にわかに一書として実現することになったのは、水口憲人氏の強い勧めがあったからである。まとめてみるとよい時期であった。自分の中でも、1つの区切りがつきつつあったのである。水口氏の勧めがなければ、本書の出版はなかったと思われ、深く感謝している。

　本書に収めた諸論文は、第1章が1988年のほかは、1997年から今日までのものである（後掲）。しかし、サイモンにはじめて触れたのは、学部の学生の頃だったし、行政学の研究は大学院に進学してから続けているものである。本書をまとめてみて、その間に多くの方から受けた、ご指導、励まし、刺激の大きさを感じている。思い浮かぶすべての方の名前を挙げていくことはできないが、とくに次の5人の方には深い謝意を表したい。辻清明先生、西尾勝先生、加藤一明先生、村松岐夫先生、山川雄巳先生である。辻先生、加藤先生、山川先生の3先生は、すでに亡くなられており、生前にご報告できなかったことを申し訳なく思う。

　私が行政学を専攻して、研究することになったについては、辻先生のご本と人柄に感銘を受けたところが大きい。先生の優しいご指導は研究を続ける上での支えとなっていた。西尾先生には、指導教官としてご指導いただいた。学力不足を覚えながらの大学院生生活であったが、学びの遅い私に、忍耐強いご指導をいただいた。

　加藤先生には、関西学院大学での生活を快いものとする上で、多くのこと

を教えていただくとともに、自治体の行政の実情について学ぶ多くの機会を得させていただいた。村松先生には関西行政学研究会などにおける自由な雰囲気の中での議論、対話を通じ、多くのことを教えていただくとともに、励ましをいただいた。山川先生には、システム論研究会の場などを通じ、私の理論的な関心に理解を示され、理論的研究を進める支えとなった。

　本書に収めた論文の初出は次の通りである。本書への収載に快く応じていただいた各出版社等に謝意を表したい。また、第2部の各章の調査にあたっては、多くの方にヒアリング等ご協力をいただいた。感謝を申し上げたい。

第1章　「H・A・サイモンと『限界のある合理性（bounded rationality）』」（『法と政治』［関西学院大学法政学会］第39巻第4号、1988年12月）

第2章　「包括的合理性（global rationality）と限界のある合理性（bounded rationality）」（『法と政治』［関西学院大学法政学会］第51巻第1号、2000年4月）

第3章　「政策決定論 ──政策体系と規範理論・記述理論──」（足立幸男・森脇俊雅編著『公共政策学』、ミネルヴァ書房、2003年5月）

第4章　書き下ろし

第5章　「大都市の水道 ──水源・水質・財務──」（水口憲人編『今なぜ都市か』、敬文堂、1997年6月）

第6章　「TDMと行政組織」（丸茂新編著『都市交通のルネッサンス』、御茶の水書房、2000年9月）

第7章　「緊急時における行政組織 ──阪神淡路大震災と自治体一般行政組織──」（中邨章編著『行政の危機管理システム』、中央法規出版、2000年8月。『行政の危機管理に関する調査研究（Ⅱ）』、行政管理研究センター、1999年3月に所収の論文を収載）

第8章　「大阪市行政と行政の革新性」（植田政孝編『都市行政のフロンティア』、都市問題研究会、2003年9月）

第9章　「省庁再編と縦割り行政」（『季刊行政管理研究』［行政管理研究センター］No.92、2000年12月）

第10章　「権限の分権と現象の分権 ──その測定について──」（村松岐夫・水口憲人編著『分権 ──何が変わるのか──』、敬文堂、2001年1月）

第 11 章 「ＮＰＭと日本の行政改革」（『都市問題研究』［都市問題研究会］第 54 巻第 4 号、2002 年 2 月）

　学術研究は多くの人たちの協力がなければ成り立たない。関西学院大学とくにその法学部と、家族に対し、とくに感謝の意を表しておきたい。関西学院大学は、私学を囲む厳しい状況の中で、自由で便宜な研究環境を保つのに努力してきている。それらなくしては、本書に収めた研究の遂行はできなかったであろう。家族は、家庭の仕事を放り出すことに躊躇しない私を当然のように見守り、研究に専念できる時間をつくってくれた。

　最後になったが、本書の出版を快く引き受けていただいた関西学院大学出版会に深くお礼を申し上げる。そして、同出版会の田中直哉、浅香雅代両氏には、著者の注文をいろいろと聞いていただいた。感謝申し上げたい。

著者略歴

橋本 信之（はしもと・のぶゆき）

1948年生まれ。
1979年　東京大学大学院法学政治学研究科博士課程修了（法学博士）。
1979年　関西学院大学法学部専任講師。
1983年　同学部助教授。
1989年　同学部教授（現在に至る）。

主要論文：「行政機関と政策転換──高度経済成長期における農業政策──」、「アメリカ大統領制と首長主義──成立と継受──」など。

サイモン理論と日本の行政
──行政組織と意思決定（オンデマンド版）

2005年1月31日初版第一刷発行
2011年9月10日オンデマンド版発行

著　者	橋本 信之著
発行者	田中きく代
発行所	関西学院大学出版会
所在地	〒662-0891　兵庫県西宮市上ケ原一番町1-155
電　話	0798-53-7002
印　刷	㈱デジタルパブリッシングサービス

©2005 Nobuyuki Hashimoto
Printed in Japan by Kwansei Gakuin University Press
ISBN:978-4-86283-095-1
乱丁・落丁本はお取り替えいたします。
http://www.kwansei.ac.jp/press/